中国国家社会科学基金项目 "低碳经济时代中美发展清洁能源的合作与冲突及中国对策研究"
（项目编号：11CGJ026）
中国留学人员科技择优资助（重点项目）
中财绿色金融文库成果

中国社会科学院创新工程学术出版资助项目

中美布局

应对全球气候变化背景下的清洁能源合作

CHINA-US STRATEGY ARRANGEMENT:
Clean Energy Cooperation Responding
to Global Climate Changes

徐洪峰 / 著

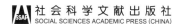
社会科学文献出版社
SOCIAL SCIENCES ACADEMIC PRESS (CHINA)

目　录

图表目录

前　言

清洁能源发展意味着一次新的产业革命。清洁能源的应用在人类发展史上的地位，某种程度上可以与前几次产业革命相提并论。清洁能源取代传统的化石能源，是世界经济发展的一个必然趋势，而这一转变过程必然会引起全球利益的重新洗牌和重新分配，随着利益蛋糕的重组和变动，必然会给21世纪的世界经济格局和世界政治格局带来具有质变性质的重大影响和深刻变革，正如美国总统奥巴马所言，"掌握清洁可再生能源的国家将领导21世纪"。

中美两国都在着手制定本国的低碳经济发展战略。首先，碳减排方面，中国政府承诺：到2020年使本国单位国内生产总值二氧化碳排放比2005年下降40%～45%，到2030年下降60%～65%，并使二氧化碳排放在2030年前后达到峰值并争取尽早达峰；而美国政府则提出，到2020年使本国的温室气体排放总量比2005年减少17%，到2025年减少26%～28%，并将努力减排28%。其次，清洁能源发展方面，中国政府提出，将非化石能源占本国一次能源消费比重自2010年的8.3%提高到2020年的15%，到2030年达到20%左右。而美国政府则规定，自2015年起，美国电力企业的售电总量中清洁能源必须占到规定的最低份额，自2015年的24%逐年增加到2035年的84%。此外，作为近期目标，奥巴马政府提出，到2020年使美国可再生能源发电量增加一倍，使可再生能源发电占本国总发电量的20%以上。

21世纪中美关系的走向，越来越取决于两国经济关系的走向，而两国经济关系的走向，与清洁能源所引发的新的经济格局调整息息相关。在当前的世界权力格局中，中国和美国均占据着举足轻重的地位。在由清洁能源所引发的世界经济格局和政治格局变动面前，美国的战略目标是：作为现有的霸权大国，如何利用低碳经济发展的历史契机，继续保持进而巩固当前的优势地位，同时防范中国这样的新兴大国对自身地位的挑战；中国的战略目标是：作为全球影响力急剧上升的重要新兴大国，如何利用低碳经济发展的历史契机，提升自己的国际地位和国际话语权，同时防范现有霸权大国对自己的遏制和掣肘。战略目标的异同，使得在清洁能源的发展问题上，中美两国既存在合作的积极意愿，同时发生冲突的可能性也大大存在。

有关气候变化和清洁能源的国际合作与冲突在近几年的国际关系研究中可以说是热点问题，中美两个大国在当前全球的应对气候变化和清洁能源发展中扮演着重要角色。但目前，国内外学者对中美两国应对气候变化，以及对两国清洁能源发展互动的研究成果却十分少见，在该领域的研究存在几方面不足：（1）气候变化问题研究多，清洁能源问题研究少，且二者研究脱节；（2）单独分析中美两国清洁能源发展的研究多，对两国清洁能源合作与互动的研究少；（3）技术层面分析多，政策层面分析少：从全球问题、国际政治角度进行的政策层面分析占总研究数量的不到1/4；（4）短期、近期研究多，长期跟踪研究少：2012年至2015年的研究成果占了研究成果的2/3；硕士、博士论文占了研究成果的1/2；且同一研究人员的持续研究成果较少。综合以上情况，对中美应对气候变化、清洁能源合作互动方面的系统研究在国内外学术界尚属空白，本研究弥补了这一重要学术研究领域的不足。

本书通过翔实的第一手数据和资料，从应对气候变化与发展清洁能源的必要性出发，全面总结分析了中美清洁能源发展的国际国内背景，清洁能源发展推动因素，清洁能源发展战略政策及行动，中美两国发展清洁能源合作互动历程、合作现状及潜力、合作的重点领域，以及中美应对气候变化和发展清洁能源合作的冲突和障碍，并提出了未来深化中美合作的政策建议。

第一，作为全文论述的前提和科学基础，本书首先综合利用政府间气候变化委员会（IPCC）第四次《气候变化评估报告》、第五次《气候变化评估报告》《可再生能源资源与减缓气候变化特别报告》《排放前景特别报告》等报告的最新研究数据和结论，对1850年至2012年全球气候变化的历史变迁进行了系统总结（包括气温、降水干旱、热昼热夜飓风等极端气候事件、冰川和北极冰雪冻土变化、海平面上升等），对能源选择与气候变化的因果关系进行了科学分析（利用不同能源类型的具体辐射强迫数据和温室气体排放数据），指出化石燃料的使用是温室气体排放增加、气候变暖的重要原因之一。在此基础上，系统、全面总结探讨了 1979 年以来国际社会在理论研究和实践行动两方面通过发展清洁能源减缓气候变化的共同努力。

第二，详尽阐述了中美两国应对气候变化、发展清洁能源的战略和政策：（1）通过一手最新数据对中美两国最新碳排放情况进行了梳理分析，包括历史累计排放、年度平均排放、人均碳排放、单位 GDP 排放，以及碳排放增加速度等，得出结论：中国是年度碳排放最大和碳排放增加速度最快的国家、美国是历史累计碳排放最大和人均碳排放第三大国家。此外，分析指出中美两国均受到气候变暖的不利影响；（2）从降低碳强度、降低化石燃料依赖、降低能源强度发展低碳经济、掌握未来低碳经济国际规则的制定权和话语权几个方面系统分析了中美两国应对气候变化、发展清洁能源的推动因素和紧迫性；（3）从战略目标、优先领域、具体政策以及政策障碍四个方面探讨了中美两国的清洁能源发展战略、政策和行动。

第三，在系统分析中美两国各自清洁能源发展背景及政策的基础上，对中美两国之间的清洁能源合作进行了系统梳理和详尽探讨：（1）系统梳理了 1980 年底至今中美两国中央政府高层推动双边清洁能源合作的背景和历程；（2）从地方政府合作、企业合作、科研合作以及非政府组织合作四个层面全面分析了中美两国清洁能源合作的现状及潜力；（3）通过一手及最新的统计数据系统分析探讨了中美两国的清洁能源技术研发、清洁能源产业投资、清洁能源产品贸易，以及碳市场交易情况与合作。

第四，分析探讨了中美两国应对气候变化和清洁能源合作的冲突和障碍，并对未来深化中美合作提出了详尽、务实的政策建议：（1）系统分析了哥本哈根世界气候大会期间、巴黎世界气候大会前后中美两国在温室气体减排方面的分歧、妥协与合作，并对未来美国在温室气体减排领域对华施压的可能性进行了分析；（2）对中美两国之间的环境和清洁能源产品市场准入、贸易壁垒，以及贸易争端协商等进行了详尽梳理和分析；（3）分析了美国在气候变化和清洁能源发展领域对华施压的战略考虑和主要渠道，并提出了未来深化中美应对气候变化和发展清洁能源合作的政策建议。

在具体撰写方面，本书具有以下几方面的突出特点。

一是注重定性分析与定量分析的紧密结合，使用实际数据说明和分析问题，严格做到依据数据说话，从数据中得出分析结论。全文使用了大量统计数据，课题数据图表高达 88 个，这些图表数据标题被统一归入本书"图表目录"部分，读者可以从这一目录中快速找到所需数据和图表。

二是几乎全部采用第一手的数据和相关资料，包括官方的统计数据、政府文件、国会证词、专家访谈、一线管理人员和工作人员的访谈等，避免间接引用。

三是注重数据和资料的时效性。尽量将 2015 年、2016 年最新的数据和文件及时补充到研究中。

四是注重实地案例调研，通过与企业、科研院所、非政府组织的一线管理人员和工作人员的访谈充实理论研究。本书作者在哈佛大学访学期间，实地走访了一定数量的美国清洁能源相关生产制造企业、科研院所，以及非政府组织，做了大量一线访谈笔记，收集了第一手的数据和资料，记录了一线工作人员对合作项目的切身体会和建议，将访谈内容综合纳入项目写作中（详见第三章中美两国"企业合作""科研合作""非政府组织合作"，以及中美两国的"碳市场交易"）。

五是设法通过一切合法途径和渠道获得研究所需的重要、详尽的资料。例如，在第四章分析美国贸易发展署推动美国企业参与对华清洁能源和环境环保贸易工作时，由于美国贸发署官方网站资料欠缺，本书作者设法直接与美国贸发署驻亚太代表通过电子邮件取得联系，获得了美国贸发署推动美国企业参与中国环境产品和清洁能源市场相关的最新、最全面的宝贵资料（截至 2016 年 4 月），从而有力丰富了该部分研究内容。

本书通过对低碳经济时代中美两国清洁能源合作与冲突的研究，提出具体、可操作的对策建议，以便中国根据情况及时应对，在与美国进行清洁能源合作的过程中，能够求同共赢，及时规避风险，减少损失，这对未来全球低碳经济大背景下的中国能源安全、低碳经济发展，以及和平崛起战略的实施具有重大的理论和现实意义。

本书获得中国国家社会科学基金资助，是中国国家社会科学基金资助项目的最终成果，亦入选中国人社部"中国留学人员科技活动择优资助"重点项目。

第一章　全球背景：清洁能源与气候变化

中美清洁能源合作离不开清洁能源发展的全球背景和驱动力。本章意在讨论三个问题：首先，人类历史发展至今，全球气候究竟发生了多大程度的变迁；其次，能源选择与全球气候变迁的关联程度，即因能源利用带来的温室气体排放对全球气候变迁应该承担多大责任；最后，讨论全球共识：将发展清洁能源作为应对全球气候变化的关键突破口之一。

第一节　全球气候变化的历史变迁

本节内容在界定"气候"与"气候变化"含义的基础上，指出气候变暖是全球气候变化的总体趋势，并进一步阐述气候变暖对自然系统和生态系统的影响和后果。

一　"气候"和"气候变化"的界定

研究全球气候的变迁过程，首先需要对"气候"和"气候变化"进行明确界定。根据政府间气候变化专门委员会（Intergovernmental Panel on Climate Change，IPCC）的定义，"气候系统"由大气、陆地表面、雪和冰、海洋和其他水体，以及生物组成，是一个复杂的、各部分相互作用的系统。[①]"气候"被定义为"天气的平均状态"（Average Weather），即从数

---

① Le Treut, H., R. Somerville, U. Cubasch, Y. Ding, C. Mauritzen, A. Mokssit, T. Peterson and M. Prather, "2007: Historical Overview of Climate Change," in Solomon, S., D. Qin, M. Manning, Z. Chen, M. Marquis, K. B. Averyt, M. Tignor and H. L. Miller (eds.) *Climate Change 2007: The Physical Science Basis. Contribution of Working Group I to the Fourth Assessment Report of the Intergovernmental Panel on Climate Change*, Cambridge University Press, Cambridge, United Kingdom and New York, NY, USA, p. 96.

月到数百万年的一段时期内（通常采用 30 年的时间段），气温、降水，以及风的平均值及变率。[①] 《联合国气候变化框架公约》（*United Nations Framework Convention on Climate Change*，UNFCCC）对于"气候系统"的定义与政府间气候变化专门委员会的定义基本一致，认为"气候系统"是大气圈、水圈、生物圈和地圈的整体及其相互作用。[②]

关于对"气候变化"的界定，政府间气候变化专门委员会与《联合国气候变化框架公约》的侧重点有所不同。政府间气候变化专门委员会所用的"气候变化"是指气候状态（State of the Climate）的变化，这种变化可以利用统计检验，通过诸如气温、降水，以及风等气候特征的平均值及其变率进行判别，这种特征变化应该持续一定的时间，通常是几十年或者更长时间。政府间气候变化专门委员会所定义的"气候变化"涵盖了气候系统随时间所发生的任何变化，不但包括由自然因素所引起的气候变化，而且包括由人类活动所引起的气候变化。[③] 而《联合国气候变化框架公约》则将"气候变化"界定为在类似时期内（Comparable Time Periods）观测到的，由于直接或间接的人类活动改变了地球大气的组成而造成的气候变化，将气候的自然变异排除在外。[④]

政府间气候变化专门委员会与《联合国气候变化框架公约》对于"气候变化"的不同界定，在一定程度上源于二者职能侧重点的不同：政府间气候变化专门委员会的主要职能在于，通过发布关于气候变化的起因、潜在影响，以及反应战略等科学、技术和社会经济的综合评估报

---

① Le Treut, H., R. Somerville, U. Cubasch, Y. Ding, C. Mauritzen, A. Mokssit, T. Peterson and M. Prather, "2007: Historical Overview of Climate Change," in Solomon, S., D. Qin, M. Manning, Z. Chen, M. Marquis, K. B. Averyt, M. Tignor and H. L. Miller (eds.) *Climate Change 2007: The Physical Science Basis. Contribution of Working Group I to the Fourth Assessment Report of the Intergovernmental Panel on Climate Change*, Cambridge University Press, Cambridge, United Kingdom and New York, NY, USA, p. 96.

② United Nations Framework Convention on Climate Change, *United Nations Framework Convention on Climate Change*, 1992, p. 7, http: //unfccc. int/files/essential_ background/convention/background/application/pdf/convention_ text_ with_ annexes_ english_ for_ posting. pdf.

③ IPCC, *Climate Change 2007: Synthesis Report. Contribution of Working Groups I, II and III to the Fourth Assessment Report of the Intergovernmental Panel on Climate Change* [Core Writing Team, Pachauri, R. K and Reisinger, A. (eds.)]. IPCC, Geneva, Switzerland, p. 30.

④ United Nations Framework Convention on Climate Change, *United Nations Framework Convention on Climate Change*, 1992, p. 7, http: //unfccc. int/files/essential_ background/convention/background/application/pdf/convention_ text_ with_ annexes_ english_ for_ posting. pdf.

告，为人类应对气候变化的行动提供全面的科学参考依据。而《联合国气候变化框架公约》则主要致力于通过全球各方的具体行动，"将大气中温室气体的浓度稳定在防止气候系统受到危险的人为干扰的水平上"①，简言之，即尽量减少人类活动对气候变化的影响，对人类活动影响的关注使《联合国气候变化框架公约》更为注重引发气候变化的人为因素。

二　全球气候变化的总体趋势：气候变暖

大气和海洋温度的变化是全球气候变化的一个关键指标。根据政府间气候变化委员会第四次评估报告的数据，在之前的 100 年间（1906～2006年），全球地表平均温度增加了 0.74℃ 左右。其中，有两个比较明显的增温阶段：第一个阶段从 20 世纪 10 年代到 20 世纪 40 年代，在近 40 年间，全球平均温度增加了 0.35℃ 左右；第二个阶段从 20 世纪 70 年代至今，全球平均温度增加了 0.55℃ 左右。② 此外，根据政府间气候变化委员会第五次评估报告的最新数据显示，在 1880～2012 年的 133 年间，全球地表平均温度增加了 0.85℃ 左右，并且，过去三个十年已经连续偏暖于 1850 年以来的任何一个十年。在北半球，1983～2012 年可能是过去 1400 年中最暖的 30 年（中等信度）。③ 其中，人类有记载以来温度最高的十个年份均发

---

① United Nations Framework Convention on Climate Change, *United Nations Framework Convention on Climate Change*, 1992, p. 9, http：//unfccc. int/files/essential_ background/convention/background/application/pdf/convention_ text_ with_ annexes_ english_ for_ posting. pdf.

② Trenberth, K. E. , P. D. Jones, P. Ambenje, R. Bojariu, D. Easterling, A. Klein Tank, D. Parker, F. Rahimzadeh, J. A. Renwick, M. Rusticucci, B. Soden and P. Zhai, "2007：Observations：Surface and Atmospheric Climate Change," in Solomon, S. , D. Qin, M. Manning, Z. Chen, M. Marquis, K. B. Averyt, M. Tignor and H. L. Miller（eds.） *Climate Change 2007：The Physical Science Basis. Contribution of Working Group I to the Fourth Assessment Report of the Intergovernmental Panel on Climate Change*, Cambridge University Press, Cambridge, United Kingdom and New York, NY, USA, p. 253.

③ Hartmann, D. L. , A. M. G. Klein Tank, M. Rusticucci, L. V. Alexander, S. Br. nnimann, Y. Charabi, F. J. Dentener, E. J. Dlugokencky, D. R. Easterling, A. Kaplan, B. J. Soden, P. W. Thorne, M. Wild and P. M. Zhai, "2013：Observations：Atmosphere and Surface," in Stocker, T. F. , D. Qin, G. – K. Plattner, M. Tignor, S. K. Allen, J. Boschung, A. Nauels, Y. Xia, V. Bex and P. M. Midgley（eds.） *Climate Change 2013：The Physical Science Basis. Contribution of Working Group I to the Fifth Assessment Report of the Intergovernmental Panel on Climate Change*, Cambridge University Press, Cambridge, United Kingdom and New York, NY, USA, p. 161.

生在 1997 年至今，而 2005 年和 2010 年则是有记载以来全球平均温度最高的两个年份（见图 1 - 1）。[①]

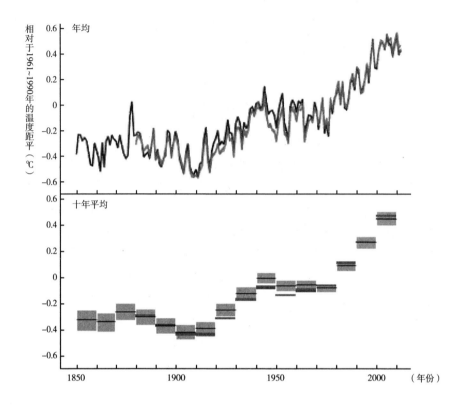

图 1 - 1　观测到的全球平均陆地和海表温度距平变化（1850～2012 年）

数据来源：IPCC，*Climate Change 2014：Synthesis Report. Contribution of Working Groups* I，II *and* III *to the Fifth Assessment Report of the Intergovernmental Panel on Climate Change*〔Core Writing Team，R. K. Pachauri and L. A. Meyer（eds.）〕．IPCC，Geneva，Switzerland，p. 41.

---

① Hartmann，D. L.，A. M. G. Klein Tank，M. Rusticucci，L. V. Alexander，S. Br. nnimann，Y. Charabi，F. J. Dentener，E. J. Dlugokencky，D. R. Easterling，A. Kaplan，B. J. Soden，P. W. Thorne，M. Wild and P. M. Zhai，"2013：Observations：Atmosphere and Surface，" in Stocker，T. F.，D. Qin，G. - K. Plattner，M. Tignor，S. K. Allen，J. Boschung，A. Nauels，Y. Xia，V. Bex and P. M. Midgley（eds.）*Climate Change 2013：The Physical Science Basis. Contribution of Working Group* I *to the Fifth Assessment Report of the Intergovernmental Panel on Climate Change*，Cambridge University Press，Cambridge，United Kingdom and New York，NY，USA，p. 193.

除了全球总体平均温度呈现上升趋势外，具体到区域分析，北半球比南半球增温幅度大，其中，增温幅度最大的是亚洲大陆腹地、北美洲东北部，以及南美洲东南部。陆地比海洋增温幅度大，近20年来陆地和海洋的增温速率大约分别为0.27℃/年和0.13℃/年（见图1-2）。[1]

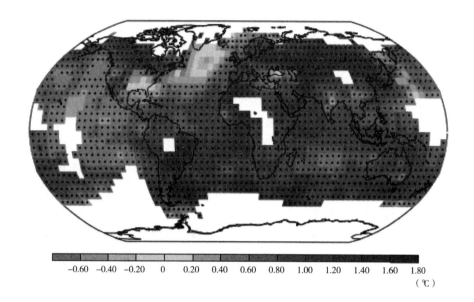

-0.60 -0.40 -0.20 0 0.20 0.40 0.60 0.80 1.00 1.20 1.40 1.60 1.80
（℃）

图1-2 观测到的地表温度变化（1901～2012年）

数据来源：IPCC，*Climate Change 2014：Synthesis Report. Contribution of Working Groups* Ⅰ，Ⅱ *and* Ⅲ *to the Fifth Assessment Report of theIntergovernmental Panel on Climate Change* [Core Writing Team，R. K. Pachauri and L. A. Meyer（eds.）]. IPCC，Geneva，Switzerland，p. 41.

三 气候变暖的不利影响

根据政府间气候变化委员会第五次气候变化评估报告的研究结论，

① Trenberth，K. E.，P. D. Jones，P. Ambenje，R. Bojariu，D. Easterling，A. Klein Tank，D. Parker，F. Rahimzadeh，J. A. Renwick，M. Rusticucci，B. Soden and P. Zhai，"2007：Observations：Surface and Atmospheric Climate Change，" in Solomon，S.，D. Qin，M. Manning，Z. Chen，M. Marquis，K. B. Averyt，M. Tignor and H. L. Miller（eds.）*Climate Change 2007：The Physical Science Basis. Contribution of Working Group* Ⅰ *to the Fourth Assessment Report of the Intergovernmental Panel on Climate Change*，Cambridge University Press，Cambridge，United Kingdom and New York，NY，USA，p. 243.

"所有大陆和大部分海洋的观测证据表明，许多自然系统正在受到区域气候变化的影响，特别是温度升高的影响"[①]。具体主要体现在以下几个方面。

（一）干旱、强降水和洪涝的风险加大

全球气温的升高会改变降水的数量、强度、频率和类型，从而使得干旱、强降水（日降水量大于 95 个百分点）和洪涝的风险加大。

首先，气候变暖使地表变干加速，从而增加干旱发生的可能性和强度。政府间气候变化委员会第四次评估报告根据帕尔默干旱强度指数（PDSI）的数据指出，1900~2005 年间，撒哈拉、南部非洲、地中海，以及中亚地区少雨，而北美洲和南美洲东部、北欧，以及亚洲北部多雨，但是在降水有所增加的区域，气温升高使得空气更加干燥。政府间气候变化委员会第五次评估报告虽然对气候变暖对干旱影响的研究结论做了部分修正，认为目前并没有足够证据证明全球范围内存在持续干旱趋势，但同时也指出，自 20 世纪 50 年代以来，地中海和西非地区的干旱频率和强度均有所增加。[②]

其次，气候变暖会增加强降水和洪涝的风险。根据克劳修斯－克拉柏龙关系式，气温每上升 1℃，大气持水量可以增加 7% 左右。在 20 世纪，根据海洋表面温度的变化可以估算出海洋上空大气中的水汽增加了 5%。由于降水主要来自以存贮在大气中的水汽为来源的天气系统，因此，温度上升会增加降水的强度，以及暴雨和暴雪的风险。总体来说，偏暖的气候会增加强降水和洪涝的风险（见图 1-3）。

---

① IPCC, *Climate Change 2014: Synthesis Report. Contribution of Working Groups* I, II *and* III *to the Fifth Assessment Report of the Intergovernmental Panel on Climate Change* [Core Writing Team, R. K. Pachauri and L. A. Meyer (eds.)]. IPCC, Geneva, Switzerland, p. 151.

② Hartmann, D. L., A. M. G. Klein Tank, M. Rusticucci, L. V. Alexander, S. Br. nnimann, Y. Charabi, F. J. Dentener, E. J. Dlugokencky, D. R. Easterling, A. Kaplan, B. J. Soden, P. W. Thorne, M. Wild and P. M. Zhai, "2013: Observations: Atmosphere and Surface," in Stocker, T. F., D. Qin, G. -K. Plattner, M. Tignor, S. K. Allen, J. Boschung, A. Nauels, Y. Xia, V. Bex and P. M. Midgley (eds.) *Climate Change 2013: The Physical Science Basis. Contribution of Working Group* I *to the Fifth Assessment Report of the Intergovernmental Panel on Climate Change*, Cambridge University Press, Cambridge, United Kingdom and New York, NY, USA, p. 215.

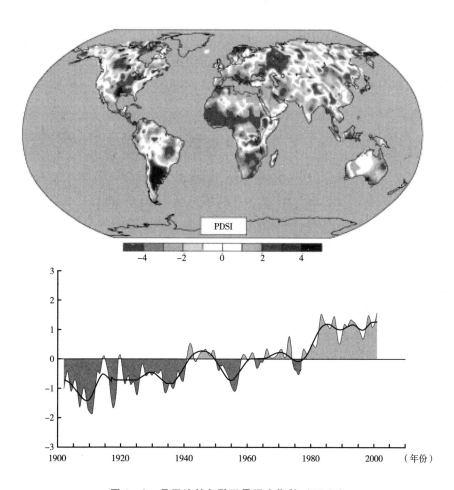

图 1 – 3 月平均帕尔默干旱强度指数（PDSI）
空间分布形势（1900～2002 年）

数据说明：PDSI 是一种分析干旱强度的主要指数，它通过把以前的降水量和大气中水汽估值（基于气温）代入一个水分统计系统，衡量地表水汽的累计亏值。下图表示这种空间分布形势的符号和强度自 1900 年以来发生的变化。平滑的黑色曲线表示十年的变化。时间序列基本上对应一种趋势，这种降水分布形势及其变化占全球陆地地区 1900～2002 年间 PDSI 线性趋势的 67%。

数据来源：Trenberth，K. E.，P. D. Jones，P. Ambenje，R. Bojariu，D. Easterling，A. Klein Tank，D. Parker，F. Rahimzadeh，J. A. Renwick，M. Rusticucci，B. Soden and P. Zhai，"2007：Observations：Surface and Atmospheric Climate Change，" in Solomon，S.，D. Qin，M. Manning，Z. Chen，M. Marquis，K. B. Averyt，M. Tignor and H. L. Miller（eds.），*Climate Change 2007：The Physical Science Basis. Contribution of Working Group I to the Fourth Assessment Report of the Intergovernmental Panel on Climate Change*，Cambridge University Press，Cambridge，United Kingdom and New York，NY，USA，p. 263.

最后，由于气温上升，降水有可能更多以降雨而不是降雪的形式发生，尤其在雪季开始的秋季和雪季结束的春季，以及在气温接近结冰点的地区。这种降水类型的变化在北半球高纬度陆地上表现最为典型，气候变暖使该地区降雨增加，积雪减少，从而减少了夏季的水资源。

（二）热昼、热夜、飓风等极端事件增多

根据相关记录，1950～2000 年的 50 年间，全球每年发生冷夜和冷昼（指低于 10 个百分点温度的昼夜）的天数总体呈现减少趋势，而每年发生热夜和热昼（指超过 90 个百分点温度的昼夜）的天数总体呈现增加趋势，其中，热夜天数的增加尤为显著。[①] 此外，热带海表温度的变化等因素使热带风暴和飓风自 20 世纪 70 年代以来呈现大幅度上升趋势，并且风暴持续时间延长，强度增加。20 世纪 70 年代以来四类和五类飓风的个数增加了 75% 左右，其中，以发生在北太平洋、印度洋和西南太平洋地区的居多。而北大西洋飓风的个数在过去 11 年中有 9 年高于常值，并且在 2005 年创下飓风发生次数的最高纪录。

（三）冰川和北极冰雪融化，冻土面积减少

根据 1978 年以来的卫星资料（见图 1 - 4），在 1979～2012 年间，北

① Trenberth, K. E., P. D. Jones, P. Ambenje, R. Bojariu, D. Easterling, A. Klein Tank, D. Parker, F. Rahimzadeh, J. A. Renwick, M. Rusticucci, B. Soden and P. Zhai, "2007: Observations: Surface and Atmospheric Climate Change," in Solomon, S., D. Qin, M. Manning, Z. Chen, M. Marquis, K. B. Averyt, M. Tignor and H. L. Miller (eds.), *Climate Change 2007: The Physical Science Basis*. Contribution of Working Group I to the Fourth Assessment Report of the Intergovernmental Panel on Climate Change, Cambridge University Press, Cambridge, UnitedKingdom and New York, NY, USA, p. 309.
Hartmann, D. L., A. M. G. Klein Tank, M. Rusticucci, L. V. Alexander, S. Br. nnimann, Y. Charabi, F. J. Dentener, E. J. Dlugokencky, D. R. Easterling, A. Kaplan, B. J. Soden, P. W. Thorne, M. Wild and P. M. Zhai, "2013: Observations: Atmosphere and Surface," in Stocker, T. F., D. Qin, G. - K. Plattner, M. Tignor, S. K. Allen, J. Boschung, A. Nauels, Y. Xia, V. Bex and P. M. Midgley (eds.), *Climate Change 2013: The Physical Science Basis. Contribution of Working Group I to the Fifth Assessment Report of the Intergovernmental Panel on Climate Change*, Cambridge University Press, Cambridge, United Kingdom and New York, NY, USA, p. 212.

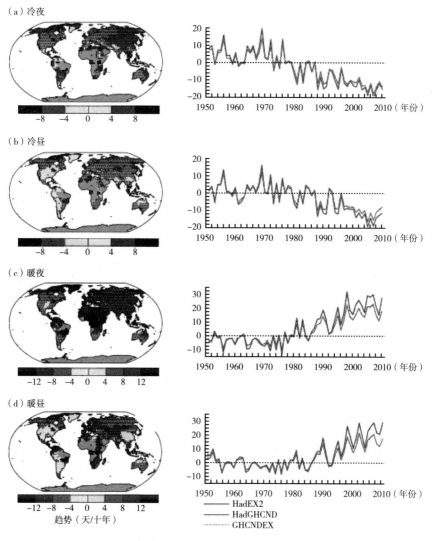

图 1 - 4　全球冷夜（昼）、热夜（昼）发生天数的
变化趋势（1950～2010 年）

数据来源：Hartmann, D. L., A. M. G. Klein Tank, M. Rusticucci, L. V. Alexander, S. Br. nnimann, Y. Charabi, F. J. Dentener, E. J. Dlugokencky, D. R. Easterling, A. Kaplan, B. J. Soden, P. W. Thorne, M. Wild and P. M. Zhai, "2013: Observations: Atmosphere and Surface," in Stocker, T. F., D. Qin, G. - K. Plattner, M. Tignor, S. K. Allen, J. Boschung, A. Nauels, Y. Xia, V. Bex and P. M. Midgley (eds.), *Climate Change 2013: The Physical Science Basis. Contribution of Working Group I to the Fifth Assessment Report of the Intergovernmental Panel on Climate Change*, Cambridge University Press, Cambridge, United Kingdom and New York, NY, USA, p. 210.

冰洋的海冰面积平均每 10 年减少 3.8% 左右，[1] 夏季的海冰面积每 10 年减少 7.4% 左右。全球绝大多数的山地冰川和冰帽持续退缩，其中，在 1967 ~ 2012 年间，北半球 3 月和 4 月平均积雪范围每 10 年缩小 1.6%（0.8% ~ 2.4%），6 月每十年缩小 11.7%（8.8% ~ 14.6%）。目前已有局地和区域的报告资料显示，全球范围内的常年冻土层变暖，地域范围缩小，夏季解冻的常年冻土层厚度增加，冬季季节性冻土层的厚度减少，季节性河冰和湖冰的结冻期缩短。政府间气候变化委员会的报告认为，"普遍变暖是导致地球总冰量损失的原因"[2]。

（四）海平面上升

全球海平面上升主要有两个原因：一是海洋热膨胀效应，水温升高导致水体发生膨胀；二是由于冰雪融化导致陆地冰的损失。两种因素对全球海平面上升的贡献大约各占 50%。[3] 20 世纪 70 年代初以来，观测到的全球平均海平面上升的 75% 可以由冰川冰量损失和因变暖导致的海洋热膨胀来解释（高信度）（见图 1 - 5）。相关机构通过对数据的估算显示，

---

[1] Vaughan, D. G., J. C. Comiso, I. Allison, J. Carrasco, G. Kaser, R. Kwok, P. Mote, T. Murray, F. Paul, J. Ren, E. Rignot, O. Solomina, K. Steffen and T. Zhang, "2013: Observations: Cryosphere," in Stocker, T. F., D. Qin, G. - K. Plattner, M. Tignor, S. K. Allen, J. Boschung, A. Nauels, Y. Xia, V. Bex and P. M. Midgley (eds.), *Climate Change 2013: The Physical Science Basis. Contribution of Working Group I to the Fifth Assessment Report of the Intergovernmental Panel on Climate Change*, Cambridge University Press, Cambridge, United Kingdom and New York, NY, USA, p. 367.

[2] Lemke, P., J. Ren, R. B. Alley, I. Allison, J. Carrasco, G. Flato, Y. Fujii, G. Kaser, P. Mote, R. H. Thomas and T. Zhang, "2007: Observations: Changes in Snow, Ice and Frozen Ground," in Solomon, S., D. Qin, M. Manning, Z. Chen, M. Marquis, K. B. Averyt, M. Tignor and H. L. Miller (eds.), *Climate Change 2007: The Physical Science Basis. Contribution of Working Group I to the Fourth Assessment Report of the Intergovernmental Panel on Climate Change*, Cambridge University Press, Cambridge, United Kingdom and New York, NY, USA, pp. 376 - 377.

[3] Church, J. A., P. U. Clark, A. Cazenave, J. M. Gregory, S. Jevrejeva, A. Levermann, M. A. Merrifield, G. A. Milne, R. S. Nerem, P. D. Nunn, A. J. Payne, W. T. Pfeffer, D. Stammer and A. S. Unnikrishnan, "2013: Sea Level Change," in Stocker, T. F., D. Qin, G. - K. Plattner, M. Tignor, S. K. Allen, J. Boschung, A. Nauels, Y. Xia, V. Bex and P. M. Midgley (eds.), *Climate Change 2013: The Physical Science Basis. Contribution of Working Group I to the Fifth Assessment Report of the Intergovernmental Panel on Climate Change*, Cambridge University Press, Cambridge, United Kingdom and New York, NY, USA, pp. 1143 - 1144.

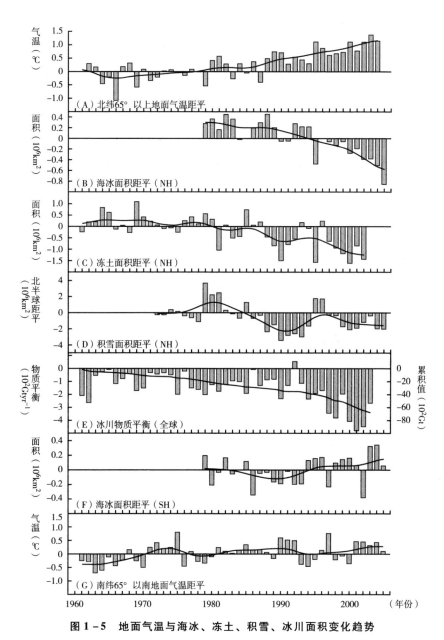

图 1-5 地面气温与海冰、冻土、积雪、冰川面积变化趋势

数据来源：Lemke, P., J. Ren, R. B. Alley, I. Allison, J. Carrasco, G. Flato, Y. Fujii, G. Kaser, P. Mote, R. H. Thomas and T. Zhang, "2007: Observations: Changes in Snow, Ice and Frozen Ground," in Solomon, S., D. Qin, M. Manning, Z. Chen, M. Marquis, K. B. Averyt, M. Tignor and H. L. Miller (eds.), *Climate Change 2007: The Physical Science Basis. Contribution of Working Group I to the Fourth Assessment Report of the Intergovernmental Panel on Climate Change*, Cambridge University Press, Cambridge, United Kingdom and New York, NY, USA, p. 376.

20世纪全球平均海平面以每年1.7毫米的速度上升，1901～2010年间，全球平均海平面上升了0.19（0.17～0.21）米。并且，1993年以来全球海平面一直以每年3毫米的速度上升，远远高于前半个世纪的平均值。[1] 此外，受温度、盐度，以及洋流变化的影响，世界各地的海平面上升并不均匀。根据《IPCC排放情景特别报告》（*SRES*），到21世纪90年代中期，全球海平面将比1990年上升0.22～0.44米，每年约上升4毫米。并且，与之前一样，未来全球海平面的变化在地理上将是不均衡的，区域海平面的变化幅度在平均值上下0.15毫米之间浮动（见图1-6）。[2]

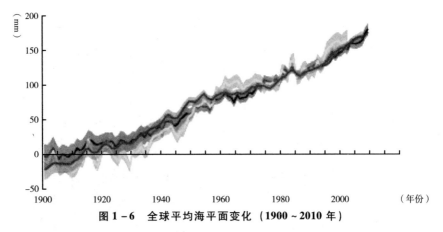

图1-6　全球平均海平面变化（1900～2010年）

数据来源：Church, J. A., P. U. Clark, A. Cazenave, J. M. Gregory, S. Jevrejeva, A. Levermann, M. A. Merrifield, G. A. Milne, R. S. Nerem, P. D. Nunn, A. J. Payne, W. T. Pfeffer, D. Stammer and A. S. Unnikrishnan, "2013: Sea Level Change," in Stocker, T. F., D. Qin, G. - K. Plattner, M. Tignor, S. K. Allen, J. Boschung, A. Nauels, Y. Xia, V. Bex and P. M. Midgley (eds.), *Climate Change 2013: The Physical Science Basis. Contribution of Working Group I to the Fifth Assessment Report of the Intergovernmental Panel on Climate Change*, Cambridge University Press, Cambridge, United Kingdom and New York, NY, USA.

---

[1] Bindoff, N. L., J. Willebrand, V. Artale, A, Cazenave, J. Gregory, S. Gulev, K. Hanawa, C. Le Quéré, S. Levitus, Y. Nojiri, C. K. Shum, L. D. Talley and A. Unnikrishnan, "2007: Observations: Oceanic Climate Change and Sea Level," in Solomon, S., D. Qin, M. Manning, Z. Chen, M. Marquis, K. B. Averyt, M. Tignor and H. L. Miller (eds.), *Climate Change 2007: The Physical Science Basis. Contribution of Working Group I to the Fourth Assessment Report of the Intergovernmental Panel on Climate Change*, Cambridge University Press, Cambridge, United Kingdom and New York, NY, USA, p. 409.

[2] IPCC, "Summary for Policymakers: Emissions Scenarios," in *A Special Report of Working Group III of the Intergovernmental Panel on Climate Change*, 2000, http://www.ipcc.ch/pdf/special-reports/spm/sres - en.pdf.

除了对自然系统的影响之外，全球气候变暖还会对其他生态系统、社会经济系统，以及人类的健康和福利造成不同程度的影响：诸如生物多样性、生态系统循环、水和食物供给、人类定居地的选择和社会发展，以及产业发展等。

第二节　能源选择与气候变化的因果关系

本节首先分析地球气候系统的整体循环，在此基础上，进一步论述在气候系统循环过程中由温室气体引发的温室效应，指出温室气体浓度的增加，以及温室效应的增强是地球气候变暖的直接原因，而其中，人类对化石燃料的使用是地球温室气体增加、气候变暖的重要原因之一。

一　气候系统的整体循环

气候系统主要由大气、陆地表面、冰雪、海洋与其他水体，以及生物组成，这些部分相互作用，维持着气候系统的动态循环。气候系统的变化主要由两方面引发：一是气候系统内在动力的影响；二是影响气候的外部因子（被称为外部强迫）的变化，例如火山爆发、太阳变化等自然现象，以及由人类活动所引起的大气成分变化（见图1－7）。

太阳辐射为地球的气候系统提供动力，在白天，太阳辐射每秒钟到达地球大气顶层表面的能源为每平方米1370瓦特左右，[①] 其中三分之一被直接反射回太空（被反射的太阳辐射中约有三分之二被云和大气中被称为"气溶胶"的小微粒反射，其余三分之一由地球表面的浅色地区，诸如雪、冰和沙漠反射），其余三分之二主要被地球表面吸收，每平方米吸收240

[①] Le Treut，H.，R. Somerville，U. Cubasch，Y. Ding，C. Mauritzen，A. Mokssit，T. Peterson and M. Prather，"2007：Historical Overview of Climate Change，" in Solomon，S.，D. Qin，M. Manning，Z. Chen，M. Marquis，K. B. Averyt，M. Tignor and H. L. Miller（eds.），*Climate Change 2007：The Physical Science Basis. Contribution of Working Group I to the Fourth Assessment Report of the Intergovernmental Panel on Climate Change*，Cambridge University Press，Cambridge，United Kingdom and New York，NY，USA，p. 96.

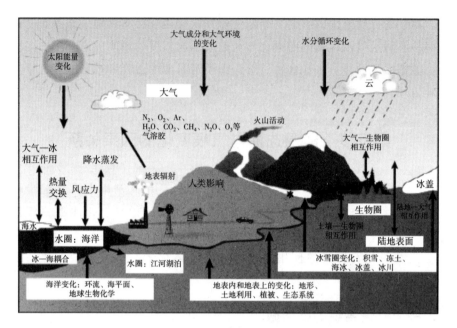

图 1-7　地球气候系统循环示意

数据来源：Le Treut, H., R. Somerville, U. Cubasch, Y. Ding, C. Mauritzen, A. Mokssit, T. Peterson and M. Prather, "2007: Historical Overview of Climate Change," in Solomon, S., D. Qin, M. Manning, Z. Chen, M. Marquis, K. B. Averyt, M. Tignor and H. L. Miller (eds.), *Climate Change 2007: The Physical Science Basis. Contribution of Working Group I to the Fourth Assessment Report of the Intergovernmental Panel on Climate Change* , Cambridge University Press, Cambridge, United Kingdom and New York, NY, USA, p. 104.

瓦特左右，其余少部分辐射被大气吸收。①

　　为了与吸收的入射能量达到平衡，地球本身也必须向太空中辐射出等量能量，它主要通过向外释放长波辐射来实现这种能量平衡。这些长波辐射一部分穿过大气层直接散射出去，其他大部分则被云和温室气体吸收，被吸收的长波辐射由云和温室气体朝所有方向进行反射，其中部分能量被散射到太空，部分则反馈回地球（见图 1-8）。

_____

① Le Treut, H., R. Somerville, U. Cubasch, Y. Ding, C. Mauritzen, A. Mokssit, T. Peterson and M. Prather, "2007: Historical Overview of Climate Change," in Solomon, S., D. Qin, M. Manning, Z. Chen, M. Marquis, K. B. Averyt, M. Tignor and H. L. Miller (eds.) *Climate Change 2007: The Physical Science Basis. Contribution of Working Group I to the Fourth Assessment Report of the Intergovernmental Panel on Climate Change* , Cambridge University Press, Cambridge, United Kingdom and New York, NY, USA, p. 97.

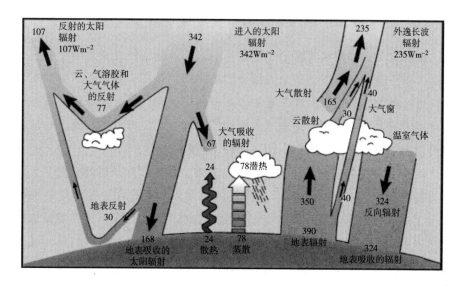

图 1 - 8　地球年度和全球平均能量平衡估算

数据来源：Le Treut, H., R. Somerville, U. Cubasch, Y. Ding, C. Mauritzen, A. Mokssit, T. Peterson and M. Prather, "2007: Historical Overview of Climate Change," in Solomon, S., D. Qin, M. Manning, Z. Chen, M. Marquis, K. B. Averyt, M. Tignor and H. L. Miller (eds.), *Climate Change 2007: The Physical Science Basis. Contribution of Working Group I to the Fourth Assessment Report of the Intergovernmental Panel on Climate Change*, Cambridge University Press, Cambridge, United Kingdom and New York, NY, USA, p. 96.

除了释放长波辐射外，地球还可以通过蒸散的方式把少部分被称为"潜热"（Latent Heat）的能量释放出来。因为地球的形状呈球形，热带地区吸收的太阳辐射能量比高纬度地区多，气候系统通过大气和海洋环流，包括风暴系统，把太阳辐射能量从位于赤道的热带地区输送到高纬度地区，其中的大气环流主要即通过潜热的释放来驱动的。此外，通过海洋水体表面风的作用，以及通过降水和蒸发改变海洋表面的温度和盐度，大气环流又驱动了海洋环流。

综合考虑以上过程和因素，地球的辐射平衡主要由三个方面影响和决定：一是入射的太阳辐射，这部分辐射主要由地球轨道或太阳本身的变化决定；二是被反射的太阳辐射，其主要由云量、大气微粒，以及地表植被的状况决定；三是地球向空间的长波辐射，其主要受到云和温室气体的影响。

二 温室气体、温室效应与气候变暖

地球向太空辐射的长波主要是红外光，这部分红外光有少部分穿过大气层，直接辐射到太空，其余大部分则被大气，包括云吸收，之后向所有方向进行散射，被散射的红外光中少部分散射到太空，大部分再次反馈回地球和大气，这个过程会使地球表面和底层大气的温度升高，这一效应被称为"温室效应"（Greenhouse Effect）（见图1-9）。

而"温室气体"则是指大气中吸收和重新放出红外辐射的自然和人为的气态成分。[①] 大气中含量最高的氮气（干燥大气中的含量为78%）和氧气（干燥大气中的含量为21%）并不会产生温室效应，能够产生温室效应的气体主要是水汽和二氧化碳，水汽（H_2O）是最重要的温室气体，其次是二氧化碳（CO_2），此外，甲烷（CH_4）、氧化亚氮（N_2O）、臭氧和少量存在于大气中的若干其他气体也会产生温室效应。[②]

根据 IPCC 第五次评估报告，1750 年以来，由于人类活动的影响，全球主要温室气体二氧化碳、甲烷，以及氧化亚氮的浓度均出现不同程度增加。全球二氧化碳浓度已经从工业化前的 280ppm，增加到 2011 年的 391ppm，增加了约40%。[③] 工业化前，全球大气中的甲烷浓度为 715ppb 左右，到了 2011 年，其浓度达到 1803ppb，增加了约152%。至于氧化亚氮，其浓度值自工业化前的 270ppb，增加到 2011 年的 324ppb，增加了20%，[④]

---

① United Nations Framework Convention on Climate Change, *United Nations Framework Convention on Climate Change*, 1992, p. 7, http://unfccc.int/files/essential_ background/convention/background/application/pdf/convention_ text_ with_ annexes_ english_ for_ posting. pdf.

② 《京都议定书》附件A列出了六类人为温室气体。除了温室气体外，云也能吸收红外辐射，产生较大的温室效应。但同时，云也能反射入射的太阳辐射，从而使地球降温。从总体的平均效应来说，虽然在局部地区能够感受到云的增温效应，但云总体上产生的是降温效应。Le Treut, H., R. Somerville, U. Cubasch, Y. Ding, C. Mauritzen, A. Mokssit, T. Peterson and M. Prather, "2007: Historical Overview of Climate Change," in Solomon, S., D. Qin, M. Manning, Z. Chen, M. Marquis, K. B. Averyt, M. Tignor and H. L. Miller (eds.), *Climate Change 2007: The Physical Science Basis. Contribution of Working Group I to the Fourth Assessment Report of the Intergovernmental Panel on Climate Change*, Cambridge University Press, Cambridge, United Kingdom and New York, NY, USA, p. 97.

③ 二氧化碳的浓度单位是百万分率（ppm），表示在大气采样的每100万个空气分子中所含的温室气体数目。

④ 甲烷和氧化亚氮的浓度单位是 ppb，表示在大气采样的每10亿个空气分子中所含的温室气体数目。

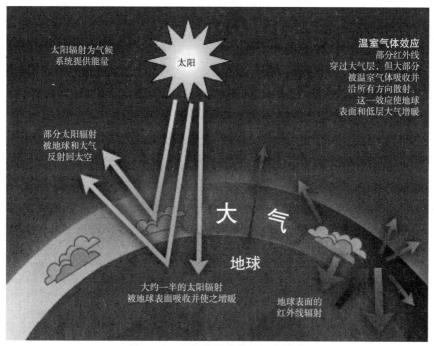

图 1 - 9　理想状态的自然温室效应

数据来源：Le Treut, H., R. Somerville, U. Cubasch, Y. Ding, C. Mauritzen, A. Mokssit, T. Peterson and M. Prather, "2007: Historical Overview of Climate Change," in Solomon, S., D. Qin, M. Manning, Z. Chen, M. Marquis, K. B. Averyt, M. Tignor and H. L. Miller (eds.), *Climate Change 2007: The Physical Science Basis. Contribution of Working Group I to the Fourth Assessment Report of the Intergovernmental Panel on Climate Change*, Cambridge University Press, Cambridge, United Kingdom and New York, NY, USA, p. 115.

当前二氧化碳、甲烷，以及氧化亚氮的浓度大大超过冰芯记录的过去 80 万年以来的最高浓度。在 2000 ~ 2010 年间，人为温室气体排放总量为人类历史中的最高值并于 2010 年达到了 49Gt CO_2eq/年左右，温室气体的快速增加会增强温室效应，从而使全球气候变暖（见图 1 - 10）。[1]

---

[1] Hartmann, D. L., A. M. G. Klein Tank, M. Rusticucci, L. V. Alexander, S. Br. nnimann, Y. Charabi, F. J. Dentener, E. J. Dlugokencky, D. R. Easterling, A. Kaplan, B. J. Soden, P. W. Thorne, M. Wild and P. M. Zhai, "2013: Observations: Atmosphere and Surface," in Stocker, T. F., D. Qin, G. - K. Plattner, M. Tignor, S. K. Allen, J. Boschung, A. Nauels, Y. Xia, V. Bex and P. M. Midgley (eds.), *Climate Change 2013: The Physical Science Basis. Contribution of Working Group I to the Fifth Assessment Report of the Intergovernmental Panel on Climate Change*, Cambridge University Press, Cambridge, United Kingdom and New York, NY, USA, pp. 166 - 168.

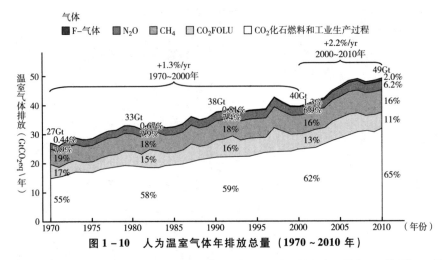

图 1 - 10　人为温室气体年排放总量（1970 ～ 2010 年）

资料来源：IPCC, "Summary for Policymakers," in Edenhofer, O., R. Pichs - Madruga, Y. Sokona, E. Farahani, S. Kadner, K. Seyboth, A. Adler, I. Baum, S. Brunner, P. Eickemeier, B. Kriemann, J. Savolainen, S. Schl. mer, C. von Stechow, T. Zwickel and J. C. Minx（eds.）, *Climate Change 2014：Mitigation of Climate Change. Contribution of Working Group Ⅲ to the Fifth Assessment Report of the Intergovernmental Panel on Climate Change*, Cambridge University Press, Cambridge, United Kingdom and New York, NY, USA, p. 7.

三　化石燃料的使用是温室气体排放增加、气候变暖的重要原因之一

在研究分析中，通常使用"辐射强迫"（Radiative Forcing）衡量某个因素对地球 - 大气系统射入 - 逸出能量平衡的影响程度，正辐射强迫值导致地表变暖，而负辐射强迫值导致地表变冷（见图 1 - 11）。根据政府间气候变化委员会的第五次评估报告，"人类活动的全球平均净影响是使地球变暖的因素之一，工业化时期（1750 ～ 2011 年），人类活动的净辐射强迫为 +2.3（+1.1 ～ +3.3）瓦/平方米，其中，人为因素引起二氧化碳使用的辐射强迫为 +1.82（+1.63 ～ +2.01）瓦/平方米，使用甲烷引起的辐射强迫为 +0.48（+0.43 ～ +0.53）瓦/平方米，使用氧化亚氮引起的辐射强迫为 +0.17（+0.14 ～ +0.20）瓦/平方米。[①]

① Myhre, G., D. Shindell, F. - M. Breon, W. Collins, J. Fuglestvedt, J. Huang, D. Koch, J. - F. Lamarque, D. Lee, B. Mendoza, T. Nakajima, A. Robock, G. Stephens, T. Takemura and H. Zhang, "2013：Anthropogenic and Natural Radiative Forcing," in Stocker, T. F., D. Qin, G. - K. Plattner, M. Tignor, S. K. Allen, J. Boschung, A. Nauels, Y. Xia, V. Bex and P. M. Midgley（eds.）, *Climate Change 2013：The Physical Science Basis. Contribution of Working Group Ⅰ to the Fifth Assessment Report of the Intergovernmental Panel on Climate Change*, Cambridge University Press, Cambridge, United Kingdom and New York, NY, USA, p. 661.

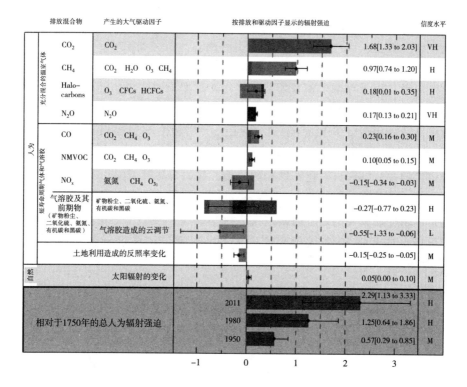

图1-11　2011年地球气候变化主要驱动因子的辐射强迫（相对于1750年）

数据说明：图中给出的估计值是全球平均辐射强迫值（RF15），这些估计值的划分是根据使驱动因子复合的排放混合物或排放过程。净辐射强迫的最佳估计值用黑色菱形表示，并给出了相应的不确定性区间；在本图的右侧给出了各数值，包括净辐射强迫的信度水平（VH－很高，H－高，M－中等，L－低，VL－很低）。黑碳气溶胶柱状图中包括积雪和冰上的黑碳产生的反照率强迫。图中没有给出凝结尾迹（0.05Wm－2，其中包括凝结尾迹产生的卷云）和氢氟碳化物（HFCs）、全氟化碳（PFCs）和六氟化硫（SF6）（共计0.03Wm－2）产生的小的强迫作用。可以通过合计同色柱状图的数值获得各种气体基于浓度的辐射强迫。图中没有包括火山强迫，因为该强迫时断时续的特点使其很难与其他强迫机制进行比较。本图给出了相对于1750年的三个不同年份的人为辐射强迫总值。

数据来源：Myhre, G., D. Shindell, F.－M. Breon, W. Collins, J. Fuglestvedt, J. Huang, D. Koch, J.－F. Lamarque, D. Lee, B. Mendoza, T. Nakajima, A. Robock, G. Stephens, T. Takemura and H. Zhang, "2013: Anthropogenic and Natural Radiative Forcing," in Stocker, T. F., D. Qin, G.－K. Plattner, M. Tignor, S. K. Allen, J. Boschung, A. Nauels, Y. Xia, V. Bex and P. M. Midgley (eds.), *Climate Change 2013: The Physical Science Basis. Contribution of Working Group I to the Fifth Assessment Report of the Intergovernmental Panel on Climate Change*, Cambridge University Press, Cambridge, United Kingdom and New York, NY, USA.

根据《京都议定书》附件 A，最主要的人为温室气体有六类：二氧化碳、甲烷、氧化亚氮、氢氟碳化物（HFCs）、全氟化碳（PFCs），以及六氟化碳（SF$_6$），而在由人为因素所引起的温室气体排放中，[1] 因化石燃料燃烧所产生的二氧化碳排放占到总排放的 60% 左右。

2002～2011 年间，因化石燃料燃烧和水泥生产造成的二氧化碳年平均排放量为每年 8.3（7.6～9.0）Gt CO$_2$。2010 年，与化石燃料有关的二氧化碳排放量达到每年 32（±2.7）Gt CO$_2$，在 2010 年到 2011 年间进一步增加 3% 左右，2011 年到 2012 年间增加 1%～2%。[2] 除了二氧化碳以外，部分甲烷的排放也来自对化石燃料的使用，例如天然气输配。

在全球范围内，经济和人口增长继续成为因化石燃料燃烧导致二氧化碳排放增加最重要的两个因素。在 2000～2010 年间，人口增长的贡献率仍然保持在与之前 30 年大致相同的水平，而经济增长的贡献率则急剧上升。[3]

第三节 将发展清洁能源作为应对气候变化的关键突破口之一

发展清洁能源是减少化石燃料使用，从而降低人为温室气体排放和减

---

[1] United Nations Framework Convention on Climate Change, *Kyoto Protocol to the United Nations Framework Convention on Climate Change*, 1998, p. 19, http：//unfccc. int/resource/docs/convkp/kpeng. pdf.

[2] Victor D. G., D. Zhou, E. H. M. Ahmed, P. K. Dadhich, J. G. J. Olivier, H－H. Rogner, K. Sheikho, and M. Yamaguchi, "2014：Introductory Chapter," in Edenhofer, O., R. Pichs－Madruga, Y. Sokona, E. Farahani, S. Kadner, K. Seyboth, A. Adler, I. Baum, S. Brunner, P. Eickemeier, B. Kriemann, J. Savolainen, S. Schlomer, C. von Stechow, T. Zwickel and J. C. Minx（eds.）, *Climate Change 2014：Mitigation of Climate Change. Contribution of Working Group III to the Fifth Assessment Report of the Intergovernmental Panel on Climate Change*, Cambridge University Press, Cambridge, United Kingdom and New York, NY, USA, p. 103.

[3] Victor D. G., D. Zhou, E. H. M. Ahmed, P. K. Dadhich, J. G. J. Olivier, H－H. Rogner, K. Sheikho, and M. Yamaguchi, "2014：Introductory Chapter," in Edenhofer, O., R. Pichs－Madruga, Y. Sokona, E. Farahani, S. Kadner, K. Seyboth, A. Adler, I. Baum, S. Brunner, P. Eickemeier, B. Kriemann, J. Savolainen, S. Schlomer, C. von Stechow, T. Zwickel and J. C. Minx（eds.）, *Climate Change 2014：Mitigation of Climate Change. Contribution of Working Group III to the Fifth Assessment Report of the Intergovernmental Panel on Climate Change*, Cambridge University Press, Cambridge, United Kingdom and New York, NY, USA. p. 9.

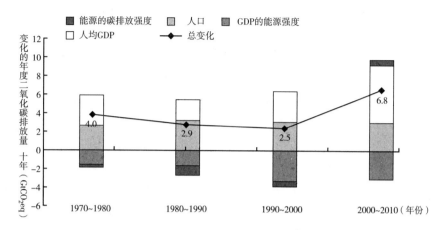

图 1 - 12　全球化石燃料燃烧排放 CO_2 总量变化分解（1970 ~ 2010 年）

按四个驱动因子［人口、人均收入（GDP）、GDP 的能源强度和能源的碳排放强度］划分的全球化石燃料燃烧年排放 CO_2 总量十年期变化分解图。四个条形分别表示在其他各因子保持不变的条件下与每个因子相关的变化。用小菱形表示排放变化总量。以每年 10 亿吨（Gt CO_2/年）为单位衡量每十年 CO_2 排放量的变化；采用购买力平价指标将收入换算成常用单位。

数据来源：Victor D. G., D. Zhou, E. H. M. Ahmed, P. K. Dadhich, J. G. J. Olivier, H - H. Rogner, K. Sheikho, and M. Yamaguchi, "2014：Introductory Chapter," in Edenhofer, O., R. Pichs - Madruga, Y. Sokona, E. Farahani, S. Kadner, K. Seyboth, A. Adler, I. Baum, S. Brunner, P. Eickemeier, B. Kriemann, J. Savolainen, S. Schlomer, C. von Stechow, T. Zwickel and J. C. Minx（eds.）, *Climate Change 2014：Mitigation of Climate Change. Contribution of Working Group III to the Fifth Assessment Report of the Intergovernmental Panel on Climate Change*, Cambridge University Press, Cambridge, United Kingdom and New York, NY, USA. p. 9.

缓地球气候变暖的重要途径之一。本节内容在界定"清洁能源"范畴和介绍清洁能源主要种类的基础上，通过数据分析清洁能源与温室气体排放，以及与全球气候变化之间的关系，指出发展清洁能源可以有效减少温室气体排放、减缓地球气候变暖。此外，对之前几十年间通过发展清洁能源减缓气候变化的国际社会努力进行回顾和总结，对未来的发展目标进行展望。

一　"清洁能源"的范畴及主要类别

所谓"清洁能源"是指在生产、输送，以及消费过程中，很少或者几乎不产生生态环境污染和温室气体排放的能源，即所谓的"零碳"

（Zero – Carbon Energy）或"低碳"（Low – Carbon Energy）能源，具体来讲，主要包括"可再生能源"和核能，以及通过碳捕获和封存（Carbon Capture and Storage，CCS）技术处理得到的能源。① 根据 IPCC 的定义，"可再生能源"是指任何一种源自太阳、地球物理或生物资源的能源形式，这些资源可以通过自然过程以相同或超过使用速率的速度得到补充，包括生物质、太阳能、地热、水电、潮汐和海浪、海洋热能和风能等资源。②

根据国际能源署（IEA）的统计数据，2008 年，在全球一次能源供应总量中，清洁能源所占的份额为 14.9%，其中比重最大的是生物能，所占份额为 10.2%，其次是水电及核能，份额分别为 2.3% 和 2%，而风能、地热能、太阳能、海洋能等其他清洁能源所占的比重较低，其总和约为 0.4%。③ 而到了 2013 年，清洁能源在全球一次能源供应总量中的份额提高了 4 个百分点，达到 18.9% 左右，其中核能的份额由 2% 增加到了 4.8%。④

二 清洁能源、温室气体减排与减缓气候变暖

与化石燃料相比，清洁能源技术产生的温室气体排放微乎其微。以发电为例，使用清洁能源发电每千瓦时所产生的温室气体排放量比使用化石能源要少得多。使用化石燃料发电所产生的温室气体排放量在 469 ~ 1001 g

---

① 由于碳捕获和封存技术涉及煤、石油、天然气等化石能源，以及生物质能等多种能源的二氧化碳处理，为了便于区分，本书在讨论清洁能源的种类时，一般认为清洁能源主要包括可再生能源和核能。

② Moomaw, W., F. Yamba, M. Kamimoto, L. Maurice, J. Nyboer, K. Urama, T. Weir, "2011: Introduction," in O. Edenhofer, R. Pichs – Madruga, Y. Sokona, K. Seyboth, P. Matschoss, S. Kadner, T. Zwickel, P. Eickemeier, G. Hansen, S. Schlomer, C. von Stechow（eds），*IPCC Special Report on Renewable Energy Sources and Climate Change Mitigation*（Cambridge University Press，Cambridge，United Kingdom and New York，NY，USA），p. 178.

③ Moomaw, W., F. Yamba, M. Kamimoto, L. Maurice, J. Nyboer, K. Urama, T. Weir, "2011: Introduction," in O. Edenhofer, R. Pichs – Madruga, Y. Sokona, K. Seyboth, P. Matschoss, S. Kadner, T. Zwickel, P. Eickemeier, G. Hansen, S. Schlomer, C. von Stechow（eds），*IPCC Special Report on Renewable Energy Sources and Climate Change Mitigation*（Cambridge University Press，Cambridge，United Kingdom and New York，NY，USA），pp. 172 – 174.

④ IEA, *Key World Energy Statistics 2016*, p. 6, https：//www. iea. org/publications/freepublications/publication/KeyWorld 2016. pdf.

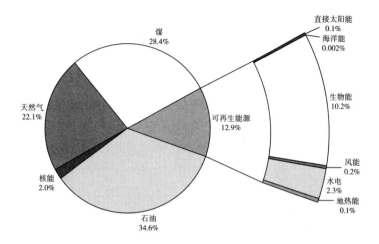

图 1 - 13 不同能源在 2008 年全球一次能源供应总量中所占份额

数据来源：Moomaw, W., F. Yamba, M. Kamimoto, L. Maurice, J. Nyboer, K. Urama, T. Weir, "2011: Introduction," in O. Edenhofer, R. Pichs - Madruga, Y. Sokona, K. Seyboth, P. Matschoss, S. Kadner, T. Zwickel, P. Eickemeier, G. Hansen, S. Schlomer, C. von Stechow (eds) *IPCC Special Report on Renewable Energy Sources and Climate Change Mitigation*, Cambridge University Press, Cambridge, United Kingdom and New York, NY, USA, p. 174.

CO_2eq/kWh[1]，其中，燃煤发电排放的温室气体最多，石油次之，天然气相对最少。

比较而言，使用清洁能源技术发电排放的温室气体平均仅在 4 ~ 46 gCO_2eq/kWh[2]，其中，光伏发电、地热发电，以及生物能发电所排放的温室气体相对较多，海洋能发电、水电、风电所产生的温室气体相对较少，核电和聚焦式太阳能发电的温室气体排放量居中。此外，通过使用二氧化

---

[1] IPCC, "Summary for Policymakers," in O. Edenhofer, R. Pichs - Madruga, Y. Sokona, K. Seyboth, P. Matschoss, S. Kadner, T. Zwickel, P. Eickemeier, G. Hansen, S. Schlomer, C. von Stechow (eds), *IPCC Special Report on Renewable Energy Sources and Climate Change Mitigation*, Cambridge University Press, Cambridge, United Kingdom and New York, NY, USA, p. 18.

[2] IPCC, "Summary for Policymakers," in O. Edenhofer, R. Pichs - Madruga, Y. Sokona, K. Seyboth, P. Matschoss, S. Kadner, T. Zwickel, P. Eickemeier, G. Hansen, S. Schlomer, C. von Stechow (eds) *IPCC Special Report on Renewable Energy Sources and Climate Change Mitigation*, Cambridge University Press, Cambridge, United Kingdom and New York, NY, USA, p. 18.

碳捕获和封存技术，可以大幅度降低煤电、天然气发电，以及生物能发电所产生的温室气体（见图 1 – 14）。

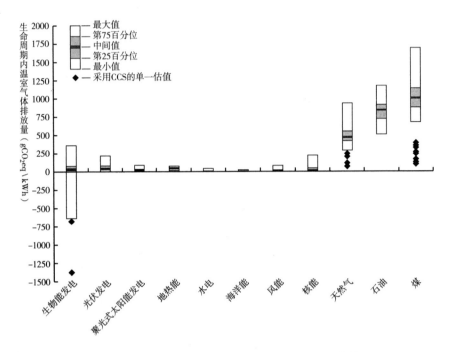

图 1 – 14   不同种类能源发电技术在其生命周期内的温室气体排放估值

数据说明：已避免的排放量，不包括从大气中清除的温室气体。"负估值"是指可以避免的温室气体排放量。

数据来源：IPCC, "Summary for Policymakers," in O. Edenhofer, R. Pichs – Madruga, Y. Sokona, K. Seyboth, P. Matschoss, S. Kadner, T. Zwickel, P. Eickemeier, G. Hansen, S. Schlomer, C. von Stechow (eds), *IPCC Special Report on Renewable Energy Sources and Climate Change Mitigation*, Cambridge University Press, Cambridge, United Kingdom and New York, NY, USA, p. 19.

正是因为清洁能源技术能够产生更少的温室气体排放，因此，在同样的经济社会发展背景下，更多使用清洁能源取代化石燃料，增加清洁能源在能源总供给量中的比重，可以有效减少地球的温室气体排放，进而减缓地球变暖。在 IPCC 的《排放前景特别报告》中，根据人口变化、社会经济发展，以及技术变革等因素列出了四组温室气体排放情景：A1，融合的经济社会发展；A2，差异化的经济社会发展；B1，通过全球解决方案促进融合的经济社会可持续发展；B2，通过区域和地方解决方案促进差异化经济社会可持续发展。其中，在 A1 情景中，根据能源技术类型的不同，进一步细分出三种排放情景：A1FI，化石燃料密集型；A1B，能源选择平衡型；A1T，非化石能源型（见图 1 - 15）。[①]

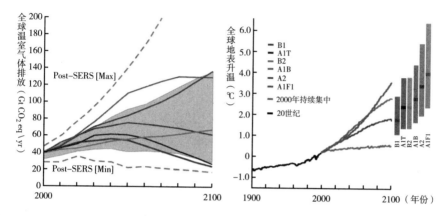

图 1 - 15　不同情景下全球温室气体排放与全球地表升温估值
（相对于 1980 ~ 1999 年间的温度变化）

数据来源：Moomaw, W., F. Yamba, M. Kamimoto, L. Maurice, J. Nyboer, K. Urama, T. Weir, "2011: Introduction," in O. Edenhofer, R. Pichs - Madruga, Y. Sokona, K. Seyboth, P. Matschoss, S. Kadner, T. Zwickel, P. Eickemeier, G. Hansen, S. Schlomer, C. von Stechow (eds.), *IPCC Special Report on Renewable Energy Sources and Climate Change Mitigation*, Cambridge University Press, Cambridge, United Kingdom and New York, NY, USA, p. 170.

　　根据相关估值，在 A1 的三种不同能源技术选择情景中，不论温室气体排放，还是相应的全球地表升温，非化石能源型（A1T）均显著低于化石燃料密集型（A1F1），而能源选择平衡型（A1B）的效果居中，由此进一步表明，包括清洁能源在内的非化石能源具有较大的温室气体减排和减缓气候变暖潜力。

三　通过发展清洁能源减缓气候变化的国际努力

　　20 世纪 70 年代初，波及全球的石油危机爆发。这一危机促使国际社会转而寻求化石燃料的替代能源，以降低对传统化石燃料的严重依赖，这

---

① IPCC, *Summary for Policymakers*, in *Emissions Scenarios: A Special Report of Working Group III of the Intergovernmental Panel on Climate Change*, pp. 4 - 5, http://www.ipcc.ch/pdf/special - reports/spm/sres - en. pdf.

为清洁能源的发展提供了最初契机。之后几十年间，随着国际社会对全球气候变化问题的日益重视，清洁能源发展除了最初的保障能源安全的意义之外，也被作为减少温室气体排放、应对气候变化的有效途径之一。

（一）理论探讨

20 世纪 70 年代初，有关清洁能源发展的会议论文集、工作报告和专著开始陆续出版。1974 年 3 月，美国迈阿密大学举办了"氢经济迈阿密能源会议"，该会议出版的论文集 Hydrogen Energy: Proceedings of the Hydrogen Economy Miami Energy Conference，主要从技术的角度论述了氢经济发展的未来前景。[1] 另外，比较有代表性的著作还有美国当时"煤炭研究办公室"（Office of Coal Research）出版的工作报告 Clean Energy From Coal Technology[2]，尼加特·威兹罗格鲁（T. Nejat Veziroglu）主编的 Solar Cooling and Heating: Architectural Engineering and Legal Aspects[3]，拉尔夫·拉普（Ralph E. Lapp）的专著 The Nuclear Controversy[4]，以及莎伦吉特·拉杰（Charanjit Rai）与劳埃德·斯拜尔曼（Lloyd A. Spielman）主编的 Air Pollution Control and Clean Energy，[5] 前三部著作分别阐述了清洁煤技术、太阳能以及核能三种清洁能源的应用和发展，后一部著作则提出了通过发展清洁能源改善空气质量的建议。

20 世纪 80 年代，清洁能源研究领域的代表性著作是威兹罗格鲁主编的八卷系列丛书 Alternative Energy Sources，该丛书是 20 世纪系统论述清洁能源发展的代表性研究成果，[6] 威兹罗格鲁主要从技术角度阐述了清洁能源的发展，是最早介入清洁能源研究的学者之一。此外，苏联、日本、美国、中国、埃及、巴基斯坦召开了有关清洁能源发展的国际或双边研讨

---

[1] T. Nejat Veziroglu ed., *Hydrogen Energy: Proceedings of the Hydrogen Economy Miami Energy Conference*, New York: Plenum Press, 1975.

[2] U. S. Office of Coal Research, *Clean Energy From Coal Technology*, Washington: U. S. Govt. Print. Office, 1973.

[3] T. Nejat Veziroglu ed., *Solar Cooling and Heating: Architectural Engineering and Legal Aspects*, Washington: Hemisphere Pub. Corp., 1978.

[4] Ralph E. Lapp, *The Nuclear Controversy*, Greenwich, Conn.: Fact System, 1975.

[5] Charanjit Rai and Lloyd A. Spielman eds., *Air Pollution Control and Clean Energy*, New York: American Institute of Chemical Engineers, 1976.

[6] T. Nejat Veziroglu ed., *Alternative Energy Sources I - VIII*, Washington: Hemisphere Pub. Corp., 1978 - 1989.

会，并出版了相关论文集：*Choice and Implementation of Environmentally Clean Energy Technologies：Papers of the Seventh Soviet – Japan Energy Symposium*[①]；*Hydrogen systems：papers presented at the International Symposium on Hydrogen Systems，7 – 11 May 1985，Beijing，China*[②]；*Solar Energy：International Progress：Proceedings of the International Symposium – Workshop on Solar Energy，16 – 22 June 1978，Cairo，Egypt*[③]；*International Symposium – Workshop on Renewable Energy Sources，18 – 22 March 1983，Lahore，Pakistan*[④]。

　　从 20 世纪 90 年代开始，清洁能源的理论研究出现了两个转变：一是研究领域不断拓展，除了之前的核能、太阳能、清洁煤技术研究之外，开始出现地热能、风能、电动车等清洁能源相关领域，以及节能研究的著作。例如，1998 年美国地热资源委员会在圣地亚哥召开的年度会议出版了论文集 *Geothermal：the Clean & Green Energy Choice for the World*[⑤]；大卫·哈特（David Hart）和奥西里奥·鲍恩（Ausilio Bauen）出版了专著 *Fuel Cells：Clean Power，Clean Transport，Clean Future*[⑥]；邓颂九（Song-Jiu Deng）主编出版了 *Heat Transfer Enhancement and Energy Conservation*[⑦]。二是除了之前单一的技术角度研究外，开始出现人文角度的政策研究和国际合作研究。例如，亚太经合组织召开了数次有关清洁化石能源合作的技术

① Yu. N. Rudenko ed. , *Choice and Implementation of Environmentally Clean Energy Technologies：Papers of the Seventh Soviet – Japan Energy Symposium*, Irkutsk：USSR Academy of Sciences, Siberian Branch, Siberian Energy Institute, 1987.

② T. Nejat Veziroglu, Zhu Yajie, Bao Deyou eds. , *Hydrogen Systems：Papers Presented at the International Symposium on Hydrogen Systems，7 – 11 May 1985，Beijing，China*, China Academic Publishers；Pergamon Press, 1986.

③ T. Nejat Veziroglu eds. , *Solar Energy：International Progress：Proceedings of the International Symposium – Workshop on Solar Energy，16 – 22 June 1978，Cairo，Egypt*, New York：Pergamon Press, 1980.

④ M. K. Bhatty et al. , *International Symposium – Workshop on Renewable Energy Sources，18 – 22 March 1983，Lahore，Pakistan*, Lahore：Pakistan Council of Scientific and Industrial Research, 1983.

⑤ U. S. Geothermal Resources Council, *Geothermal：the Clean & Green Energy Choice for the World*, 1998.

⑥ David Hart and Ausilio Bauen, *Fuel Cells：Clean Power，Clean Transport，Clean Future*, London：Financial Times Energy, 1998.

⑦ Song-Jiu Deng eds. , *Heat Transfer Enhancement and Energy Conservation*, New York：Hemisphere Pub. Corp. , 1990.

研讨会（APEC Technical Seminar on Clean Fossil Energy），并出版了相关论文集。1999 年，研究清洁能源技术转移的著作 Technology Cooperation Agreement Pilot Project：A Collaborative Model for Clean Energy Technology Transfer 出版。[①]

21 世纪以来，有关清洁能源发展的理论探讨在领域和深度上不断拓展。

一是开始将清洁能源研究更多地与应对气候变化、降低对传统化石燃料的依赖结合在一起，例如克劳斯·海默萨斯（Klaus H. Hemsath）的 Clean Energy for Centuries：Stopping Global Warming and Climate Change[②]，约瑟夫·舒斯特（Joseph M. Shuster）的 Beyond Fossil Fuels：the Roadmap to Energy Independence by 2040[③]，罗伯特·艾尔斯（Robert U. Ayres）与爱德华·艾尔斯（Edward H. Ayres）合著的 Crossing the Energy Divide：Moving from Fossil Fuel Dependence to A Clean-energy Future Upper Saddle River[④]，皮特·库克（Peter J. Cook）的专著 Clean Energy，Climate and Carbon[⑤]，以及雷切尔·克莉特斯（Rachel Cleetus）等学者合著的 Climate 2030：A National Blueprint for A Clean Energy Economy 等[⑥]。

二是开始更多讨论清洁能源的产业化、市场化、绿色就业等商业运作问题，如托宾·史密斯（Tobin Smith）和吉姆·伍兹（Jim Woods）的专著 Billion Dollar Green：Profit from the Eco Revolution[⑦]，米歇尔·奥里玛（Michele Auriemma）的 Employment Effects of Transition to a Hydrogen

---

① U. S. National Renewable Energy Laboratory, *Technology Cooperation Agreement Pilot Project：A Collaborative Model for Clean Energy Technology Transfer*, 1999.

② Klaus H. Hemsath, *Clean Energy for Centuries：Stopping Global Warming and Climate Change*, Denver, Colo.：Outskirts Press, 2009.

③ Joseph M. Shuster, *Beyond Fossil Fuels：the Roadmap to Energy Independence by 2040*, Edina, MN：Beaver's Pond Press, 2008.

④ Robert U. Ayres and Edward H. Ayres, *Crossing the Energy Divide：Moving from Fossil Fuel Dependence to A Clean-energy Future*, Upper Saddle River, N. J.：Wharton School Pub., 2010.

⑤ Peter J. Cook, *Clean Energy，Climate and Carbon*, Collingwood, Vic.：CSIRO Pub.；Leiden, Netherlands：CRC Press, 2012.

⑥ Rachel Cleetus, Steven Clemmer, David Friedman, *Climate 2030：A National Blueprint for A Clean Energy Economy*, Cambridge, MA：Union of Concerned Scientists, 2009.

⑦ Tobin Smith and Jim Woods, *Billion Dollar Green：Profit from the Eco Revolution*, Hoboken, N. J.：John Wiley & Sons, 2009.

Economy in the U. S.①，盖尔·吉本斯（Gail Gibbons）的专著 *Clean Energy*②，艾登·哈里斯（Aiden M. Harris）主编的 *Clean Energy： Resources，Production，and Developments*③，杰伊·英斯利（Jay Inslee）与布拉肯·亨德里克斯（Bracken Hendricks）合著的 *Apollo's Fire： Igniting America's Clean-energy Economy*④，以及理查德·海因伯格（Richard Heinberg）和大卫·费里德利（David Fridley）合著的 *Our Renewable Future： Laying the Path for 100% Clean Energy*⑤ 等。

三是开始细分研究与清洁能源发展有关的金融、贸易投资、立法、创新、技术转移，以及知识产权等问题，例如约翰·沃兹沃思（John W. Wadsworth）的专著 *ECO Law： Financing Green Energy*⑥，亚洲开发银行出版的 *2014 Clean Energy Investments： Project Summaries*⑦，经济合作与发展组织（OECD）出版的 *Policy Guidance for Investment in Clean Energy Infrastructure： Expanding Access to Clean Energy for Green Growth and Development*⑧，Qiang Xu 与小林哲彦（Tetsuhiko Kobayashi）合编的 *Advanced Materials for Clean Energy*⑨，以及伯妮斯·李（Bernice Lee）等学者的合著 *Who Owns Our Low Carbon Future： Intellectual Property and Energy Technologies*⑩ 等。

四是对清洁能源的国际合作开始细分，从区域研究开始向具体的

① Michele Auriemma ed. , *Employment Effects of Transition to A Hydrogen Economy in the U. S.* , New York：Nova Science Publishers，2010.
② Gail Gibbons，*Clean Energy*，New York：Holiday House，2014.
③ Aiden M. Harris ed. , *Clean Energy：Resources，Production，and Developments*，Hauppauge，N. Y. ：Nova Science Publishers，2011.
④ Jay Inslee and Bracken Hendricks，*Apollo's Fire：Igniting America's Clean-energy Economy*，Washington，DC：Island Press，2008.
⑤ Richard Heinberg and David Fridley，*Our Renewable Future：Laying the Path for 100% Clean Energy*，Washington，DC：Island Press，2016.
⑥ Michele Auriemma eds. , *Employment Effects of Transition to a Hydrogen Economy in the U. S.* , New York：Nova Science Publishers，2010.
⑦ Asian Development Bank，*2014 Clean Energy Investments：Project Summaries*，Mandaluyong City，Metro Manila，Philippines：Asian Development Bank，2015.
⑧ OECD，*Policy Guidance for Investment in Clean Energy Infrastructure：Expanding Access to Clean Energy for Green Growth and Development*，Paris：OECD，2015.
⑨ Qiang Xu and Tetsuhiko Kobayashi eds. , *Advanced Materials for Clean Energy*，Boca Raton：CRC Press，Taylor & Francis Group，2015.
⑩ Bernice Lee，Ilian Iliev and Felix Preston，*Who Owns Our Low Carbon Future?：Intellectual Property and Energy Technologies*，London：Chatham House，2009.

国别研究深化，如达米安·洛基（Damien Lockie）有关澳大利亚清洁能源法律的专著 *Clean Energy Law in Australia*①，凯利·加拉赫（Kelly Sims Gallagher）研究中国清洁能源技术的专著 *The Globalization of Clean Energy Technology：Lessons from China*②，Rita Pandey 等人论述印度清洁能源国家基金的合著 *The National Clean Energy Fund of India*③，麦克斯韦·卢茨（Maxwell Lutz）与珍妮特·埃尔德里奇（Janet H. Eldridge）等学者有关美国清洁能源和国际合作的编著 *Global Clean Energy Cooperation：Opportunities and Benefits for the United States*④，戈登·凯利（Gordon Kelly）论述加拿大通过油砂油发展清洁能源的专著 *The Oil Sands：Canada's Path to Clean Energy?*⑤ 世界银行出版的有关泰国通过清洁能源实现绿色低碳经济增长的报告 *Thailand Clean Energy for Green Low-carbon Growth*⑥，里昂纳多·马赛（Leonardo Massai）论述欧洲气候和清洁能源法律和政策的专著 *European Climate and Clean Energy Law and Policy*⑦，以及鲍勃·约翰斯通（Bob Johnstone）有关德国发展太阳能成功经验的著作 *Switching to Solar：What We Can Learn from Germany's Success in Harnessing Clean Energy*⑧ 等。

（二）国际实践

20 世纪 70 年代世界石油危机发生之后，国际社会日益重视化石燃料的替代能源，清洁能源开始越来越多地出现在联合国各种环境和发展相关议程上。1981 年联合国新能源和可再生能源大会（UN Conference on New

---

① Damien Lockie，*Clean Energy Law in Australia*，Chatswood，N. S. W.：LexisNexis，2012.

② Kelly Sims Gallagher，*The Globalization of Clean Energy Technology：Lessons from China*，Cambridge Massachusetts：The MIT Press，2014.

③ Rita Pandey et al.，*The National Clean Energy Fund of India*，New York：Springer，2014.

④ Maxwell Lutz and Janet H. Eldridge eds.，*Global Clean Energy Cooperation：Opportunities and Benefits for the United States*，New York：Nova Science Publishers，Inc.，2012.

⑤ Gordon Kelly，*The Oil Sands：Canada's Path to Clean Energy?*，Calgary：Kingsley Pub.，2009.

⑥ World Bank，*Thailand Clean Energy for Green Low-carbon Growth*，Bangkok，Thailand：World Bank：NESDB，2011.

⑦ Leonardo Massai，*European Climate and Clean Energy Law and Policy*，Washington，DC：Earthscan，2012.

⑧ Bob Johnstone，*Switching to Solar：What We Can Learn from Germany's Success in Harnessing Clean Energy*，Amherst，N. Y.：Prometheus Books，2010.

and Renewable Sources of Energy）通过了内罗毕项目行动（Nairobi Programme of Action）。1992 年联合国环境和发展大会（UN Conference on Environment and Development）通过了利用可持续能源和保护大气实现可持续发展的行动计划，之后在 2002 年的世界可持续发展峰会（World Summit on Sustainable Development）上，签署确立了数个可再生能源伙伴关系。2001 年，联合国可持续发展委员会（UN Commission on Sustainable Development）"为了可持续发展的能源"（Energy for Sustainable Development）议题突出强调了发展清洁能源的重要性。①

作为为联合国制定气候政策，为全球应对气候变化提供科学研究信息支持的权威机构，IPCC 迄今为止已经发布五次《气候变化评估报告》②，以及《管理极端事件和灾害风险、推进气候变化适应特别报告》③《可再生能源与减缓气候变化》④《排放前景报告》⑤《二氧化碳捕获与封存》⑥《技

① Moomaw, W., F. Yamba, M. Kamimoto, L. Maurice, J. Nyboer, K. Urama, T. Weir, "2011: Introduction," in O. Edenhofer, R. Pichs - Madruga, Y. Sokona, K. Seyboth, P. Matschoss, S. Kadner, T. Zwickel, P. Eickemeier, G. Hansen, S. Schlomer, C. von Stechow (eds) *IPCC Special Report on Renewable Energy Sources and Climate Change Mitigation*, Cambridge University Press, Cambridge, United Kingdom and New York, NY, USA, p. 177.

② IPCC 的五次评估报告分别发布于 1990 年、1995 年、2001 年、2007 年，以及 2014 年。IPCC: *Assessment* Reports, http: //www. ipcc. ch/publications_ and_ data/publications_ and_ data_ reports. shtml.

③ Field, C. B., V. Barros, T. F. Stocker, D. Qin, D. J. Dokken, K. L. Ebi, M. D. Mastrandrea, K. J. Mach, G. - K. Plattner, S. K. Allen, M. Tignor, and P. M. Midgley eds., *Managing the Risks of Extreme Events and Disasters to Advance Climate Change Adaptation*, Cambridge: Cambridge University Press, 2012, http: //www. ipcc. ch/pdf/special - reports/srex/SREX_ Full_ Report. pdf.

④ Ottmar Edenhofer, Ramon Pichs Madruga, Youba Sokona et al. eds., *Renewable Energy Sources and Climate Change Mitigation: Special Report of the IntergovernmentalPanel on Climate Change*, New York: Cambridge University Press, 2012, http: //www. ipcc. ch/pdf/special - reports/srren/SRREN_ Full_ Report. pdf.

⑤ Nebojsa Nakicenovic and Rob Swart eds., *Emissions Scenarios*, Cambridge: Cambridge University Press, 2000, http: //www. ipcc. ch/ipccreports/sres/emission/emissions _ scenarios. pdf.

⑥ Metz, B., O. Davidson, H. C. de Coninck, M. Loos, and L. A. Meyer eds., *IPCC Special Report on Carbon Dioxide Capture and Storage*, Cambridge, New York: Cambridge University Press, 2005, http: //www. ipcc. ch/pdf/special - reports/srccs/srccs _ wholereport. pdf.

术转移中的方法与技术问题》① 《保护臭氧层和全球气候系统》② 等特别报告，其中部分内容对清洁能源与气候变化相关议题的数据和研究进行了系统详尽的梳理和总结。

此外，作为国际社会联合应对气候变化的主要平台，《联合国气候变化框架公约》③ 以及此后在其框架下的《京都议定书》（*Kyoto Protocol*）④、《巴厘路线图》（*Bali Road Map*）⑤、《坎昆协议》（*Cancun Agreements*）⑥、《德班决议》（*Durban Outcomes*）⑦、《多哈气候通关》（*Doha Climate Gateway*）⑧、

---

① Bert Metz, Ogunlade Davidson, Jan – Willem Martens, Sascha Van Rooijen and Laura Van Wie Mcgrory eds., *Methodological and Technological Issues in Technology Transfer*, Cambridge: Cambridge University Press, 2000, http：//www. ipcc. ch/pdf/special – reports/spm/srtt – en. pdf.

② Bert Metz, Lambert Kuijpers, Susan Solomon, Stephen O. Andersen, Ogunlade Davidson, José Pons, David de Jager, Tahl Kestin, Martin Manning, and Leo Meyer eds., *IPCC/TEAP Special Report：Safeguarding the Ozone Layer and the Global Climate System*, Cambridge: Cambridge University Press, 2005, http：//www. ipcc. ch/pdf/special – reports/sroc/sroc _ full. pdf.

③ United Nations Framework Convention on Climate Change, *United Nations Framework Convention on Climate Change, 1992*, http：//unfccc. int/files/essential _ background/convention/background/application/pdf/convention_ text _ with _ annexes _ english _ for _ posting. pdf.

④ United Nations Framework Convention on Climate Change, *Kyoto Protocol to the United Nations Framework Convention on Climate Change*, 1998, http：//unfccc. int/resource/docs/convkp/kpeng. pdf.

⑤ United Nations Framework Convention on Climate Change, *Report of the Conference of the Parties on Its Thirteenth Session, Held in Bali from 3 to 15 December 2007. Addendum. Part Two：Action Taken by the Conference of the Parties at Its Thirteenth Session*, 2007, http：//unfccc. int/resource/docs/2007/cop13/eng/06a01. pdf.

⑥ United Nations Framework Convention on Climate Change, *Report of the Conference of the Parties on Its Sixteenth Session, Held in Cancun from 29 November to 10 December 2010. Addendum. Part Two：Action taken by the Conference of the Parties at Its Sixteenth Session*, 2010, http：//unfccc. int/meetings/cancun_ nov_ 2010/items/6005. php.

⑦ United Nations Framework Convention on Climate Change, *Report of the Conference of the Parties Serving As the Meeting of the Parties to the Kyoto Protocol on Its Seventh Session, Held in Durban from 28 November to 11 December 2011. Addendum. Part Two：Action Taken by the Conference of the Parties at Its Sixteenth Session*, 2011, http：//unfccc. int/meetings/durban_ nov_ 2011/meeting/6245/php/view/decisions. php.

⑧ United Nations Framework Convention on Climate Change, *Doha Climate Gateway*, 2012, http：//unfccc. int/key_ steps/doha_ climate_ gateway/items/7389. php # Specific _ Outcomes.

《华沙决议》（Warsaw Outcomes）①、《巴黎协定》（*Paris Agreement*）② 等在应对气候变化和推动清洁能源发展方面均发挥了重要作用，作为减缓地球气候变暖的重要途径之一，推动清洁能源发展的议题越来越多地出现在应对气候变化的相关议程中（见表 1 - 1）。

表 1 - 1　历届世界气候大会重要进展

年份	世界气候大会	重要进展
1979	瑞士日内瓦	气候变化第一次作为受到国际社会关注的问题被提上议程
1992	巴西里约热内卢	《联合国气候变化框架公约》（UNFCCC）正式开放签字。这是世界上第一个为控制温室气体排放，应对全球变暖而起草的国际公约。中国是该公约最早的 10 个缔约方之一
1995	德国柏林	通过《柏林授权书》，同意立即开始谈判，以期最迟于 1997 年签订一项议定书
1997	日本京都	各国签订《京都议定书》，规定到 2012 年，主要工业发达国家温室气体排放量在 1990 年基础上减少 5.2%，欧盟削减 8%，美国 7%（后退出），日本 6%
1999	德国波恩	通过《公约》附件一所列缔约方国家信息通报编制温室气体清单技术审查指南、全球气候观测系统报告编写指南，并就技术开发与转让、发展中国家的能力建设问题进行协商
2000	荷兰海牙	美国推销"抵消排放"法案，欧盟强调履行京都协议，中国、印度坚持不承诺减排义务
2001	摩洛哥马拉喀什	通过《京都议定书》履约问题（尤其 CDM），为附件一缔约方批准《京都议定书》并使其生效铺平道路
2005	加拿大蒙特利尔	启动《京都议定书》第二阶段谈判
2007	印尼巴厘岛	通过《巴厘路线图》，启动"双轨制"谈判。《巴厘路线图》规定，在 2009 年前就应对气候变化问题举行新的谈判，达成一份新协议。新协议将在《京都议定书》第一承诺期 2012 年到期后生效
2008	波兰波兹南	八国集团领导人就减排目标达成一致，与其他缔约国谈判共同实现 2050 年全球温室气体排放量减半的长期目标
2009	丹麦哥本哈根	提出将全球平均温升控制在工业革命以前 2℃的目标；全部发达国家和最大的发展中国家第一次同意设定温室气体排放限额；在发达国家提供应对气候变化的资金和技术支持方面取得积极进展

① United Nations Framework Convention on Climate Change, *Warsaw Outcomes*, November 2013, http：//unfccc. int/meetings/warsaw_ nov_2013/meeting/7649/php/view/decisions. php.

② United Nations Framework Convention on Climate Change, *Paris Agreement*, December 2015, http：//unfccc. int/files/home/application/pdf/paris_ agreement. pdf.

续表

年份	世界气候大会	重要进展
2010	墨西哥坎昆	坚持了《公约》《议定书》和《巴厘路线图》；就适应、技术转让、资金和能力建设等问题取得一定进展
2011	南非德班	批准《京都议定书》第二承诺期，2013年开始实施；进一步明确和细化适应、技术、能力建设和透明度的机制安排。明确2020年后公约实施进程。启动绿色气候基金，确定基金管理框架和运行模式
2012	卡塔尔多哈	确定2013~2020年为《京都议定书》第二承诺期；确定欧盟比1990年减排20%等部分发达国家减排目标
2014	秘鲁利马	就2015年巴黎大会协议草案的要素基本达成一致
2015	法国巴黎	通过《巴黎协定》，将全球平均气温较工业化前水平升幅控制在2摄氏度内，并为将升温控制在1.5摄氏度内而努力。尽快实现温室气体排放达峰，21世纪下半叶实现温室气体净零排放。各方以"自主贡献"方式参与全球应对气候变化行动。自2023年开始，每5年对全球应对气候变化行动总体进展进行一次盘点

资料来源：UNEP。

2015年12月在法国巴黎召开的世界气候大会上，195个国家通过了全球应对气候变化的《巴黎协定》，《巴黎协定》提出将全球平均气温较工业化前水平的升幅控制在2摄氏度内，并为将升温控制在1.5摄氏度内而努力。《巴黎协定》要求缔约国尽快实现温室气体排放达峰，到21世纪下半叶实现温室气体的净零排放。《巴黎协定》缔约国以自下而上"自主贡献"（Nationally Determined Contributions）方式参与全球应对气候变化行动，从2023年开始，每5年对全球应对气候变化行动的总体进展进行一次盘点。[①] 2016年4月22日，《巴黎协定》在纽约联合国总部开放签署，在开放签署首日，共有175个国家和组织（174个国家加上欧盟）签署了《巴黎协定》，其中有15个深受气候变化影响的小岛国家在协定签署后立即交存了批准文书。

根据IPCC的第五次《气候变化评估报告》，为了有效控制2摄氏度的平均温度增加，地球大气的温室气体浓度需要稳定在450ppm CO_2 当量左右，这意味着到2050年全球二氧化碳排放量需要比2010年减少40%～

① United Nations Framework Convention on Climate Change, *Paris Agreement*, December 2015, http://unfccc.int/files/home/application/pdf/paris_agreement.pdf.

70%，并在 2100 年实现排放水平接近 0Gt CO_2 当量或者更低。[1] 作为达到这一目标的重要途径之一，以清洁能源代替化石燃料，通过降低碳强度的方式，减少与能源使用有关的碳排放已经成为国际社会的重要共识。

在国际社会的共同努力和推动下，20 世纪 70 年代至今，清洁能源在全球一次能源供应中的比重有了一定程度的增加。1973 年，全球一次能源供应总量为 6101 百万吨油当量（Mtoe），其中，清洁能源所占的份额为 13.3% 左右（生物燃料约占 10.5%；水能约占 1.8%；核能约占 0.9%；包括地热能、太阳能、风能等在内的其他清洁能源约占 0.1%）。而到了 2014 年，全球一次能源供应总量为 13699 百万吨油当量，其中清洁能源的份额增加到了 18.9% 左右（生物燃料约占 10.3%；水能约占 2.4%；核能约占 4.8%；包括地热能、太阳能、风能等在内的其他清洁能源约占 1.4%），增加了 5.6 个百分点。

清洁能源发展的种类方面，在 1973～2014 年的 40 余年间，核能发展速度较快，其占全球一次能源供应的份额自 1973 年的 0.9% 增加到 2014 年的 4.8%，份额增加超过 4 倍。水能占全球一次能源供应的份额则从 1.8% 增加到 2.4%。与多数清洁能源份额增加的情况不同，在 1973～2014 年的 40 余年间，生物燃料在全球一次能源供应中的比重反而略有下降，自 10.5% 小幅降低至 10.3%。而包括地热能、太阳能、风能在内的其他清洁能源则有了较大程度发展，其占全球一次能源供应的份额自 1973 年的 0.1% 增加到 2013 年的 1.4%，40 年间份额增加了 13 倍（见图 1 - 16）。[2]

根据国际能源署的预测，按照当前的全球气候政策，如果要把全球温室气体排放稳定在 450ppm CO_2 当量的水平，预计到 2035 年，清洁能源占全球一次能源供应（约为 14870 百万吨油当量）的比重将会大幅度增加到 38.1% 左右。其中，核能的份额将会增加到 11.2%，水能的份额增加到

① Victor D. G., D. Zhou, E. H. M. Ahmed, P. K. Dadhich, J. G. J. Olivier, H. – H. Rogner, K. Sheikho, and M. Yamaguchi, "2014: Introductory Chapter," in Edenhofer, O., R. Pichs – Madruga, Y. Sokona, E. Farahani, S. Kadner, K. Seyboth, A. Adler, I. Baum, S. Brunner, P. Eickemeier, B. Kriemann, J. Savolainen, S. Schlomer, C. von Stechow, T. Zwickel and J. C. Minx (eds.) *Climate Change 2014: Mitigation of Climate Change. Contribution of Working Group Ⅲ to the Fifth Assessment Report of the Intergovernmental Panel on Climate Change*, Cambridge University Press, Cambridge, United Kingdom and New York, NY, USA, p. 10.

② IEA, *Key World Energy Statistics 2016*, p. 6, https://www.iea.org/publications/freepublications/publication/KeyWorld 2016. pdf.

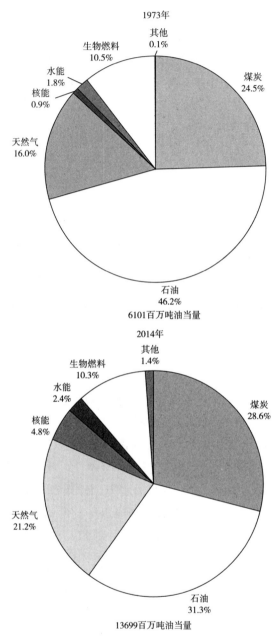

图 1-16　不同种类能源占全球一次能源
供应份额（1973 年与 2014 年）

数据说明：其他能源包括地热能、太阳能、风能等。

数据来源：IEA, *Key World Energy Statistics 2016*, p. 6, https：//www.iea.org/publications/freepublications/publication/KeyWorld 2016. pdf.

3.5%，而包括生物质能、地热能、太阳能、风能、潮汐能等在内的其他清洁能源份额将增加到 23.4% 左右（见图 1-17）。[①]

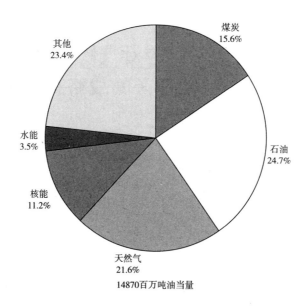

图 1-17　2035 年不同种类能源占全球一次能源供应份额

数据说明：其他能源包括生物质能、地热能、太阳能、风能、潮汐能等。

数据来源：IEA，*Key World Energy Statistics 2012*，p. 46，http：//www. iea. org/publications/freepublications/publication/kwes. pdf.

---

① IEA，*Key World Energy Statistics 2012*，p. 46，http：//www. iea. org/publications/freepublications/publication/kwes. pdf.

第二章　中美两国应对气候变化、发展
清洁能源的战略和政策

中美两国均为世界碳排放大国，本章首先从中美两国的具体国情出发，分析两国历史及当今的碳排放状况，以及气候变化对两个国家的不利影响。其次，以中美两国的不同国情为背景，探讨两国应对气候变化、发展清洁能源的主要考虑和推动因素。最后，梳理和讨论中美两国的清洁能源发展政策和行动。

第一节　国别背景：中美两国的具体国情

中国和美国既分别是世界上最大的发展中国家和发达国家，同时也均为世界碳排放大国。中国是目前年度碳排放量最大和碳排放增加速度最快的国家，而美国则是历史累计碳排放量最大，以及当前人均碳排放第三大国家。[①] 在全球温室气体浓度增加和平均气温升高的背景下，中美两国均受到气候变化不同程度的影响。

一　中国：年度碳排放最大和碳排放增加速度最快国家

（一）碳排放大国

一方面，按照排放总量，在 1990~2001 年间，中国的二氧化碳排放仅表现出一定幅度的平稳增长，自 1990 年的 24 亿吨，增加到 2001 年的 39 亿吨，年均增幅 5.6% 左右。但自 2002 年起，中国的二氧化碳排放开始迅速增加，到了 2005 年，中国开始取代美国成为世界二氧化碳排放总量最大的国家，中

---

① 在本节内容中，着重分析二氧化碳排放的数据，二氧化碳排放约占全部温室气体排放总量的 80%。

美两国 2005 年的二氧化碳排放分别达到 62 亿吨和 59 亿吨左右。自 2006 年至今，中国二氧化碳排放总量一直快速增加，而美国则出现小幅度下降，以致中美两国的二氧化碳排放差距逐渐拉大，2015 年中国二氧化碳排放达到 107 亿吨，比美国二氧化碳排放多了不止一倍（见图 2 - 1）。[①]

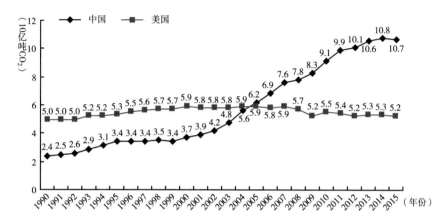

图 2 - 1　中美两国二氧化碳排放总量变化对比示意图（1990～2015 年）

数据来源：Jos G. J. Olivier, Greet Janssens - Maenhout, Marilena Muntean, Jeroen A. H. W. Peters, *Trends in Global CO₂ Emissions：2016 Report*（The Hague：PBL Netherlands Environmental Assessment Agency；Ispra：JointResearchCentre），pp. 42 - 43，http：//www. pbl. nl/sites/default/files/cms/publicaties/pbl - 2016 - trends - in - global - co2 - emisions - 2016 - report - 2315. pdf.

根据 2015 年的数据，中美两国分别成为世界第一、第二大二氧化碳排放国，两国二氧化碳排放量分别为 107 亿吨和 52 亿吨，分别占该年度世界二氧化碳排放总量的 30% 和 14%，中美两国二氧化碳排放之和（159 亿吨）占世界二氧化碳排放总量（362 亿吨）的 44% 左右（见图 2 - 2）。[②]

---

① Jos G. J. Olivier, Greet Janssens - Maenhout, Marilena Muntean, Jeroen A. H. W. Peters, *Trends in Global CO₂ Emissions：2016 Report*（The Hague：PBL Netherlands Environmental Assessment Agency；Ispra：Joint ResearchCentre），pp. 42 - 43，http：//www. pbl. nl/sites/default/files/cms/publicaties/pbl - 2016 - trends - in - global - co2 - emisions - 2016 - report - 2315. pdf.

② Jos G. J. Olivier, Greet Janssens - Maenhout, Marilena Muntean, Jeroen A. H. W. Peters, *Trends in Global CO₂ Emissions：2016 Report*（The Hague：PBL Netherlands Environmental Assessment Agency；Ispra：Joint ResearchCentre），pp. 42 - 43，http：//www. pbl. nl/sites/default/files/cms/publicaties/pbl - 2016 - trends - in - global - co2 - emisions - 2016 - report - 2315. pdf.

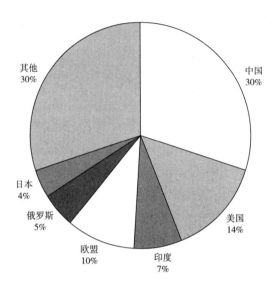

图 2 - 2　世界前五大二氧化碳排放国排放份额示意图（2015 年）

数据来源：Jos G. J. Olivier, Greet Janssens - Maenhout, Marilena Muntean, Jeroen A. H. W. Peters, *Trends in Global CO$_2$ Emissions: 2016 Report*（The Hague：PBL Netherlands Environmental Assessment Agency; Ispra：JointResearchCentre），pp. 28 - 29, http：//www. pbl. nl/sites/default/files/cms/publicaties/pbl - 2016 - trends - in - global - co2 - emisions - 2016 - report - 2315. pdf.

　　另外，按照排放增加速度，在 1990 ~ 2015 年的 26 年间，中国的二氧化碳排放增加了 355%，增加速度位居世界第一（在此期间，美国的二氧化碳排放增加了 3%）。此外，中国的人均二氧化碳排放量从 1990 年的 2.0 吨，增加到 2015 年的 7.7 吨，增加了 285%，人均二氧化碳排放增加速度同样位居世界第一（在此期间，美国的人均二氧化碳排放减少了 19%）（见图 2 - 3）。[①]

　　与二氧化碳排放的快速增加相似，甲烷、氧化亚氮等温室气体排放的增加使中国温室气体的浓度不断创下新高。2014 年，中国大气中温室气体二氧化碳、甲烷、氧化亚氮的年均浓度达到自 1990 年有观测记录以来的最高值，分别为 398.7 ± 1.2ppm、1893 ± 3ppb、327.9 ± 0.3ppb（中国青海瓦

---

① 　Jos G. J. Olivier, Greet Janssens - Maenhout, Marilena Muntean, Jeroen A. H. W. Peters, *Trends in Global CO$_2$ Emissions: 2015 Report*（The Hague：PBL Netherlands Environmental Assessment Agency; Ispra：Joint ResearchCentre），p. 31, http：//www. pbl. nl/sites/default/files/cms/publicaties/pbl - 2015 - trends - in - global - co2 - emisions _ 2015 - report _ 01803. pdf.

二氧化碳排放总量增加速度（1990~2015年）

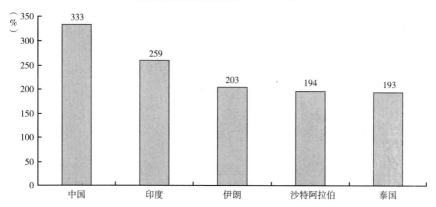

人均二氧化碳排放增加速度（1990~2015年）

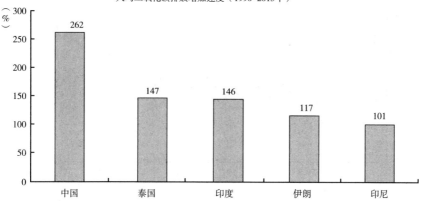

图 2-3　世界二氧化碳排放增加速度最快的前五位国家（1990～2015 年）

数据来源：Jos G. J. Olivier, Greet Janssens - Maenhout, Marilena Muntean, Jeroen A. H. W. Peters, *Trends in Global CO$_2$ Emissions：2016 Report*（The Hague：PBL Netherlands Environmental Assessment Agency；Ispra：JointResearchCentre），p. 45, http：//www. pbl. nl/sites/default/files/cms/ publicaties/pbl - 2016 - trends - in - global - co2 - emisions - 2016 - report - 2315. pdf.

里关大气本底站数据），均高于同期全球平均值（397.7 ± 0.1ppm、1833 ± 1ppb、327.1 ± 0.1ppb）。2004 ~ 2014 年间，中国大气中二氧化碳、甲烷、氧化亚氮浓度的年平均绝对增量分别为 2.06ppm、5.2ppb、0.88ppb，同样等于或高于全球平均数值（2.06ppm、4.7ppb、0.87ppb）（见图 2 - 4）。[1]

① 中国气象局气候变化中心：《中国温室气体公报》，2015 年 11 月，第 1 页，http：//zwgk. cma. gov. cn/upfile/2016/1/19//20160119112104354. pdf。

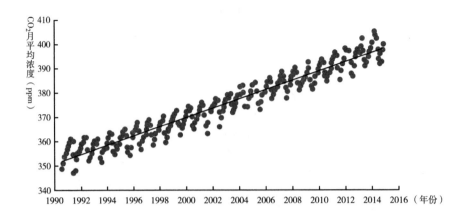

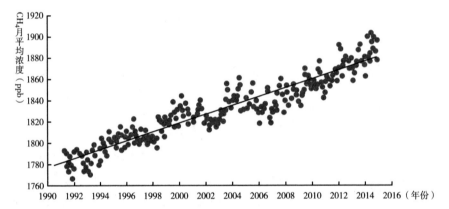

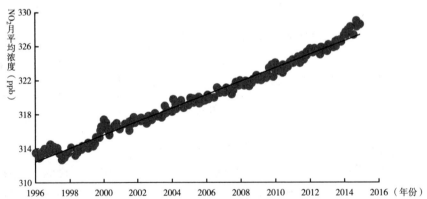

图 2－4　中国青海瓦里关气象观测站大气中 CO_2、CH_4、N_2O
浓度时间序列（1990～2015 年）

数据来源：中国气象局气候变化中心：《中国温室气体公报》，2015 年 11 月，第 2 页，
http://zwgk.cma.gov.cn/upfile/2016/1/19//20160119112104354.pdf。

（二）深受气候变化的不利影响

自 1901 年以来，中国大陆地区年平均地面气温上升了 0.98℃ 左右，总体表现出明显的上升趋势，增暖速率为 0.1℃/10 年，高于同期全球增温水平。其中，20 世纪 20~40 年代，以及 20 世纪 80 年代中期至今是两段气温明显偏高的时期。从地域分布看，除四川盆地和云贵高原北部气温略有下降外，其他地区年平均地面气温均呈上升趋势，其中，西北地区和青藏高原北部、内蒙古大部、东北大部、华北北部、华南沿海部分地区气温上升尤其显著。[①] 从季节分布看，冬季增温最明显，自 1986 年至今，已经出现超过 20 个暖冬。2015 年，中国气温创历史新高，是自 1951 年有完整气象记录以来平均气温最高的一年，当年全国平均气温 10.5℃，较常年偏高 0.95℃ （见图 2-5）。[②]

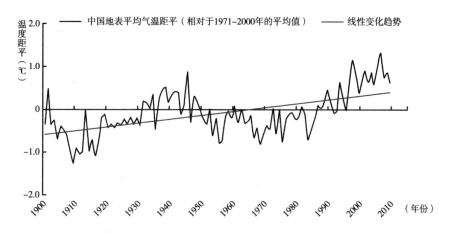

图 2-5　中国大陆地区年平均地面气温变化 （1900~2010 年）

数据来源：中国国家发展和改革委员会：《中国气候变化第二次国家信息通报》，2013 年 2 月，第 94 页，http://qhs.ndrc.gov.cn/zcfg/201404/W020140415316896599816.pdf。

近百年来，中国年均降水量变化趋势虽然并不显著，但降水的区域分布格局发生了明显变化，西南和华南降水增加，平均每 10 年增加

---

① 中国国家发展和改革委员会：《中国气候变化第二次国家信息通报》，2013 年 2 月，第 93~94 页，http://qhs.ndrc.gov.cn/zcfg/201404/W020140415316896599816.pdf。
② 中国气象局：《中国气候公报（2015 年）》，2016 年 1 月，第 3 页，http://zwgk.cma.gov.cn/upfile/2016/1/19/20160119025225599.pdf。

20～60 毫米；而华北大部、东北大部，以及西北东部地区降水减少，平均每 10 年减少 20～40 毫米。① 此外，近 60 年中国的季节降水量呈现出较明显的变化趋势，夏季降水趋于增加；春季和秋季呈明显下降趋势，平均每 10 年分别减少 3.2 毫米和 3.6 毫米；② 而冬季降水变化并不明显（见图 2－6）。

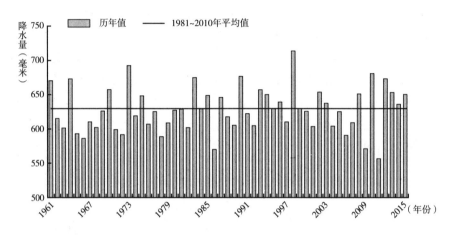

图 2－6　中国大陆地区平均年降水量变化（1961～2015 年）

资料来源：中国气象局：《中国气候公报（2015 年）》2016 年 1 月，第 11 页，http：//zwgk. cma. gov. cn/upfile/2016/1/19//20160119025225599. pdf。

在极端气候事件方面，过去 60 年间，中国大陆地区的高温、干旱、强降水、热带风暴等极端气候事件有频率增加、强度增大的趋势。夏季高温热浪有所增多，冬季寒潮的频率显著减少。局部地区特别是华北和东北地区干旱趋重，土壤沙化风险增加，而南方地区则强降水增多，长江中下游和东南地区洪涝加重，西部地区雪灾发生概率增加。此外，20世纪 50～60 年代，登陆中国的热带气旋频数较多，尤其近 10 年呈现一定程度的增加（见图 2－7）。

以上发生的气候变化对中国的农业、水资源、陆地生态系统、海岸带及沿海地区，以及居民健康均带来了不同程度的不利影响（见

① 中国国家发展和改革委员会：《中国应对气候变化国家方案》，2007 年 6 月，第 4～5 页，http：//www. ccchina. gov. cn/WebSite/CCChina/UpFile/File189. pdf。

② 中国国家发展和改革委员会：《中国气候变化第二次国家信息通报》，2013 年 2 月，第 94页，http：//qhs. ndrc. gov. cn/zcfg/201404/W020140415316896599816. pdf。

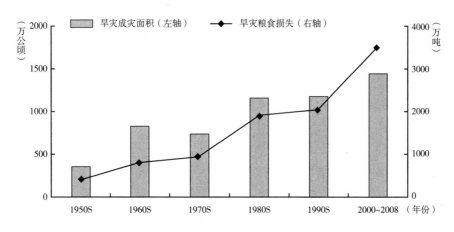

图2-7　极端干旱对中国农业的影响（1950～2008年）

数据来源：中国国家发展和改革委员会：《中国气候变化第二次国家信息通报》，2013年2月，第99页，http://qhs.ndrc.gov.cn/zcfg/201404/W020140415316896599816.pdf。

表2-1）。根据德国非政府组织"德国观察"（German Watch）的相关统计数据，在1996～2015年的20年间，中国因极端气候事件年均死亡1355人，年均损失328亿美元。在全球受气候变化影响最大的国家中，中国综合排名第34位，而因极端气候事件造成的经济损失则仅次于美国位居世界第二。[1]

表2-1　气候变化对中国的不利影响

气候变化对中国的不利影响	
农业	农业种植制度：高纬度地区作物生育期延长；喜温作物界限北移；作物种植结构调整 农业病虫害：范围扩大；频率增加；程度加重；界限北移；治理难度加大 极端气候影响：因干旱、洪涝造成的受灾成灾面积增加；粮食和经济损失增加 作物产量：小麦玉米产量下降；水稻大豆少量增加；东北和高海拔地区增产；华北西北西南减产
水资源	水资源分布：北方减少；南方增加 洪涝干旱：北旱南涝加重；局地强暴雨，超强台风，极端高温干旱，雨雪冰冻等多发、并发 冰川湖泊：冰川普遍退缩；湖泊萎缩

---

① Sönke Kreft, David Eckstein, and Ing Melchior, *Global Climate Risk Index 2017——Who Suffers Most From Extreme Weather Events? Weather-related Loss Events in 2015 and 1996 to 2015*, November 2016, p. 22, http://germanwatch.org/en/download/16411.pdf.

续表

	气候变化对中国的不利影响
陆地生态系统	森林：部分树种分布界限北移；林线上升；物候提前；林火和病虫害加剧 草原：草地退化迅速；各草原类型界限东移 湿地湖泊：降水补给型湿地明显萎缩；降水补给型湖泊普遍萎缩、咸化 生物多样性：改变物种分布范围；降低物种多样性；影响景观多样性 地质环境：加剧地质灾害（崩塌、滑坡、泥石流）的频繁发生
海岸带及沿海地区	海平面：近30年平均上升速率2.6毫米/年 风暴潮：风暴潮重现期缩短；堤防抗灾能力降低 海岸侵蚀：沿海海岸和三角洲侵蚀严重 海水侵蚀：沿海近40年普遍发生过海水入侵 河口三角洲：海河、黄河、长江、珠江三角洲脆弱性上升 近海生态系统：海洋生物种类变化；红树林北迁；珊瑚白化等
居民健康	直接影响：高温使夏季死亡率增加；热浪使婴幼儿和老年人的呼吸系统、心脑血管疾病发病率和死亡率升高 间接影响：虫媒传染病增加

资料来源：中国国家发展和改革委员会：《中国气候变化第二次国家信息通报》，2013年2月，第7~10页，http：//qhs. ndrc. gov. cn/zcfg/201404/W020140415316896599816. pdf。

二 美国：历史累计碳排放最大和人均碳排放第三大国家

（一）碳排放大国

首先，以源自化石燃料燃烧的全球二氧化碳排放为例，根据历史数据，在1700~2000年的三百年间，世界累计二氧化碳排放总量约45310百万吨，而美国同期二氧化碳排放总量约12510百万吨，占世界排放总量的28%左右，是世界历史累计二氧化碳排放最大国家（中国同期二氧化碳排放总量约4071百万吨，仅占同期世界历史累计排放总量的9%左右）。[①]

此外，以人均标准衡量，美国还是目前世界人均二氧化碳排放最多的国家之一。1990年，美国人均二氧化碳排放水平仅次于加拿大，位居世界第

---

① 根据荷兰环境评估署的相关数据整理。PBL Netherlands Environmental Assessment Agency, http：//themasites. pbl. nl/images/co2_ emiss_ tcm61 - 36153. xls。

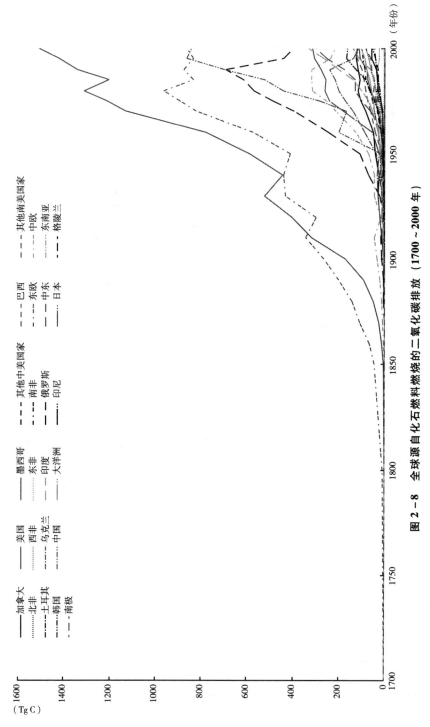

图 2-8　全球源自化石燃料燃烧的二氧化碳排放（1700～2000 年）

数据来源：PBL Netherlands Environmental Assessment Agency, http://themasites.pbl.nl/images/co2_emiss_tcm61-36153.xls.

二位。2015 年，美国人均二氧化碳排放量为 16.1 吨，仅次于加拿大和澳大利亚，位居世界第三（该年度中国人均二氧化碳排放量仅为 7.7 吨）（见图 2 – 9）。[①]

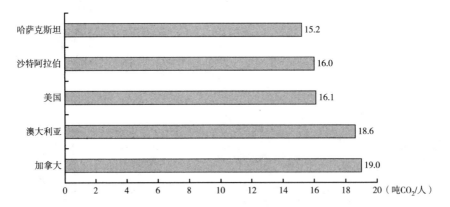

图 2 – 9　世界人均二氧化碳排放量最大的前五位国家（2015 年）

数据来源：Jos G. J. Olivier, Greet Janssens – Maenhout, Marilena Muntean, Jeroen A. H. W. Peters, *Trends in Global CO$_2$ Emissions: 2016 Report*, The Hague: PBL Netherlands Environmental Assessment Agency; Ispra: JointResearchCentre, p. 45, http://www.pbl.nl/sites/default/files/cms/publicaties/pbl – 2016 – trends – in – global – co2 – emisions – 2016 – report – 2315. pdf.

　　由于二氧化碳排放的增加，使美国大气中二氧化碳浓度也总体呈现出逐年增加的趋势。根据美国夏威夷莫纳罗亚（Mauna Loa）气象站的观测数据，1959 年美国大气中二氧化碳的年均浓度仅为 315.97ppm，[②] 到了 2016 年，其年均二氧化碳浓度达到 404.21ppm，略低于全球平均值（2016 年 12 月全球二氧化碳平均浓度为 404.70ppm）。其中，自 2000 年至今的 10 余年间是美国大气中二氧化碳浓度年均增加速度最快的时期，1959 年美国

①　Jos G. J. Olivier, Greet Janssens – Maenhout, Marilena Muntean, Jeroen A. H. W. Peters, *Trends in Global CO$_2$ Emissions: 2016 Report*, The Hague: PBL Netherlands Environmental Assessment Agency; Ispra: Joint Research Centre, p. 45, http://www.pbl.nl/sites/default/files/cms/publicaties/pbl – 2016 – trends – in – global – co2 – emisions – 2016 – report – 2315. pdf.

②　U. S. NOAA（National Oceanic & Atmospheric Administration）/ESRL（Earth System Research Laboratory）, *Trends in Atmospheric Carbon Dioxide – Mauna Loa, Hawaii – Data – Mauna Loa CO$_2$ Annual Mean Data*. ftp://aftp. cmdl. noaa. gov/products/trends/co2/co2_ annmean_ mlo. txt.

大气中二氧化碳浓度年均仅增加 0.94ppm，但到了 2016 年，年均增加 3.00ppm，[1] 略低于同期全球平均数值（2016 年全球大气二氧化碳浓度年均增加 3.16ppm 左右）（见图 2 - 10）。[2]

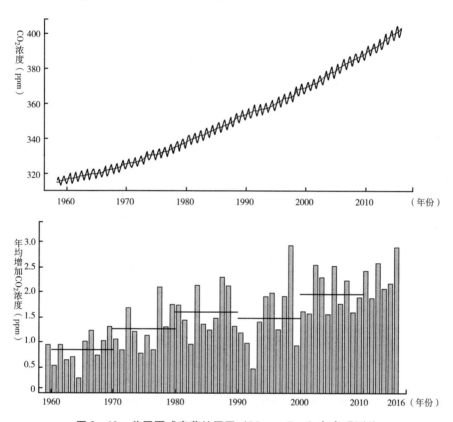

图 2 - 10　美国夏威夷莫纳罗亚（Mauna Loa）气象观测站
大气 CO_2 浓度变化（1960 ~ 2016 年）

数据来源：Pieter Tans，NOAA/ESRL（www. esrl. noaa. gov/gmd/ccgg/trends/）and Ralph Keeling，Scripps Institution of Oceanography（scrippsco2. ucsd. edu/）.
http：//www. esrl. noaa. gov/gmd/webdata/ccgg/trends/co2_ data_ mlo. pdf.
http：//www. esrl. noaa. gov/gmd/webdata/ccgg/trends/co2_ data_ mlo_ anngr. pdf.

---

① U. S. NOAA（National Oceanic & Atmospheric Administration）/ESRL（Earth System Research Laboratory），*Trends in Atmospheric Carbon Dioxide - Mauna Loa*，*Hawaii - Data - Mauna Loa CO_2 Annual Mean Growth Rates*. ftp：//aftp. cmdl. noaa. gov/products/trends/co2/co2_ gr_ mlo. txt.

② U. S. NOAA（National Oceanic & Atmospheric Administration）/ESRL（Earth System Research Laboratory），*Trends in Atmospheric Carbon Dioxide*，http：//www. esrl. noaa. gov/gmd/ccgg/trends/#mlo_ full.

（二）深受气候变化的不利影响

自 1895 年至今，美国全境总体呈现出气温上升的趋势，在 1895 ~ 2016 年的 122 年间，平均每 10 年气温上升 0.15 华氏度。其中，20 世纪 70 年代以来总体增温幅度明显，1970 年美国的年均气温为 51.6 华氏度，而 2016 年的年均气温高达 54.92 华氏度。此外，在之前 121 年间年均气温最高的 10 年中，其中有 9 个年份发生在最近的 1998 ~ 2016 年，2012 年更是打破了美国历史上平均气温的最高纪录，达到 55.28 华氏度。[①] 从季节分布看，美国冬末初春增温较为明显，2 月份和 3 月份是全年增温幅度最高的月份，平均每 10 年气温分别上升 0.29 华氏度[②] 和 0.23 华氏度。[③] 从地域看，北部落基山脉和平原温度增幅最大，平均每 10 年气温上升 0.2 华氏度（见图 2 - 11）。[④]

总体来看，美国在 1895 ~ 2016 年的 100 余年间总体的降水变化趋势并不十分明显，大部分地区的降水有着不同程度的增加，其中，东北部地区降水增幅最大，平均每 10 年降水增加 0.41 英寸；[⑤] 而西部地区降水则小幅度减少，平均每 10 年减少 0.03 英寸。[⑥] 从帕尔默干旱强度指数（Palmer Drought Severity Index, PDSI）看，自 1895 年至今的 122 年间，美国帕尔默干

---

① NOAA, *Contiguous U. S. , Average Temperature, January - December*, http：//www. ncdc. noaa. gov/cag/time - series/us/110/0/tavg/ytd/12/1895 - 2016? trend = true&trend _ base = 10&firsttrendyear = 1895&lasttrendyear = 2016&filter = true&filterType = binomial.

② U. S. NOAA, *Contiguous U. S. , Average Temperature, February*, http：//www. ncdc. noaa. gov/cag/time - series/us/110/0/tavg/1/2/1895 - 2016? trend = true&trend _ base = 10&firsttrendyear = 1895&lasttrendyear = 2016&filter = true&filterType = binomial.

③ U. S. NOAA, *Contiguous U. S. , Average Temperature, March*, http：//www. ncdc. noaa. gov/cag/time - series/us/110/0/tavg/1/3/1895 - 2016? trend = true&trend _ base = 10&firsttrendyear = 1895&lasttrendyear = 2016&filter = true&filterType = binomial.

④ U. S. NOAA, *Northern Rockies and Plains, Average Temperature, January - December*, http：//www. ncdc. noaa. gov/cag/time - series/us/105/0/tavg/ytd/12/1895 - 2016? trend = true&trend_ base = 10&firsttrendyear = 1895&lasttrendyear = 2016&filter = true&filterType = binomial.

⑤ U. S. NOAA, *Northeast, Precipitation, January - Deceber*, http：//www. ncdc. noaa. gov/cag/time - series/us/101/0/pcp/ytd/12/1895 - 2016? trend = true&trend_ base = 10&firsttrendyear = 1895&lasttrendyear = 2016&filter = true&filterType = binomial.

⑥ U. S. NOAA, *West, Precipitation, January - Deceber*, http：//www. ncdc. noaa. gov/cag/time - series/us/109/0/pcp/ytd/12/1895 - 2016? trend = true&trend _ base = 10&firsttrendyear = 1895&lasttrendyear = 2016&filter = true&filterType = binomial.

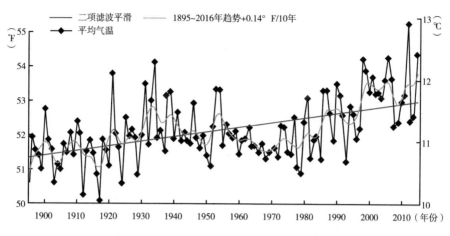

图 2 - 11　美国气温变化历史数据（1895～2016 年）

数据说明：左轴为华氏度（℉），右轴为摄氏度（℃）。三条曲线分别表示平均气温、平滑时间序列以及线性变化趋势。

数据来源：U. S. NOAA, *Contiguous U. S.*, *Average Temperature*, *January - December*, http：//www. ncdc. noaa. gov/cag/time - series/us/110/0/tavg/ytd/12/1895 - 2016? trend = true&trend_ base = 10&firsttrendyear = 1895&lasttrendyear = 2016&filter = true&filterType = binomial.

旱强度指数总体处于上行趋势，平均每 10 年增加 0.04（见图 2 - 12）。[①]

美国国家气候数据中心（National Climatic Data Center）的气候极端事件指数（Climate Extremes Index）显示，在之前的 100 余年间，飓风、高温、干旱、强降水等气候极端事件在美国发生的频率和强度均呈现出较大幅度增加的趋势。2015 年，美国全境的气候极端事件指标几乎均处于中等水平以上，其中，西北部地区最为严重，气候极端事件指数达到最高级别 65%，其次是西部、西南部、南部、东南部，以及北部落基山脉和平原地区，气候极端事件发生的频率和强度均远远超过中等水平（见图 2 - 13）。[②]

根据德国非政府组织"德国观察"（German Watch）的相关统计数据，在 1995～2015 年的 20 年间，美国因极端气候事件年均死亡 325 人、

[①]　NOAA, *Contiguous U. S.*, *PDSI*, *January - December*, http：//www. ncdc. noaa. gov/cag/time - series/us/110/0/pdsi/ytd/12/1895 - 2016? trend = true&trend_ base = 10&firsttrendyear = 1895&lasttrendyear = 2016&filter = true&filterType = binomial.

[②]　U. S. NOAA, *Percent Area Coverage of Indicator by Region*（*Annual 2015*）, http：//www. ncdc. noaa. gov/extremes/cei/regional_ overview.

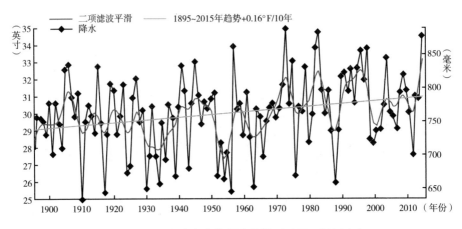

图 2 – 12　美国降水变化历史数据（1895～2016 年）

　　数据说明：左轴为英寸，右轴为毫米。三条曲线分别表示降水、平滑时间序列，以及线性变化趋势。

　　数据来源：U. S. NOAA, *Contiguous U. S.*, *Precipitation*, *January – December*, http：//www. ncdc. noaa. gov/cag/time – series/us/110/0/pcp/ytd/12/1895 – 2016? trend = true&trend _ base = 10&firsttrendyear = 1895&lasttrendyear = 2016&filter = true&filterType = binomial.

年均损失 271 亿美元。美国受气候变化影响的程度虽然在全球综合排名仅列第 21 位，但因极端气候事件造成的经济损失则高居世界第三。① 美国气候变化科学项目（Climate Change Science Program）和国家气候评估（National Climate Assessment）的研究结果显示，以上气候变化会给美国的土地资源、农业、水资源、生物多样性，以及居民健康带来不同程度的负面影响。②

　　土地资源　气候变化有可能增加科罗拉多州、大盆地地区、西南部地区以及阿拉斯加地区森林火灾的频率和规模，并且会加剧病虫害的暴发和

---

① Sönke Kreft, David Eckstein, and Inga Melchior, *Global Climate Risk Index 2017——Who Suffers Most From Extreme Weather Events? Weather – related Loss Events in 2015 and 1996 to 2015*, November 2016, p. 22, http：//germanwatch. org/en/download/16411. pdf.

② U. S. Climate Change Science Program, *The Effects of Climate Change on Agriculture*, *Land Resources*, *Water Resources*, *and Biodiversity in the United States*; U. S. Climate Change Science Program Synthesis and Assessment Product 4. 3, http：//www. climatescience. gov/Library/sap/sap 4 – 3/finalreport/Synthesis_ SAP_ 4. 3. pdf. U. S. Climate Change Science Program, *Analyses of the Effects of Global Change on Human Health and Welfare and Human Systems*, May 2008, http：// www. climatescience. gov/Library/sap/sap4 – 6/finalreport/sap4 – 6 – brochure – FAQ. pdf. U. S. National Climate Assessment, *Full Report*, http：//nca2014. globalchange. gov/report.

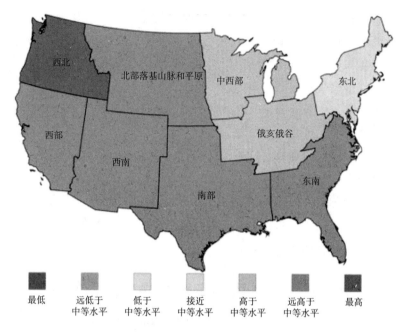

图2-13　美国各地区气候极端事件指数（2015年）

数据来源：U. S. NOAA, *U. S. Climate Extremes Index（CEI）: Regional Overview.*
http：//www. ncdc. noaa. gov/extremes/cei/regional_ overview.

树木死亡；由于夜间气温升高，南阿拉斯加的树皮甲虫过量繁殖，毁坏了
大面积的森林；在干旱贫瘠地区，高温少雨会进一步减少当地植被的数
量，使土地进一步遭受风沙侵蚀；由于春夏两季气温升高，以及春季积雪
融化的时间提前，美国西海岸森林火灾以及雷电发生频率增加。

　　农业　虽然温度升高有可能加速农作物生长，但高温、少雨，以及降
水不稳定都会使农作物减产；气候变化使农田杂草、牧草相应物种向北迁
移，从而影响到农作物、牧场和牲畜；此外，夏季高温很有可能会降低畜
牧产量，尤其是反刍牲畜的产量。

　　水资源　气候模拟显示，美国东部地区径流的增加会大大减少科罗拉
多和大盆地区的年径流量；随着气候变暖和河流温度增加，会直接或间
接影响到水栖生态系统；气候变暖会使山地积雪减少，使美国西部大部分
地区的山地积雪在早春提前融化，径流高峰提前；此外，阿拉斯加和蒙大
拿州的冰川融化、海平面上升有可能威胁到诸如佛罗里达州、路易斯安那
州等低地地区的安全。

生物多样性 北极地区变暖导致当地的雪盖和冰盖显著减少，从而影响北极熊的生存繁衍；但是，气候变暖也会使北美高纬度地区的春季提前，生物生长期拉长，作物产量增加；此外，随着海洋升温和暴风雨频发，导致许多热带地区的珊瑚大规模死亡。

居民健康 中西部和东北部地区的居民由于高温和热浪而引发中风和猝死等疾病的潜在可能大大增加；强降水会污染水体和食物，从而引发肠胃疾病；沿海地区的飓风会造成人员伤亡，污染水体使食物霉变；美国的北部地区因为平均温度升幅最大，当地居民会面临臭氧浓度增加和空气传播疾病增加的危险，可能诱发心血管和肺部疾病；此外，在美国东南部、西部，以及西部山区，高温引发的森林火灾会降低空气质量，从而加重当地居民的哮喘和肺部疾病等。[①]

第二节 中美两国应对气候变化、发展
清洁能源的推动因素

在发展清洁能源议题上，中美两国存在相似的推动因素。除了通过增加清洁能源使用从而降低碳强度的方式减少与能源利用有关的温室气体排放外，两个国家还同样希望通过优化能源结构，增加清洁能源在一次能源消费中的比重，从而降低对化石燃料的依赖，增强国家能源安全。此外，虽然中美不同的发展阶段和经济结构决定了两国碳排放来源的差异，但是，降低能源强度、发展低碳经济、提供绿色岗位是两国经济转型过程中的共同诉求。最后，顺应并推动清洁能源发展的历史趋势，有利于在未来世界低碳经济国际规则的制定权和话语权方面占据先发优势，这也是中美两国发展清洁能源关键的外部推动因素之一。

一 降低碳强度、减少温室气体排放

根据茅阳一（Kaya）恒等式，与能源使用有关的二氧化碳排放主要由

---

① U. S. Climate Change Science Program, *Human Health and Welfare in a Changing Climate*: *Summary and Findings of the U. S. Climate Change Science Program*, *Analyses of the Effects of Global Change on Human Health and Welfare and Human Systems* (U. S. Climate Change Science Program Synthesis and Assessment Product 4. 6), *Weather and Climate Extremes in a Changing Climate* (U. S. Climate Change Science Program Synthesis and Assessment Product 3. 3).

四个因素决定：1）人口；2）人均国内生产总值；3）能源强度，即按每单位 GDP 计算的一次能源供应量（TPES）；4）碳强度，即每单位一次能源供应所产生的二氧化碳排放量。与能源使用有关的二氧化碳排放是以上四个因子的乘积：二氧化碳排放量 = 人口 × 人均 GDP（GDP/人口）× 能源强度（TPES/GDP）× 碳强度（CO_2/TPES）（见图 2 - 14）。

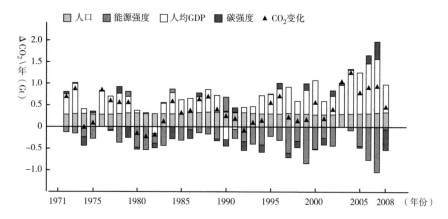

图 2 - 14　按茅阳一恒等式分解的与全球能源使用有关的 CO_2 排放年度绝对变化

数据说明：各颜色表示当其他因子不变时，由单个因子引起的变化，CO_2 排放年变化总量用黑色三角表示。

数据来源：Arvizu, D., T. Bruckner, H. Chum, O. Edenhofer, S. Estefen, A. Faaij, M. Fischedick, G. Hansen, G. Hiriart, O. Hohmeyer, K. G. T. Hollands, J. Huckerby, S. Kadner, A. Killingtveit, A. Kumar, A. Lewis, O. Lucon, P. Matschoss, L. Maurice, M. Mirza, C. Mitchell, W. Moomaw, J. Moreira, L. J. Nilsson, J. Nyboer, R. Pichs - Madruga, J. Sathaye, J. Sawin, R. Schaeffer, T. Schei, S. Schlomer, K. Seyboth, R. Sims, G. Sinden, Y. Sokona, C. von Stechow, J. Steckel, A. Verbruggen, R. Wiser, F. Yamba, T. Zwickel, "2011: Technical Summary," in O. Edenhofer, R. Pichs - Madruga, Y. Sokona, K. Seyboth, P. Matschoss, S. Kadner, T. Zwickel, P. Eickemeier, G. Hansen, S. Schlomer, C. von Stechow (eds) *IPCC Special Report on Renewable Energy Sources and Climate Change Mitigation*, Cambridge University Press, Cambridge, United Kingdom and New York, NY, USA, p. 35.

在人口、人均 GDP、能源强度，以及碳强度四个因素中，增加清洁能源供应可以直接降低碳强度，从而减少与能源使用有关的温室气体排放。与传统化石燃料相比，核能，以及风能、海洋能、水能、地热能、太阳能、生物能等可再生能源所产生的温室气体排放远远低于煤、石油、天然气等化石能源。以发电为例，使用煤、石油、天然气发电每千瓦时产生的温室气体排放均超过 450 克二氧化碳当量（介于 469 ~ 1001 克二氧化碳当量范围内）。而使用清洁能源发电每千瓦时产生的温室气体排放均少于 50 克二氧化碳当量（介于 4~46 克二氧化碳当量范围内）（见图 2-15）。[①]

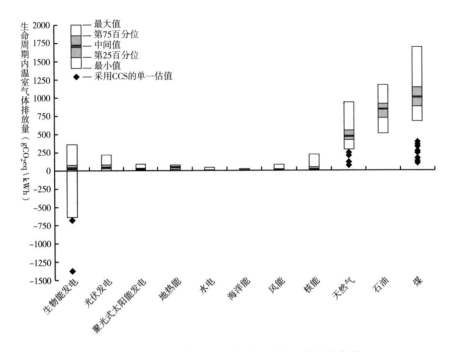

图 2-15 不同种类能源发电技术在其生命周期内的温室气体排放估值

数据说明：已避免的排放量，不包括从大气中消除的温室气体。"负估值"是指可以避免的温室气体排放量。

数据来源：IPCC，"2011: Summary for Policymakers," in O. Edenhofer, R. Pichs - Madruga, Y. Sokona, K. Seyboth, P. Matschoss, S. Kadner, T. Zwickel, P. Eickemeier, G. Hansen, S. Schlomer, C. von Stechow (eds) *IPCC Special Report on Renewable Energy Sources and Climate Change Mitigation*, Cambridge University Press, Cambridge, United Kingdom and New York, NY, USA, p. 19.

此外，利用碳捕获和封存这一清洁能源技术可以大大降低煤、天然气，以及生物能供应过程中产生的温室气体。同样以发电为例，通过碳捕获和封存技术，可以使煤炭发电每千瓦时产生的温室气体从 1000 克二氧化

---

① IPCC, "2011: Summary for Policymakers," in O. Edenhofer, R. Pichs - Madruga, Y. Sokona, K. Seyboth, P. Matschoss, S. Kadner, T. Zwickel, P. Eickemeier, G. Hansen, S. Schlomer, C. von Stechow (eds) *IPCC Special Report on Renewable Energy Sources and Climate Change Mitigation* (Cambridge University Press, Cambridge, United Kingdom and New York, NY, USA), p. 18.

碳当量左右，大幅度降低到约 250 克二氧化碳当量；使天然气发电每千瓦时产生的温室气体从 470 克二氧化碳当量左右，减少到约 130 克二氧化碳当量。[①]

　　2014 年，中美两国的碳强度分别为 2.98 和 2.34 二氧化碳总量/吨油当量（2014 年世界平均碳强度为 2.36）。[②] 在各自碳强度现状的基础上，中美两国均提出了具体的能源强度和碳强度降低计划和目标（单位国内生产总值二氧化碳排放 CO_2/GDP ＝能源强度 $TPES/GDP$ ×碳强度 $CO_2/TPES$）：中国在"十二五"（2011～2015 年）期间，将单位国内生产总值二氧化碳排放降低 17% 作为约束性指标，[③] 并进一步提出，到 2020 年使单位国内生产总值二氧化碳排放比 2005 年下降 40%～45%，[④] 到 2030 年使单位国内生产总值二氧化碳排放比 2005 年下降 60%～65%[⑤]，此外，到 2030 年前后使本国二氧化碳排放达到峰值且努力早日达峰。[⑥] 而美国则承诺到 2020 年使温室气体排放总量比 2005 年减少 17%，[⑦] 到 2025 年实现在 2005 年基础上减排 26%～28% 的全经济范围减排目标并将努力减排 28%，[⑧] 到 2030 年

① IPCC, "2011: Summary for Policymakers," in O. Edenhofer, R. Pichs - Madruga, Y. Sokona, K. Seyboth, P. Matschoss, S. Kadner, T. Zwickel, P. Eickemeier, G. Hansen, S. Schlomer, C. von Stechow (eds) IPCC Special Report on Renewable Energy Sources and Climate Change Mitigation (Cambridge University Press, Cambridge, United Kingdom and New York, NY, USA), p.18.

② IEA, Key World Energy Statistics 2016, p.49, p.51, p.57, https://www.iea.org/publications/freepublications/publication/KeyWorld_ Statistics_ 2015. pdf.

③ 《中华人民共和国国民经济和社会发展第十二个五年规划纲要》，中国中央政府门户网站，2011 年 3 月，http://www.gov.cn/2011lh/content_ 1825838. htm。

④ 《到 2020 年中国单位国内生产总值二氧化碳排放比 2005 年下降 40%～45%》，新华网，2009 年 11 月 26 日，http://news.xinhuanet.com/politics/2009 － 11/26/content _ 12544442. htm。

⑤ 《强化应对气候变化行动——中国国家自主贡献》，中国中央政府门户网站，2015 年 6 月 30 日，http://www.gov.cn/xinwen/2015 -06/30/content_ 2887330. htm。

⑥ 《中美气候变化联合声明》，新华网，2014 年 11 月 12 日，http://news.xinhuanet.com/energy/2014 -11/13/c_ 127204771. htm。

⑦ The White House, Press Gaggle by Press Secretary Robert Gibbs; Deputy National Security Advisor for International Economic Affairs Mike Froman; and Assistant to the President for Energy and Climate Carol Browner, November 25, 2009, http://www.whitehouse.gov/the － press － office/press － gaggle － press － secretary － robert － gibbs － deputy － national － security － advisor － internat.

⑧ 《中美气候变化联合声明》，新华网，2014 年 11 月 12 日，http://news.xinhuanet.com/energy/2014 -11/13/c_ 127204771. htm。

减排42%，2050年减排83%，[1] 此外，通过"清洁电力计划"使本国电力行业二氧化碳排放到2030年比2005年减少32%。[2]

二 降低化石燃料依赖、增强国家能源安全

中国和美国均为世界能源消费大国，根据国际能源署的统计数据，2014年中美两国的一次能源供应量分别为3052百万吨油当量和2216百万吨油当量，分别位居世界第一位和第二位。中美两国的一次能源供应量远远超过其他国家，中国是位居第三位的印度一次能源供应量（825百万吨油当量）的3倍左右。从世界范围看，中美两国一次能源供应量之和占世界一次能源供应总量（13699百万吨油当量）的38.5%左右（见图2-16）。[3]

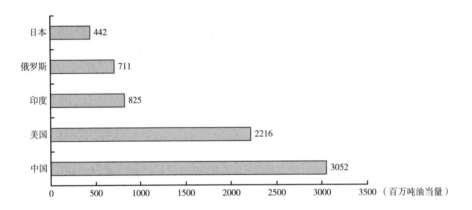

图2-16 世界一次能源供应量前五位国家（2014年）

数据来源：IEA, *Key World Energy Statistics 2016*, pp. 48-57, https：//www.iea.org/publications/freepublications/publication/KeyWorld 2016. pdf.

---

[1] The White House, *Press Gaggle by Press Secretary Robert Gibbs*; *Deputy National Security Advisor for International Economic Affairs Mike Froman*; *and Assistant to the President for Energy and Climate Carol Browner*, November 25, 2009, http：//www. whitehouse. gov/the - press - office/press - gaggle - press - secretary - robert - gibbs - deputy - national - security - advisor - internat.

[2] U. S. Environmental Protection Agency, *Clean Power Plan Final Rule*, October 23, 2015, https：//www.gpo. gov/fdsys/pkg/FR - 2015 - 10 - 23/pdf/2015 - 22842. pdf.

[3] IEA, *Key World Energy Statistics 2015*, pp. 48 - 57, https：//www. iea. org/publications/freepublications/publication/KeyWorld_ Statistics_ 2015. pdf.

　　作为世界上最重要的两个能源消费大国，中美两国的能源消费均经历了一定程度的变迁。从总量看，中国的一次能源消费总体上呈现出快速增加趋势，自 1980 年的 60275 万吨标准煤，增加到 2013 年的 416913 万吨标准煤，在 30 余年时间内增加了将近 6 倍，尤其自 2004 年开始能源消费上升幅度明显增加。但是，从结构看，中国的一次能源消费结构并没有发生明显变化。

　　2000 年之前，煤炭在中国的一次能源消费中一直占据相当比重，煤炭消费占中国一次能源消费总量的 70% 以上。自 2000 年开始，煤炭的消费份额首次下降到 70% 以下，份额尽管有所下降，但下降幅度相对有限，基本在 67% ~72% 之间浮动。①

　　与煤炭相似，石油在中国一次能源消费中的比重自 2000 年最高的 22%，下降到 2013 年的 17.1%，下降幅度较为有限。

　　与煤炭和石油消费相比，作为另一主要化石能源的天然气则在中国的一次能源消费中并不占据重要位置，2000 年之前，天然气在中国一次能源消费中的比重基本在 2% 上下小幅度波动，2000 年至今，天然气消费比重开始出现一定程度的增加，自 1999 年的 2.1% 增加到 2013 年的 5.3%。

　　从 1993 年开始到 2002 年，中国的核电消费比重基本维持在 0.4% 左右，自 2003 年至今，核电消费比重翻番，占到中国一次能源消费总量的 0.8% 左右。

　　此外，中国的可再生能源消费主要由水电构成，20 世纪 90 年代之前，水电占中国一次能源消费的比重基本维持在 5% 以下的水平，90 年代至今，水电消费比重出现一定程度增加，在 5% ~7% 之间小幅度波动。除了水电之外，其他可再生能源在中国一次能源消费中所占份额很小，基本不超过 1%，并且在最近 30 余年间并没有出现明显增加。总体来说，中国长期以来以化石燃料为主的能源消费格局并没有发生明显改变（见图 2 - 17）。②

　　与中国相比，自 1980 年至今，美国的一次能源消费增加幅度有限，自 1980 年的 78 千万亿英热单位，增加到 2014 年的 98 千万亿英热单位，仅

---

① China Energy Group, Lawrence Berkley National Laboratory, *China Energy Databook 8.0*, Charpter 4, p. 9, https：//china. lbl. gov/node/1608/download/5180941ae25cb0d4d6bc275ba669a23f.

② 中国国家统计局统计司编《中国能源统计年鉴 2014》，中国统计出版社，2015，第 55 页。

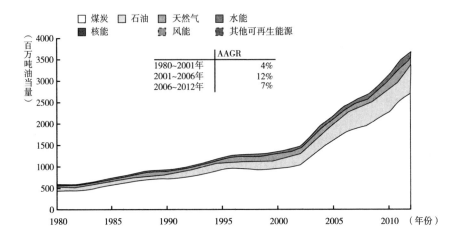

图 2 - 17　中国一次能源消费不同能源种类历史变化（1980 ~ 2012 年）

数据来源：China Energy Group, Lawrence Berkley National Laboratory, *Key China Energy Statistics 2014*, p. 20, http：//eetd. lbl. gov/sites/all/files/key＿ china＿ energy＿ stattistics＿ 2014＿ online. final＿ . pdf.

仅增加了 26% 左右。[①] 从能源结构看，20 世纪 80 年代之前，在美国的一次能源消费中，煤炭、石油，以及天然气分别经历过份额快速增加的时期，与中国相似，化石能源同样一直占据美国一次能源消费的绝对多数份额。在之前的 100 年间，化石燃料为美国提供了 87% 左右的一次能源消费。[②] 自 20 世纪 80 年代至今，美国以石油为主，包括天然气和煤炭在内的化石能源占据一次能源消费绝对多数份额的情况同样没有发生根本改变。

自 20 世纪 70 年代中期开始，美国核电消费出现较大幅度增加，从 1975 年的 1.9 万亿英热单位，增加到 2014 年的 8.3 万亿英热单位，40 年时间内增加了 3 倍多。此外，水电和生物质能构成了美国可再生能源消费的主体，2014 年，美国水电和生物质能消费分别为 2.5 万亿英热单位和 4.8 万亿英热单位，两种能源约占美国可再生能源消费总量（9.6 万亿英热单位）的 76%，虽然美国近些年其他可再生能源消费出现较大程度的增

---

① U. S. Energy Information Administration, *Primary Energy Overview*, http：//www. eia. gov/beta/ MER/? tbl = T01. 01#/? f = A.

② U. S. Energy Information Administration, *Energy Sources Have Changed Through the History of the United States*, July 2013, http：//www. eia. gov/todayinenergy/detail. cfm? id = 11951.

加，但增加份额仍然十分有限。总体来说，与中国相似，美国之前100余年间以化石燃料为主的能源消费结构同样没有发生根本转变（见图2-18）。①

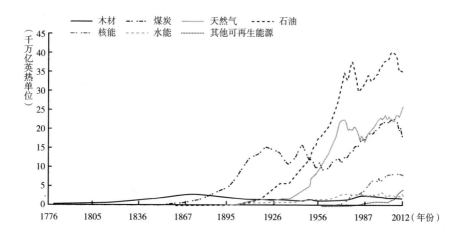

图2-18　美国一次能源消费不同能源种类历史变化（1776～2012年）

数据来源：U. S. Energy Information Administration, *Energy Sources Have Changed Through the History of the United States*, July 2013, http：//www. eia. gov/todayinenergy/detail. cfm? id = 11951.

从当前情况看，中美两国均存在较高程度的化石燃料依赖，在两国的一次能源消费中，煤、石油、天然气等传统化石能源均占据了绝对多数份额。排在中国能源消费前三位的依次是煤炭（67.4%）、石油（17.1%）、天然气（5.3%），三种化石能源占到中国能源消费总量的90%左右。② 而美国能源消费前三位的依次为石油（35.4%）、天然气（27.9%）、煤炭（18.3%），三种化石能源所占的消费总份额为82%左右。③ 从消费份额看，中国对化石能源的依赖高于美国。

降低中美两国对化石燃料依赖的重要途径之一是发展核能，以及包括水能、生物质能、太阳能、地热能等可再生能源在内的清洁能源，提高清

① U. S. Energy Information Administration, *Primary Energy Consumption by Source*, http：// www. eia. gov/beta/MER/? tbl = T01. 03#/? f = A.

② 中国国家统计局统计司编《中国能源统计年鉴2014》，中国统计出版社，2015，第55页。

③ U. S. Energy Information Administration, *Primary Energy Consumption by Source*, http：// www. eia. gov/beta/MER/? tbl = T01. 03#/? f = A.

洁能源在两国能源消费中的比重。2014 年，中美两国清洁能源（核能及可再生能源）占一次能源消费的份额分别为 10% 和 18% 左右，未来两国清洁能源的发展存在较大的提升空间，通过发展清洁能源，可以有效降低化石能源在中美两国能源消费中的比重，降低两个国家对化石能源的严重依赖。

在《能源发展"十二五"规划》中，中国政府提出要优化能源结构，大力发展非化石能源，到 2015 年使非化石能源在中国一次能源消费中的份额提高到 11.4%。[①] 除此之外，中国政府又进一步宣布，到 2020 年，使本国非化石能源占一次能源消费比重提高到 15% 左右，[②] 到 2030 年，非化石能源占一次能源消费比重提高到 20% 左右。[③] 此外，在非化石能源电力发展方面，中国政府提出，"十二五"期间使非化石能源发电装机比重达到 30%，[④]到 2015 年使可再生能源发电量争取达到全国总发电量的 20% 以上。[⑤] 而美国政府则提出到 2035 年使本国清洁能源发电的比重翻番，达到 84% 的份额（见图 2 - 19）。[⑥]

在中美两国的一次能源消费中，分别约有 17% 和 12% 来自进口，[⑦] 并且化石能源占了中美两国能源进口的绝大部分份额。首先，中美两国均为世界石油进口大国。2013 年，美中两国分别以 3.9 亿吨和 2.8 亿吨的进口量位居世界原油净进口第一位和第二位。[⑧] 其次，2014 年，中国和美国天

① 中国国家能源局：《能源发展"十二五"规划》，2013 年 1 月，http：//www. nea. gov. cn/2013 - 01/28/c_ 132132808. htm。

② 胡锦涛：《携手应对气候变化挑战——在联合国气候变化峰会开幕式上的讲话》，2009 年 9 月 22 日，http：//news. xinhuanet. com/world/2009 - 09/23/content_ 12098887. htm。

③ 《中美气候变化联合声明》，2014 年 11 月 12 日，新华网，http：//news. xinhuanet. com/energy/2014 - 11/13/c_ 127204771. htm。

④ 中国国家能源局：《能源发展"十二五"规划》，2013 年 1 月，http：//www. nea. gov. cn/2013 - 01/28/c_ 132132808. htm。

⑤ 中国国家能源局：《可再生能源发展"十二五"规划》，2012 年 8 月。

⑥ The White House, *Remarks by the President in State of Union AddressUnited States Capitol*, Washington, D. C., January 25, 2011, http：//www. whitehouse. gov/the - press - office/2011/01/25/remarks - president - state - union - address.

⑦ 根据国际能源署的统计数据，2014 年，中美两国能源净进口占一次能源供应的比重分别为 17% 和 12% 左右。IEA, *Key World Energy Statistics 2016*, p. 48, p. 56, https：//www. iea. org/publications/freepublications/publication/KeyWorld 2016. pdf。

⑧ IEA, *Key World Energy Statistics 2016*, p. 11, https：//www. iea. org/publications/freepublications/publication/KeyWorld 2016. pdf。

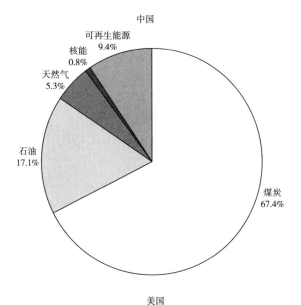

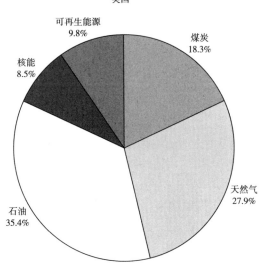

图 2 - 19 中美能源消费不同能源来源比重

数据来源：中国国家统计局统计司编《中国能源统计年鉴 2014》，中国统计出版社，2015，第 55 页；U. S. Energy Information Administration, *Primary Energy Consumption by Source*, http：//www. eia. gov/beta/MER/? tbl = T01. 03 #/? f = A.

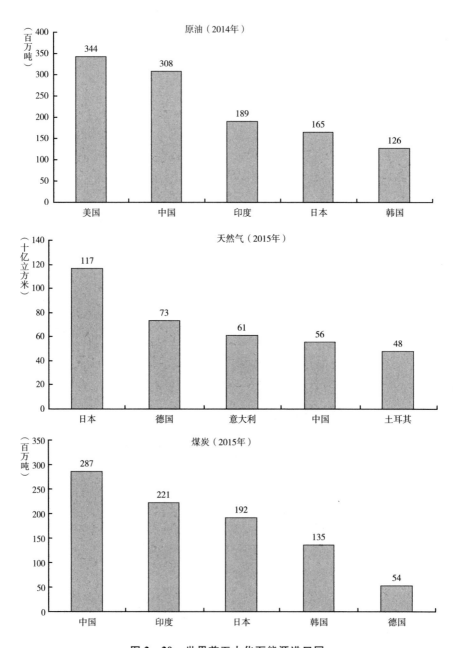

图 2 - 20　世界前五大化石能源进口国

数据来源：IEA, *Key World Energy Statistics 2016*, pp. 11, 13, 15, https://www. iea. org/publications/freepublications/publication/KeyWorld 2016. pdf.

然气净进口量分别为 500 亿立方米和 330 亿立方米，分别位居世界第四位和第八位。[①] 此外，中国是世界最大的煤炭进口国，2014 年，中国煤炭净进口 3.53 亿吨，约占当年度世界煤炭净进口总量的 27%。[②] 在中美两国化石能源对外依存度居高不下的情况下，通过发展清洁能源，增加清洁能源在一次能源消费中的比重，可以有效降低两个国家整体的能源对外依存度，进而增强国家能源安全（见图 2-20）。

三 降低能源强度、发展低碳经济

影响与能源使用有关二氧化碳排放的另一个关键因素是能源强度，根据茅阳一恒等式，随着能源强度的降低，与能源使用有关的二氧化碳排放会随之减少。

在之前 30 余年间，世界平均能源强度总体上在 1 万英热单位/GDP（以 2005 年的美元计算）上下小幅度波动，20 世纪 90 年代略有上升，增加到 1.1 万英热单位/GDP 左右。进入 21 世纪之后，世界平均能源强度再次下降到 1 万英热单位/GDP 以下，2011 年为 9905 英热单位/GDP。

20 世纪 80 年代至今，美国的能源强度总体呈现出逐年小幅下降趋势。90 年代中期以前，美国的能源强度基本与世界平均能源强度相当，大致在 1 万英热单位/GDP 左右。自 1996 年开始，美国的能源强度下降到 1 万英热单位/GDP 以下的水平，自 1995 年的 10019 英热单位/GDP（以 2005 年的美元计算）持续下降到 2011 年的 7328 英热单位/GDP（以 2005 年的美元计算）。

与美国相比，自 20 世纪 80 年代至今，中国的能源强度表现出两个特点：一方面，从绝对数值看，中国的能源强度远远高于美国和世界平均水平，2011 年，中国的能源强度（24708 英热单位/GDP）分别是美国（7328 英热单位/GDP）和世界（9905 英热单位/GDP）平均能源强度的约 3.4 倍和 2.5 倍；但另一方面，在之前的 30 余年间，中国的能源强度大幅度降低，自 1980 年的 79915 英热单位/GDP（以 2005 年的美元计算）减少

---

① IEA, *Key World Energy Statistics 2016*, p. 13, https：//www. iea. org/publications/freepublications/publication/KeyWorld 2016. pdf.

② IEA, *Key World Energy Statistics 2016*, p. 15, https：//www. iea. org/publications/freepublications/publication/KeyWorld 2016. pdf.

到 2011 年的 24708 英热单位/GDP（以 2005 年的美元计算）。其中，80 年代和 90 年代既是中国能源强度水平最高的时期，同时也是能源强度大幅度降低的时期，在此 20 年期间，中国的能源强度年均降幅超过 3%。自 2000 年至今，中国的能源强度则在 2.4 万 ~ 2.8 万英热单位/GDP（以 2005 年的美元计算）的水平区间内小幅下降（见图 2 - 21）。[①]

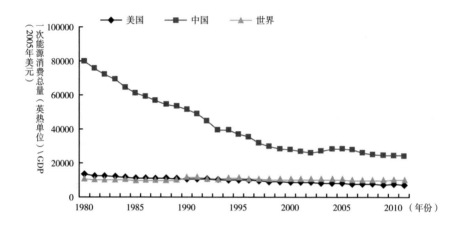

图 2 - 21　中美能源强度历史趋势（1980 ~ 2011 年）

数据来源：U. S. Energy Information Administration, *International Energy Statistics*, http：//www. eia. gov/cfapps/ipdbproject/iedindex3. cfm？ tid = 44&pid = 46&aid = 2&cid = regions&syid = 1980&eyid = 2011&unit = BTUPUSDM.

　　中美两国的能源强度之所以出现较大程度差距，主要原因在于两国不同的发展阶段和经济结构。首先，中国处在快速城镇化和消费结构升级的过程中。1978 ~ 2014 年，中国的城镇人口比例自 18% 大幅度提高到 55%，[②] 2011 年中国城镇人口首次超过乡村人口。快速城镇化对城市基础设施建设提出更多需求，带动了电力、钢材、建材等工业部门和建筑业的快速发展。此外，与城镇化进程相伴随的是中国城乡居民生活水平的显著提高，中国城镇居民人均可支配收入自 1978 年的 343 元大幅度提高至

---

① U. S. Energy Information Administration, *International Energy Statistics*, http：//www. eia. gov/cfapps/ipdbproject/iedindex3. cfm？ tid = 44&pid = 46&aid = 2&cid = regions&syid = 1980&eyid = 2011&unit = BTUPUSDM.

② 中国国家统计局：《中国统计年鉴 2015》，http：//www. stats. gov. cn/tjsj/ndsj/2015/indexch. htm。

2014 年的 29381 元，37 年时间内增加将近 85 倍。① 生活水平的改善使得中国城乡居民用电用气等相关需求大幅度增加，此外，更多中产阶级的出现使对汽车和住房的需求大幅度增加（见图 2 - 22）。

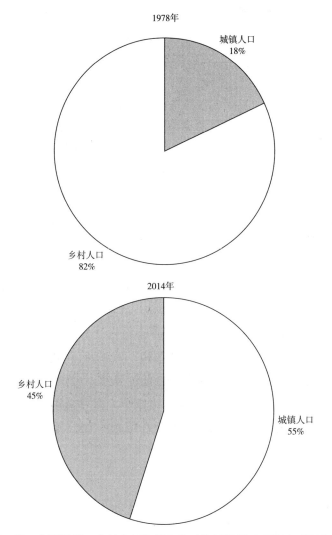

图 2 - 22 中国城镇、乡村人口比例变化对比示意图（1978 年/2014 年）

数据来源：中国国家统计局：《中国统计年鉴 2015》，http：//www. stats. gov. cn/tjsj/ndsj/2015/indexch. htm。

---

① 中国国家统计局：《中国统计年鉴 2015》，http：//www. stats. gov. cn/tjsj/ndsj/2015/indexch. htm。

其次，中国目前仍处在工业化进程中，2014 年中国的三次产业贡献率之比为 4.8∶47.1∶48.1，其中，工业对 GDP 的贡献率为 38.3%，工业仍然是当前中国经济增长的主要拉动因素之一。[①] 以上两方面因素使得中国的能源消费和二氧化碳排放主要集中在工业领域，尤其是重工业生产部门。2013 年，工业部门能源消费占到中国能源消费总额的 69.8%（2013 年中国能源消费总量为 416913 万吨标准煤，其中，工业部门能源消费 291130 万吨标准煤）。[②]

与中国情况不同，美国的能源消费和二氧化碳排放主要来自人口增长及其相关的生活消费。1980~2016 年间，美国居民人口自 2.3 亿[③]增加至 3.2 亿左右[④]，增加了 39%。人口的较快增长使与其相关的生活消费、交通运输、商业服务需求增加。此外，从经济结构看，与中国工业部门占据主导地位不同，对于后工业化时期的美国来说，包括服务业、交通、贸易、金融保险、信息业、娱乐休闲、房地产租赁等在内的第三产业是其经济增长的主要推动力量。出于以上两方面原因，生活消费、交通、商业服务成为美国能源消费和二氧化碳排放的主力。2013 年，美国交通部门、工业部门的能源消费分别为 27 千兆英热单位和 24.5 千兆英热单位，分别占到美国当年能源消费总量的 37% 和 34%，而美国商业部门的能源消费预计在 2013~2040 年间年均将增加 0.6%。[⑤]

针对各自不同的发展阶段和经济结构，中美两国均提出了通过调整经济结构和转变经济发展方式的办法降低能源强度。中国政府提出，在"十二五"期间，培育发展新能源、新能源汽车、绿色低碳、高效节能环保、高效储能与分布式能源、核技术等战略性新兴产业，大力发展服务业，通

---

① 中国国家统计局：《中国统计年鉴 2015》，http：//www. stats. gov. cn/tjsj/ndsj/2015/indexch. htm。

② 中国国家统计局统计司编《中国能源统计年鉴 2014》，中国统计出版社，2015，第 185 页。

③ U. S. Census Bureau, *Population Estimates：Historical Estimates Data*，http：//www. census. gov/popest/data/national/totals/1990s/tables/nat - total. txt.

④ U. S. Census Bureau, *Monthly Population Estimates for the United States：April 1, 2010 to December 1, 2016*，https：//www. census. gov/popest/data/national/totals/2015/index. html.

⑤ U. S. Energy Information Administration, *Annual Energy Outlook 2015 with projections to 2040*，April 2015, pp. 9, 12, 13, http：//www. eia. gov/forecasts/aeo/pdf/0383（2015）. pdf.

过发展低碳经济和产业结构优化升级建立资源节约型、环境友好型社会。[①]
到 2015 年，使战略性新兴产业增加值占国内生产总值的比重达到 8%，使
服务业增加值占国内生产总值比重达到 47%；[②] 到 2020 年，使战略性新兴
产业增加值占国内生产总值的比重达到 15% 左右，[③] 服务业增加值占国内
生产总值比重达到 52% 以上。[④] 在此基础上，中国政府进一步提出了节能
减排的具体目标，即"十二五"期间使单位国内生产总值能耗下降
16%，[⑤] 单位工业增加值能耗降低 21%，使建筑、交通运输、公共机构等
重点耗能领域的能耗增幅得到有效控制；[⑥] 到 2020 年，使单位工业增加值
二氧化碳排放比 2005 年下降 50% 左右。[⑦] 而美国政府则计划通过调整本国
能源结构，增加核能和可再生能源使用，使本国电力部门的碳排放到 2025
年减少将近 20%，到 2035 年减少 40%。[⑧]

四　掌握未来低碳经济国际规则的制定权和话语权

清洁能源发展意味着一次新的产业革命，清洁能源应用在人类发展史
上的地位，在某种程度上，可以与前几次产业革命相提并论。清洁能源取
代传统的化石能源，是世界经济发展的一个必然趋势，而这一转变过程必
然会引起全球利益的重新洗牌和重新分配，随着利益结构的重组和变动，
会给 21 世纪的世界经济格局和世界政治格局带来重大影响和深刻变革，正
如美国总统奥巴马所言，"能够掌控利用清洁能源和可再生能源的国家将

---

① 《"十二五"国家战略性新兴产业发展规划》，中国中央政府门户网站，2012 年 7 月，
　　http：//www. gov. cn/zwgk/2012 – 07/20/content_ 2187770. htm。

② 《"十二五"节能减排综合性工作方案》，中国中央政府门户网站，2011 年 9 月 7 日，
　　http：//www. gov. cn/zwgk/2011 – 09/07/content_ 1941731. htm。

③ 《中华人民共和国国民经济和社会发展第十三个五年规划纲要》，新华社，2016 年 3 月 17
　　日，http：//news. xinhuanet. com/politics/2016lh/2016 – 03/17/c_ 1118366322. htm。

④ 中国国家发展和改革委员会：《国家应对气候变化规划（2014—2020 年）》，2014 年 9 月，
　　http：//www. sdpc. gov. cn/zcfb/zcfbtz/201411/W020141104584717807138. pdf。

⑤ 即从 2010 年的 1. 034 吨标准煤/GDP（万元人民币，2005 年价格），降低到 2015 年的
　　0. 869 吨标准煤/GDP（万元人民币，2005 年价格）。

⑥ 中国国家能源局：《节能减排"十二五"规划》，2012 年 8 月，http：//www. nea. gov. cn/
　　2012 – 08/22/c_ 131800277。

⑦ 中国国家发展和改革委员会：《国家应对气候变化规划（2014—2020 年）》，2014 年 9 月，
　　http：//www. sdpc. gov. cn/zcfb/zcfbtz/201411/W020141104584717807138. pdf。

⑧ U. S. Senate Committee on Energy & Natural Resources, *The Clean Energy Standard Act of 2012*,
　　http：//www. energy. senate. gov/public/index. cfm/files/serve? File_ id = fc9b3145 – c145 –
　　4c29 – b0c7 – 36068482b127。

成为 21 世纪的领导者"[1]，从国际环境看，未来围绕清洁能源和低碳经济发展的竞争会逐渐趋于激烈。

首先，通过参与全球气候谈判，可以争取全球温室气体减排机制的话语权。当前世界范围内清洁能源的发展在一定程度上源于减缓气候变暖，以及温室气体减排的国际压力。在全球气候谈判中确立的诸项温室气体减排机制将会直接影响到世界各国的减排责任区分，并进而影响到各国的减排成本，从而给各个国家的经济发展带来不同程度的影响。中美两国分别是世界上最大的发达国家排放大国和发展中国家排放大国，资源禀赋、经济发展阶段，以及排放性质的不同决定了两个国家在全球气候谈判中具有不同的减排责任和机制安排诉求。例如，关于发达国家和发展中国家不同的减排责任与义务区分、减排额度、减排标准、减排监督、减排基准年、减排峰值年、排放核算标准，以及发达国家对发展中国家的减排资金和技术支持等。通过参与全球气候谈判，中美两国可以从自身国情出发，争取对本国清洁能源和低碳经济发展相对有利的国际减排机制安排。

其次，通过参与全球范围的碳市场交易，降低本国排放履约成本、争取清洁能源和低碳经济发展所需要的资金和技术。目前在《京都议定书》框架下存在三种碳市场机制：[2] 排放交易（Emissions Trading，ET）、清洁发展机制（Clean Development Mechanism，CDM），以及联合履约（Joint Implementation，JI），这三类机制为发达国家（《京都议定书》附件一缔约方）之间，以及发达国家与发展中国家之间合作进行温室气体排放提供了交易平台。发达国家可以利用三种机制降低本国的排放履约成本，而发展中国家则可以通过清洁发展机制从发达国家获得清洁能源和低碳经济发展所需要的资金和技术。作为《京都议定书》发展中国家缔约方，截至 2016 年 8 月 23 日，中国国家发展和改革委员会已经批准清洁发展（CDM）项目 5074 项（年减排量 7.8 亿吨二氧化碳当量左右），其中，新能源和可再生能源的清洁发展项目 3733 项（年减排量 4.59 亿吨二氧化碳当量左右），[3] 不论清洁发展

---

[1] U. S. White House, http：//www. whitehouse. gov/issues/energy – and – environment.

[2] 在《京都议定书》达成之初，还有清除碳排放机制（Removal Units，RMUs），该机制已于 2012 年到期。

[3] 中国清洁发展机制网："CDM 项目数据库系统"，《批准项目数按减排类型分布图表》，《批准项目估计年减排量按减排类型分布图表》，2016 年 8 月，http：//cdm. ccchina. gov. cn/NewItemTable7. aspx；http：//cdm. ccchina. gov. cn/NewItemTable8. aspx。

机制项目总数，还是年减排量，中国均位居世界第一位。[①] 通过清洁发展
机制的项目合作，中国不但可以学习发达国家合作方较为先进的减排技
术，而且获得了额外的减排资金（见图 2 - 23）。

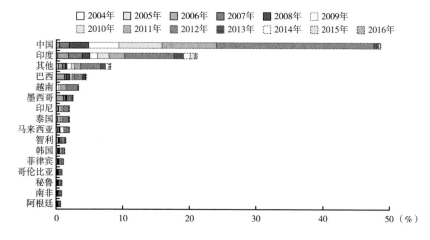

图 2 - 23　清洁发展机制已注册项目主持国分布（2004 ~ 2016 年）

数据来源：UNFCCC，*Distribution of Registered Projects by Host Party*，November 30，
2016，http：//cdm. unfccc. int/Statistics/Public/files/201611/proj＿ reg＿ byHost. pdf.

　　最后，在未来的清洁能源和低碳经济发展中占据先发优势，开拓世
界低碳产品市场。随着全球范围内低碳技术、绿色经济的兴起，各个国
家都开始利用低碳技术可能引发新一轮世界范围内产业革命的机遇，通
过政府及公司研发投入、风险投资及私募股权投资、公开市场融资、小
规模融资，以及资产融资等方式大幅度增加和吸引相关投资，支持清洁
能源、低碳技术、节能环保等领域的创新发展。一方面积极发展本国的
低碳经济、创造绿色就业岗位，另一方面大力开拓世界低碳市场。2015
年，全球新增可再生能源投资 2859 亿美元，其中，中国和美国分别以
1029 亿美元和 441 亿美元位居世界第一位和第二位，[②] 2015 年中美两国
新增可再生能源投资额之和占到世界新增可再生能源投资总额的 51% 左
右（见图 2 - 24）。

---

① UNFCCC，http：//cdm. unfccc. int/Statistics/Public/CDMinsights/index. html.

② Frankfurt School - UNEP Center，*Global Trends in Renewable Energy Investment 2015*，p. 15，
http：//fs - unep - centre. org/system/files/gtr 2015. pdf.

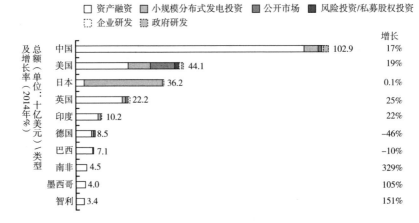

图 2-24　世界可再生能源新增投资前十位国家（2015 年）总额

数据来源：UNEP，Bloomberg New Energy Finance，转引自 Frankfurt School – UNEP Center，*Global Trends in Renewable Energy Investment 2016*，p. 23，http://fs – unepcentre. org/sites/default/files/publications/globatltrends in renewable energy investment 2016 low res – o. pdf/。

清洁能源投资的增加不但可以创造更多的绿色就业机会，而且可以大幅度提高本国在全球低碳市场中的占有率。2014 年，在世界范围内，大约有 767.4 万人直接或间接从事可再生能源产业相关工作，其中，中国和美国从事可再生能源产业的人数分别达到 339 万人和 72.4 万人，分别位居世界第一位和第三位（见表 2-2）。[1]

表 2-2　世界可再生能源产业直接、间接工作岗位总数估计（2015 年）

单位：千人

技术	全球	中国	巴西	美国	印度	日本	孟加拉国	德国
固态生物质	822	241		152	58			49
液态生物燃料	1678	71	821	277	35	3		23
生物气/沼气	382	209			85		9	48
地热能	160			35		2		17
水电（小规模）	204	100	12	8	12		5	12
太阳能光伏发电	2772	1652	4	194	103	377	127	38

---

[1]　REN21（Renewable Energy Policy Network for the 21st Century），*Renewables 2016：Global Status Report*，p. 37，http://www. ren21. net/wp – content/uploads/2016/10/REN21 – GSR2016_ FullReport_ en_ 11. pdf.

续表

技术	全球	中国	巴西	美国	印度	日本	孟加拉国	德国
聚光型太阳能发电	14			4				0.7
太阳能加热/冷却	939	743	41	10	75	0.7		10
风电	1081	507	41	88	48	5	0.1	149
总数	8052	3523	918	769	416	388	141	355

数据来源：REN21（Renewable Energy Policy Network for the 21st Century），*Renewables 2016：Global Status Report*，p. 37，http：//www.ren21.net/wp-content/uploads/2016/10/REN21-GSR2016_FullReport-en-11.pdf.

在全球低碳市场的占有率方面，中国和美国是全球最大的清洁能源技术贸易国家。2011 年，全球清洁能源技术贸易总额约为 1980 亿欧元，[1] 中美两国分别以 570 亿欧元和 370 亿欧元的贸易额位居世界清洁能源技术贸易第一位和第二位。[2] 在应对全球气候变暖，加快对传统化石能源替代的大背景下，近些年全球清洁能源技术市场发展迅速。2007 年，全球清洁能源技术贸易总额仅有 900 亿欧元，但预计 2020 年前，全球清洁能源技术市场将以年均 9% 左右的速度增长，到 2020 年，全球清洁能源技术市场的贸易总额预计将达到 2750 亿欧元左右。[3] 清洁技术市场的快速发展有望为中美两国带来更广阔的市场空间和更多的经济收益。

但与此同时，随着低碳市场规模的迅速扩大，世界范围内与清洁能源和低碳产品相关的新贸易保护主义也日益增多，部分发达国家凭借自身的低碳技术优势计划实施碳关税，对相关进口产品设置"环境标准"，此外，部分发达国家还以反垄断和反补贴等借口对相关国家的清洁能源产品出口设置障碍，绿色贸易壁垒日益凸显。在此背景下，对作为世界最大清洁能源贸易国的中美两国而言，均有必要尽早开展包括碳关税在内的制度研究，防止以"环境保护"为名的贸易保护主义损害本国出口企业利益（见图 2-25）。

---

[1] WWF & Roland Berger Strategy Consultants，*Clean Economy，Living Planet：The Race to the Top of Global Clean Energy Technology Manufacturing 2012*，June 6，2012，p. 15，http：//www.rolandberger.com/media/pdf/Roland_Berger_WWF_Clean_Economy_20120606.pdf.

[2] WWF & Roland Berger Strategy Consultants，*Clean Economy，Living Planet：The Race to the Top of Global Clean Energy Technology Manufacturing 2012*，June 6，2012，p. 21，http：//www.rolandberger.com/media/pdf/Roland_Berger_WWF_Clean_Economy_20120606.pdf.

[3] WWF & Roland Berger Strategy Consultants，*Clean Economy，Living Planet：Building Strong Clean Energy Technology Industries*，November 2009，p. 8，http：//www.rolandberger.com/media/pdf/Roland_Berger_Clean_Economy_20100120.pdf.

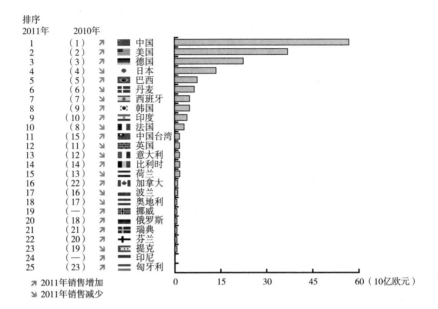

图 2 - 25 全球清洁能源技术生产国家（地区）排名（2010～2011 年）

数据来源：WWF & Roland Berger Strategy Consultants, *Clean Economy*, *Living Planet*: *The Race to the Top of Global Clean Energy Technology Manufacturing 2012*, p. 26, June 6, 2012, http: //www. rolandberger. com/media/pdf/Roland_ Berger_ WWF_ Clean_ Economy_ 20120606. pdf.

第三节　中美两国应对气候变化、发展清洁能源的政策和行动

为了应对气候变化，加快清洁能源发展，中美两国根据各自不同国情，以及经济和社会发展所处的不同阶段，均制定了系统而详尽的清洁能源发展战略和政策：主要包括宏观层面的战略目标、中观层面的优先发展领域，以及微观层面推动清洁能源发展的具体政策等。由于各自国情不同，在推动加快清洁能源发展方面，中美两国国内均面临着政治博弈牺牲、经济发展取舍、法制建设滞后，以及社会文化意识尚未到位等方面的障碍。

一　战略目标

首先，中美两国在温室气体减排和清洁能源发展两个方面均提出了明确的中长期战略目标（见表 2 - 3）。

表 2 - 3　中美两国的温室气体减排和清洁能源发展战略目标

	中国	美国
温室气体减排	CO_2/GDP 降低 17%（2011~2015 年）； CO_2/GDP 降低 40%~45%（2005~2020 年）； CO_2/GDP 降低 60%~65%（2005~2030 年）； 2030 年 CO_2 排放达峰且努力早日达峰	GHG 总量降低 17%（2005~2020 年）； GHG 总量降低 26%~28%（2005~2025 年）； GHG 总量降低 42%（2005~2030 年）； GHG 总量降低 83%（2005~2050 年）； 电力行业 CO_2 排放降低 32%（2005~2030 年）
清洁能源发展	非化石能源占一次能源消费比重 11.4%（2015 年）； 非化石能源发电装机比重 30%（2015 年）； 非化石能源占一次能源消费比重 15%（2020 年）； 非化石能源占一次能源消费比重 20%（2030 年）	可再生能源发电增加一倍（2020 年）； 可再生能源发电 100 亿瓦时（2012 年）、200 亿瓦时（2020 年） 清洁能源发电比重 24%（2015 年）~84%（2035 年）

　　一方面，有关温室气体减排。中国政府提出，"十二五"（2011~2015 年）期间将单位国内生产总值二氧化碳排放降低 17% 作为约束性指标，[①] 并在此基础上进一步提出，到 2020 年使本国单位国内生产总值二氧化碳排放比 2005 年下降 40%~45%[②]，到 2030 年单位国内生产总值二氧化碳排放比 2005 年下降 60%~65%，并使二氧化碳排放在 2030 年前后达到峰值并争取尽早达峰。[③] 而美国政府则提出，到 2020 年使本国的温室气体排放总量比 2005 年减少 17%，并在此基础上提出了分阶段的减排目标，即以 2005 年为基准年，使温室气体排放总量到 2025 年减少 26%~28%，并将努力减排 28%，[④]

[①]　《中华人民共和国国民经济和社会发展第十二个五年规划纲要》，中国中央政府门户网站，2011 年 3 月，http：//www.gov.cn/2011lh/content_ 1825838.htm。

[②]　《到 2020 年中国单位国内生产总值二氧化碳排放比 2005 年下降 40%~45%》，新华网，2009 年 11 月 26 日，http：//news.xinhuanet.com/politics/2009 - 11/26/content_ 12544442.htm。

[③]　《强化应对气候变化行动——中国国家自主贡献》，中国中央政府门户网站，2015 年 6 月 30 日，http：//www.gov.cn/xinwen/2015 - 06/30/content_ 2887330.htm。

[④]　《中美气候变化联合声明》，新华网，2014 年 11 月 12 日，http：//news.xinhuanet.com/energy/2014 - 11/13/c_ 127204771.htm。

到 2030 年减排 42%，到 2050 年减排 83%，[①] 此外，通过"清洁电力计划"使本国电力行业二氧化碳排放到 2030 年比 2005 年减少 32%。[②]

中美两国之所以分别将单位 GDP 减排和总量减排作为各自的减排目标，主要原因在于：与业已完成工业化进程的美国相比，中国目前正处于工业化和新型城镇化的快速发展过程中，在经济增长中纳入温室气体减排目标作为考虑因素，能够同时体现全球温室气体减排的历史责任和现实责任，兼顾国家的排放权和发展权。

另外，为了加快清洁能源发展，中国政府提出，将非化石能源占本国一次能源消费比重自 2010 年的 8.3% 提高到 2015 年的 11.4%，[③] 到 2020 年进一步提高到 15% 左右，[④] 到 2030 年达到 20% 左右。[⑤] 此外，在非化石能源电力发展方面，中国政府提出，"十二五"期间，使非化石能源发电装机比重达到 30%，[⑥] 到 2015 年使可再生能源发电量争取达到全国总发电量的 20% 以上。[⑦] 而美国政府则规定，自 2015 年起，美国电力企业的售电总量中清洁能源必须占到规定的最低份额，自 2015 年

---

① 奥巴马政府在《美国清洁能源与安全法案》中提出上述温室气体减排目标，2009 年 6 月 26 日，美国众议院以 219 票对 212 票通过《美国清洁能源与安全法案》，但该法案最终并未在美国参议院获得通过。U. S. Congress, *H. R. 2454 - American Clean Energy and Security Act of 2009*, https：//www. congress. gov/bill/111th - congress/house - bill/2454/text；The White House, *Press Gaggle by Press Secretary Robert Gibbs*；*Deputy National Security Advisor for International Economic Affairs Mike Froman*；*and Assistant to the President for Energy and Climate Carol Browner*, November 25, 2009, http：//www. whitehouse. gov/the - press - office/press - gaggle - press - secretary - robert - gibbs - deputy - national - security - advisor - internat.

② U. S. Environmental Protection Agency, *Clean Power Plan Final Rule*, October 23, 2015, https：//www. gpo. gov/fdsys/pkg/FR - 2015 - 10 - 23/pdf/2015 - 22842. pdf.

③ 《中华人民共和国国民经济和社会发展第十二个五年规划纲要》，中国中央政府门户网站，2011 年 3 月，http：//www. gov. cn/2011lh/content_ 1825838. htm。

④ 胡锦涛：《携手应对气候变化挑战——在联合国气候变化峰会开幕式上的讲话》，2009 年 9 月 22 日，http：//news. xinhuanet. com/world/2009 - 09/23/content_ 12098887. htm；中华人民共和国国务院新闻办公室：《中国的能源政策（2012）白皮书》，2012 年 10 月，http：//www. gov. cn/jrzg/2012 - 10/24/content_ 2250377. htm。

⑤ 《强化应对气候变化行动——中国国家自主贡献》，中国中央政府门户网站，2015 年 6 月 30 日，http：//www. gov. cn/xinwen/2015 - 06/30/content_ 2887330. htm。

⑥ 中国国家能源局：《能源发展"十二五"规划》，2013 年 1 月，http：//www. nea. gov. cn/2013 - 01/28/c_ 132132808. htm。

⑦ 中国国家能源局：《可再生能源发展"十二五"规划》，2012 年 8 月。

的 24% 逐年增加到 2035 年的 84%。[①] 此外，作为近期目标，奥巴马政府提出，到 2020 年使美国可再生能源发电量增加一倍，达到 200 亿瓦的规模。[②]

二　优先领域

为了达到各自的清洁能源发展目标，中美两国根据各自不同国情，分别确定了清洁能源发展的优先领域和方向（见表 2－4）。

表 2－4　中美两国清洁能源发展优先领域

	中国	美国
优先领域	水能/风能/核能/太阳能/生物质能/新能源汽车	混合动力汽车和电动车/生物质能/太阳能、风能、地热能/智能电网/碳捕捉和储存/核能/清洁技术研发

（一）中国

"十二五"期间，中国清洁能源发展的重点领域主要有水能、风能、核能、太阳能、生物质能，以及新能源汽车。其中，风能产业、核能技术产业、太阳能产业、生物质能产业，以及新能源汽车产业被列入中国"十二五"期间的战略性新兴产业。[③]

水能　中国水能资源丰富，水电技术可开发装机容量为 5.7 亿千瓦，水能资源理论蕴藏量、技术可开发量和经济可开发量均居世界第一。要实现 2015 年、2020 年非化石能源占一次能源消费比重达到 11.4%、15% 的目标，一半以上需要依靠水电完成，水电比重需要分别达到 7% 和 8% 以

---

① 根据《2012 年清洁能源标准法案》，美国建立了"联邦清洁能源积分交易项目"（Federal Clean Energy Credit Trading Program），电力企业可以根据清洁能源发电量得到相应的"清洁能源积分"，这些积分可以在"清洁能源积分市场"上进行交易或者存储起来。对于清洁能源比重没有达到要求的电力企业，对于其销售的非清洁能源电量给予两倍的罚款。U. S. Senate Committee on Energy & Natural Resources, *The Clean Energy Standard Act of 2012*, http：//www. energy. senate. gov/public/index. cfm/files/serve？File_ id = fc9b3145 - c145 - 4c29 - b0c7 - 36068482b127.

② U. S. Executive Office of the President, *The President's Climate Action Plan*, June 2013, p. 7, https：//www. whitehouse. gov/sites/default/files/image/president27sclimateactionplan. pdf.

③ 《"十二五"国家战略性新兴产业发展规划》，中国中央政府门户网站，2012 年 7 月，http：//www. gov. cn/zwgk/2012 - 07/20/content_ 2187770. htm。

上。① 基于此背景，中国政府在"十二五"期间将"积极发展水电"作为发展可再生能源的首要任务，提出"全面推进西部地区大型水电能源基地建设，合理开发中部地区重点流域剩余水能资源，有序开展东部地区电站扩机改造和抽水蓄能建设"的总体方针。② 中国政府计划到2015年和2020年，使全国水电总装机容量分别达到2.9亿千瓦和4.2亿千瓦，③ "十二五"期间中国水电建设投资8000亿元人民币左右。④

风能 风能是中国目前除水能外最具规模化开发和市场化利用条件的可再生能源⑤，中国是全球风电装机容量最大的三个国家之一。⑥ "十二五"期间，中国政府提出"加快开发风电"，按照"项目开发与电网建设相协调""集中与分散发展并重""陆上开发与海上示范同步""市场开发与产业培育相互促进"的原则，⑦ 提出要有序推进西北、华北、东北和沿海地区大型风电基地建设，加快山西、辽宁、宁夏、云南等内陆资源丰富区风电开发，鼓励中部和南方地区分散式并网风电建设，积极稳妥地推进东部沿海省份海上风电的开发建设。⑧ 中国政府计划到2015年，使风电总装机容量达到1亿千瓦、年发电量达到1900亿千瓦时、风电发电量占总发电量的比重超过3%。到2020年使并网风电装机容量达到2亿千瓦。⑨ "十二五"期间，中国风电建设总投资5300亿元人民币左右。⑩

核能 "十二五"期间中国政府提出"安全高效发展核电"，按照"以我为主，中外合作，以市场换技术"的方针，⑪ "积极发展具有自主知

---

① 中国国家能源局：《水电发展"十二五"规划》，2012年11月。
② 根据《水电发展"十二五"规划》，到2015年，中国西部地区的常规水电开发程度将达到38%，中、东部地区将分别达到97%和86%。中国国家能源局：《水电发展"十二五"规划》，2012年11月。
③ 中国国家能源局：《可再生能源发展"十二五"规划》，2012年8月。
④ 按照20%的资本金比例计算，"十二五"期间中国水电建设资本金需求为1600亿元，融资6400亿元。中国国家能源局：《水电发展"十二五"规划》，2012年11月。
⑤ 中华人民共和国国务院新闻办公室：《中国的能源政策（2012）白皮书》，2012年10月，http://www.gov.cn/jrzg/2012-10/24/content_2250377.htm。
⑥ 中国国家能源局：《风电发展"十二五"规划》，2012年9月。
⑦ 中国国家能源局：《风电发展"十二五"规划》，2012年9月。
⑧ 中国国家能源局：《可再生能源发展"十二五"规划》，2012年8月。
⑨ 中国国家发展和改革委员会：《国家应对气候变化规划（2014—2020年）》，2014年9月，http://www.sdpc.gov.cn/zcfb/zcfbtz/201411/W020141104584717807138.pdf。
⑩ 中国国家能源局：《风电发展"十二五"规划》，2012年9月。
⑪ 中国国家发展和改革委员会：《核电中长期发展规划（2005—2020年）》，2007年10月。

识产权的安全性能高的先进核电技术"，[①] 加快建设现代核电产业体系，打造核电强国。[②] 中国政府计划到 2020 年，使核电装机容量达到 5800 万千瓦，[③] 使核电年发电量达到 2600~2800 千瓦时。2005~2020 年，中国核电项目建设投资总额预计将达到 4500 亿元人民币左右。[④]

太阳能 中国太阳能资源丰富，青藏高原、黄土高原、冀北高原、内蒙古高原等太阳能资源丰富地区占到陆地国土面积的 2/3。[⑤]"十二五"期间中国政府提出，根据"集中开发与分布式利用结合"的原则，积极推进太阳能的多元化利用。[⑥] 在青海、新疆、甘肃、内蒙古四个太阳能资源丰富，具有荒漠和闲散土地资源的地区，建设大型并网光伏电站和光热电站，探索"水光互补、风光互补"的太阳能发电建设模式。在中东部地区建设与建筑结合、以"自发自用"为主要方式的分布式光伏发电系统，探索建设多能互补的新能源微电网系统。加快普及太阳能热水器，鼓励太阳能集中供热水、采暖和制冷，太阳能中高温工业应用。在农村、边疆和小城镇推广使用太阳能热水器、太阳灶和太阳房。[⑦] 中国政府计划到 2015 年底，使太阳能发电装机容量超过 2100 万千瓦，年发电量达到 250 亿千瓦时，总投资 2500 亿元人民币左右，使太阳能发电产业从业人员达到 50 万人。[⑧] 到 2020 年，使太阳能发电装机容量达到 1 亿千瓦、太阳能热利用安装面积达到 8 亿平方米。[⑨]

生物质能 中国生物质资源丰富，可作为能源利用的生物质资源总量每年约为 4.6 亿吨标准煤，但目前已利用量仅为 2200 万吨标准煤左右，还

---

① 中国环境保护部：《核安全与放射性污染防治"十二五"规划及 2020 年远景目标》，2012 年 10 月，http://haq.mep.gov.cn/gzdt/201210/W020121016305772730116.pdf。

② 中国国家能源局：《能源发展"十二五"规划》，2013 年 1 月，http://www.nea.gov.cn/2013-01/28/c_132132808.htm。

③ 中国国家发展和改革委员会：《国家应对气候变化规划（2014—2020 年）》，2014 年 9 月，http://www.sdpc.gov.cn/zcfb/zcfbtz/201411/W020141104584717807138.pdf。

④ 中国国家发展和改革委员会：《核电中长期发展规划（2005—2020 年）》，2007 年 10 月。

⑤ 中国国家能源局：《太阳能发电发展"十二五"规划》，2012 年 9 月。

⑥ 中国国务院新闻办公室：《中国的能源政策（2012）白皮书》，2012 年 10 月，http://www.gov.cn/jrzg/2012-10/24/content_2250377.htm。

⑦ 中国国家能源局：《可再生能源发展"十二五"规划》，2012 年 8 月。

⑧ 中国国家能源局：《太阳能发电发展"十二五"规划》，2012 年 9 月。

⑨ 中国国家发展和改革委员会：《国家应对气候变化规划（2014—2020 年）》，2014 年 9 月，http://www.sdpc.gov.cn/zcfb/zcfbtz/201411/W020141104584717807138.pdf。

有约 4.4 亿吨可作为能源利用。① 中国政府提出在"十二五"期间，推进生物质能的规模化、专业化、产业化和多元化发展，因地制宜地发展生物质发电、生物质燃气、生物质成型燃料，以及生物质液体燃料。中国政府计划到 2015 年，使生物质能年利用量超过 5000 万吨标准煤：发电装机容量 1300 万千瓦、年发电量 780 亿千瓦时、生物质年供气 220 亿立方米、生物质成型燃料年利用量 1000 万吨、生物燃料乙醇年利用量 350 万~400 万吨、生物柴油和航空生物燃料年利用量 100 万吨。② 到"十二五"末期，预计中国生物质能产业将新增投资 1400 亿元人民币，年销售收入达到 1000 亿元人民币，提供 360 万个就业岗位。此外，中国政府还进一步提出，到 2020 年，使本国生物质能发电装机容量达到 3000 万千瓦、生物质成型燃料年利用量达到 5000 万吨、沼气年利用量达到 440 亿立方米、生物液体燃料年利用量达到 1300 亿立方米。③

新能源汽车④   目前中国汽车产销规模均居世界首位，随着经济持续快速发展和城镇化进程的加速推进，预计未来较长一段时期内中国的汽车需求量仍将持续增长。"十二五"期间中国政府提出，以纯电驱动为新能源汽车和汽车工业转型的主要战略取向，重点推进纯电动汽车和插电式混合动力汽车产业化，推广普及非插电式混合动力汽车、节能内燃气汽车，提升中国汽车产业的整体技术水平。⑤ 中国政府计划，到 2015 年使纯电动车、插电式混合动力车最高车速不低于 100 公里/小时，纯电驱动模式下综合工况续驶里程分别不低于 150 公里和 50 公里；动力电池模块能量比达到 150 瓦时/公斤以上，成本降至 2 元/瓦时以下，循环使用寿命稳定达到 2000 次或 10 年以上。⑥ 到 2015 年和 2020 年，使纯电动汽车和插电式混合动力汽车累计产销量分别达到 50 万辆和 500 万辆。⑦

---

① 中国国家能源局：《生物质能发展"十二五"规划》，2012 年 7 月，http：//zfxxgk. nea. gov. cn/auto87/201212/P020121228541608251081. doc。
② 中国国家能源局：《可再生能源发展"十二五"规划》，2012 年 8 月。
③ 中国国家发展和改革委员会：《国家应对气候变化规划（2014—2020 年）》，2014 年 9 月，http：//www. sdpc. gov. cn/zcfb/zcfbtz/201411/W020141104584717807138. pdf。
④ 新能源汽车主要包括：纯电动汽车、插电式混合动力汽车，以及燃料电池汽车。
⑤ 中国工业和信息化部：《节能与新能源汽车产业发展规划（2012—2020 年）》，2012 年 7 月。
⑥ 中国工业和信息化部：《节能与新能源汽车产业发展规划（2012—2020 年）》，2012 年 7 月。
⑦ 《"十二五"国家战略性新兴产业发展规划》，中国中央政府门户网站，2012 年 7 月，http：//www. gov. cn/zwgk/2012 - 07/20/content_ 2187770. htm。

（二）美国

2009 年奥巴马就任总统之初，即将应对气候变化和发展清洁能源作为其三大优先工作议程之一①，希望利用应对全球气候变化之机巩固自身优势，通过发展清洁能源，占据未来世界清洁能源市场份额，成为 21 世纪全球低碳经济的领导者，进而重新确立美国 21 世纪在世界经济政治格局中的领导地位②。在其 2013 年 1 月的第二任就职演说中，美国总统奥巴马指出："美国必须在向可持续能源转型过程中发挥领导作用。可持续能源技术将创造新的工作岗位和新的产业，美国必须在这些技术领域领先。"③

奥巴马政府从其总额 8400 亿美元的经济复兴计划（American Recovery and Reinvestment Act of 2009）中，拿出 900 多亿美元用于发展清洁能源，此项投资是美国历史上最大一项单笔清洁能源投资。④ 该投资作为杠杆带动了上万个总值 1500 亿美元左右的清洁能源项目，⑤ 使美国 2008～2012 年间包括风能、太阳能、地热能等在内的可再生能源生产增加了将近一倍，⑥ 提供了超过 22 万个工作岗位。⑦

其中，奥巴马政府将几大领域作为本国清洁能源的重点支持和发展

---

① 奥巴马就任之初，将经济复兴、伊拉克和阿富汗战争、应对气候变化和发展清洁能源列为三大重点工作议程。
② 奥巴马认为，"能够掌控利用清洁能源和可再生能源的国家将成为 21 世纪的领导者"。U. S. White House，http：//www. whitehouse. gov/issues/energy – and – environment.
③ The White House，*Inaugural Address by President Barack Obama*，January 21，2013，https：//www. whitehouse. gov/the – press – office/2013/01/21/inaugural – address – president – barack – obama.
④ U. S. Congress，*American Recovery and Reinvestment Act of 2009*，September 30，2009. The White House，*Blueprint for A Secure Energy Future*，March 30，2011，http：//www. whitehouse. gov/sites/default/files/blueprint_ secure_ energy_ future. pdf.
⑤ 其中包括美国所有政府机构的拨款、联邦贷款和税收激励。Bill Biden，*Progress Report：The Transformation to a Clean Energy Economy*，December 15，2009，http：//www. whitehouse. gov/administration/vice – president – biden/reports/progress – report – transformation – clean – energy – economy#sh5caption.
⑥ The White House，*Blueprint for A Secure Energy Future：Progress Report*，March 30，2012，http：//www. whitehouse. gov/sites/default/files/email – files/the_ blueprint_ for_ a_ secure_ energy_ future_ oneyear_ progress_ report. pdf.
⑦ The White House，*Blueprint for A Secure Energy Future*，March 30，2011，http：//www. whitehouse. gov/sites/default/files/blueprint_ secure_ energy_ future. pdf.

方向。①

混合动力汽车、电动车　奥巴马政府在 2009 年宣布投入 160 亿美元用于美国交通部门的绿色转型：计划 2015 年前建设 3 个新的电动车制造工厂，年产 25 万辆电动车；建造 30 个新的电动车电池和电动车驱动组件工厂，其产品预期可以为 50 万辆插入式混合动力汽车提供动力；在 12 个城市建造 1 万多个电动车充电站。此外，奥巴马政府还拿出 20 亿美元用于研发下一代可用于混合动力汽车的新型电池的奖励津贴，自 2008 年以来，美国高级电动汽车电池的制造成本已经降低了 65% 还多。②

此外，奥巴马政府还通过颁布实施汽车和卡车燃料经济标准，大幅度降低本国交通领域的能源使用和温室气体排放。奥巴马政府计划，自 2014～2018 年，使本国重型卡车、公交车、大篷货车的温室气体排放减少 2.7 亿吨左右，节省 5.3 亿桶石油；③ 自 2018～2027 年，使本国中型和重型卡车碳排放减少 10 亿吨左右，节省 18 亿吨石油。④ 到 2025 年，使本国轿车、轻型卡车，以及中型客车的燃料经济标准达到每加仑 54.5 英里、每英里排放 163 克二氧化碳，通过这项措施，可以使每辆汽车节省 8000 美元燃料，减少 60 亿吨碳污染。⑤

生物燃料　美国目前 95% 的交通工具，包括轿车、卡车、火车和飞机的燃料来自石油，其中，超过一半的燃料从国外进口，其碳排放量占到美国碳排放总量的 1/3。为了降低美国交通对石油燃料的依赖，奥巴马政府大力推动本国生物燃料的发展。

美国的可再生燃料标准（Renewable Fuels Standard）要求，美国的生物燃料生产要从 2008 年的 90 亿加仑增加到 2022 年的 360 亿加仑，其中，

① The White House，http：//www. whitehouse. gov/energy/securing－american－energy.

② The White House，*The All-of-the－Above Energy Strategy*，https：//www. whitehouse. gov/energy/securing－american－energy.

③ U. S. National Highway Traffic Satety Administration，*Phase 1 of Fuel Efficiency and GHG Emission Program for Medium-and Heavy－Duty Trucks*，*MYs 2014－2018*，http：//www. nhtsa. gov/staticfiles/rulemaking/pdf/cafe/2011－20740. pdf.

④ U. S. National Highway Traffic Satety Administration，*Proposed Phase 2 of Fuel Efficiency and GHG Emission Standards for Medium and Heavy Duty Vehicles*，*MY2018－2027*，http：//www. nhtsa. gov/fuel－economy.

⑤ U. S. Environmental Protection Agency，*Regulations & Standards：light－Duty*，https：//www3. epa. gov/otaq/climate/regs－light－duty. htm#new1.

210 亿加仑必须来自高级生物燃料。① 奥巴马政府从其经济复兴计划中，拿出了 6 亿多美元（其中，5.64 亿美元来自美国能源部的复兴法案资金，0.55 亿美元来自美国农业部的贷款担保）用于支持建造 19 个作为试点、展示以及具有商业规模的生物燃料精炼厂。此外，奥巴马政府还提供资金，为直接从日照中生产汽油的尖端技术提供支持。

　　太阳能、风能、地热能　　太阳能是奥巴马政府清洁能源发展战略的一个重要内容，自 2009 年执政至今，奥巴马政府已经批准建设 25 个太阳能电站、9 个风力电厂，以及 11 个地热能电站，这些清洁能源电站可以为 440 万户美国家庭提供电力，提供 1.7 万个工作岗位。② 截至 2014 年，美国的太阳能发电已经增加了超过 20 倍。2011 年，奥巴马政府投入 1.125 亿美元开始实施"太阳计划"（SunShot Initiative），计划在 2010～2020 年的十年间，使美国太阳能发电成本降低 75% 左右，③ 到 2020 年，使美国太阳能发电成本与传统化石燃料发电成本相比具备充分竞争力，达到每千瓦时 6 美分（自 2011 年"太阳计划"实施至今，美国光伏发电平均成本已经从每千瓦时 0.21 美元下降到 0.11 美元），从而使更多美国人可以负担得起太阳能电力，并且为美国人提供更多的太阳能产业就业机会④（2014 年在美国共有超过 14.2 万名太阳能产业工人，太阳能产业平均每天创造 56 个新的就业岗位⑤）。按照"太阳计划"的目标，到 2030 年美国太阳能发展通过成本降低，将可以满足本国 14% 的电力需求，到 2050 年满足 27% 的电力需求。⑥ 此外，奥巴马政府还通过"公私伙伴关系计划"（Public - Private Partnerships）和"公共土地可再生能源计划"（Renewable Energy

①　U. S. Environmental Protection Agency, *Renewable Fuels：Regulations & Standards*, http：// www. epa. gov/otaq/fuels/renewablefuels/regulations. htm.

②　U. S. Executive Office of the President, *The President's Climate Action Plan*, June 2013, https：// www. whitehouse. gov/sites/default/files/image/president27sclimateactionplan. pdf.

③　National Renewable Energy Laboratory, U. S. Department of Energy, *SunShot Vision Study*, Febtruary 2012, http：//energy. gov/sites/prod/files/2014/01/f7/47927. pdf.

④　Office of Energy Efficiency & Renewalbe Energy, Department of Energy, *Sunshot Initiative Mission*, http：//energy. gov/eere/sunshot/sunshot - initiative - mission.

⑤　Solar Energy Technologies Office, U. S. Department of Energy, *SunShot Initiative 2014 Portfolio*, August 2014, http：//energy. gov/sites/prod/files/2014/08/f18/2014＿ SunShot＿ Initiative＿ Portfolio8. 13. 14. pdf.

⑥　National Renewable Energy Laboratory, U. S. Department of Energy, *SunShot Vision Study*, Febtruary 2012, http：//energy. gov/sites/prod/files/2014/01/f7/47927. pdf.

Projects on Public Lands）等措施，计划于 2020 年前，在联邦补贴住房安装 1 亿瓦可再生能源项目，在公共土地安装 100 亿瓦可再生能源项目，到 2025 年，在美国的军事设施部署 30 亿瓦可再生能源项目，到 2025 年使美国的风电和太阳能发电量增加一倍。① 2014 年 5 月，奥巴马签署行政命令，宣布增加太阳能，提高清洁能源投资，创造清洁能源工作岗位，降低碳污染等一系列新政策：能源部对全国范围内社区学院对太阳能产业从业工人的培训提供支持，到 2020 年，使 5 万名工人从事太阳能产业相关工作；为太阳能项目部署提供创新融资等。②

智能电网　在奥巴马政府的经济复兴计划中，拨出了 110 亿美元用于可再生能源的输电网建设和为美国家庭安装智能电表。奥巴马政府希望，2015 年前在 4000 万户美国家庭中安装智能电表，在美国电力传输系统中安装 877 个传感器。2011 年，奥巴马政府宣布加快七条新电力传输线路的审批，以增强美国电网对太阳能和风能等清洁能源的并网和传输能力。③ 美国电力研究院估计，智能电网技术的应用可以使美国到 2030 年电力消耗减少 4%，这意味着美国全国每年可以节省 204 亿美元的用电费用。智能电网的投资除了可以提高电力使用的效能和可靠性外，还可以为美国创造 4.3 万个新的就业岗位，再加上由政府投资带动的其他资金（估计带动的杠杆资金为 57 亿美元），预计可以为美国带来 6.1 万个新的工作机会。此外，2011 年美国政府还启动了"绿色按钮计划"（Green Button Initiative），该计划可以帮助电力消费者获得其能源使用数据，并据此改进其能源消耗方式，降低能源使用量。迄今为止，美国全国已有 35 个公用事业公司加入了"绿色按钮计划"，1900 万个美国家庭和商户从这一计划中受益。④

碳捕捉和储存　奥巴马政府从其经济复兴计划资金中拿出 100 多亿美元用于二氧化碳的捕捉和储存项目，加上预期可带动的 40 亿美元私人投

---

① The White House, *The All-of-the - Above Energy Strategy*, https：//www. whitehouse. gov/ energy/securing - american - energy.

② The White House, *FACT SHEET：President Obama Announces Commitments and Executive Actions to Advance Solar Deployment and Energy Efficiency*, May 9, 2014, https：//www. whitehouse. gov/the - press - office/2014/05/09/fact - sheet - president - obama - announces - commitments - and - executive - actions - a.

③ The White House, http：//www. whitehouse. gov/energy/securing - american - energy.

④ Green Button, http：//www. greenbuttondata. org/greenadopt. html.

资，总计共有 140 多亿美元的投资用于美国的清洁煤技术。奥巴马政府计划在 2015 年前，建造 5 个达到商业规模的使用大型碳捕捉与储存设备的发电厂，每年碳捕捉和储存的数量超过 1200 万吨。2015 年，奥巴马政府开始实施煤炭产业转型升级和进一步推动碳捕捉和储存技术发展的 POWER + 计划（Partnership for Opportunity and Workforce and Economic Revitalization），该计划主要目的是保障美国传统煤炭工人在能源转型升级过程中的生活福利，对煤炭工人进行职业培训助其实现再就业，并且通过两项新的税收激励以推动碳捕捉和储存技术项目的发展，[①] 2015 年 10 月，美国商务部经济发展署、劳工部就业和培训署、小企业署，以及阿巴拉契亚山脉地区委员会等四个联邦政府机构参与到 POWER + 计划中，为受美国煤炭产业转型升级影响的 12 个地区提供了 36 项、总额 1454.6 万美元的资金。[②]

核能 通过美国能源部的"贷款担保项目"（Loan Guarantee Program），奥巴马政府在 2009 ~ 2011 年间，为美国两座核电设施提供了有条件的贷款担保，其贷款资金用来建设 3 ~ 4 个新的核反应堆。2012 年 2 月，美国核管理委员会给佐治亚州布尔克一个新的核电厂颁发经营许可，使该核电厂成为美国 30 多年来首个新的商业核电厂，奥巴马政府承诺为该核电厂的生产经营提供有条件的资金支持，该核电厂建成运营后，预期可以为 140 万美国居民提供清洁电力。[③]

清洁技术研发 清洁能源技术研发是奥巴马政府推动美国清洁能源发展的一个重点支持方向。2009 年奥巴马政府投入 4 亿美元创建了"高级能源研究计划署"（Advanced Research Projects Agency - Energy，ARPA - E），

---

① The White House, *Investing in Coal Communities, Workers, and Technology: The POWER + Plan*, https://www. whitehouse. gov/sites/default/files/omb/budget/fy2016/assets/fact _ sheets/investing – in – coal – communities – workers – and – technology – the – power – plan. pdf The White House, *FACT SHEET: The Partnerships for Opportunity and Workforce and Economic Revitalization (POWER) Initiative*, March 27, 2015, https://www. whitehouse. gov/the – press – office/2015/03/27/fact – sheet – partnerships – opportunity – and – workforce – and – economic – revitaliz.

② The White House, *FACT SHEET: Administration Announces New Workforce and Economic Revitalization Resources for Communities through POWER Initiative*, October 15, 2015, https://www. whitehouse. gov/the – press – office/2015/10/15/fact – sheet – administration – announces – new – workforce – and – economic.

③ The White House, *Blueprint for A Secure Energy Future: Progress Report*, March 30, 2012, http://www. whitehouse. gov/sites/default/files/email – files/the_ blueprint_ for_ a_ secure_ energy_ future_ oneyear_ progress_ report. pdf.

该机构隶属美国能源部，旨在为 100 个高风险高回报的风能、太阳能，以及地热能等清洁能源技术的高级研究提供支持，将美国顶级的科学家、工程师，以及企业家聚集在一起，提高这些清洁能源的能效，并使生产出来的清洁能源更易于储存和运输。此外，奥巴马政府还发起创立了一系列清洁能源创新中心（Clean Energy Innovation Hub），将美国顶级的研究人员和工程师组成的研究团队召集在一起，重点解决清洁能源发展的前沿难题，例如，改进电池和能源存储设施，直接从日光中生产燃料，突破关键材料的局限，通过系统设计提高能效，以及为高级核反应堆进行建模和模拟等。[1] 为了使美国在清洁能源技术研发领域一直处于世界前沿水平，2014年美国联邦政府各机构用于清洁能源技术研发的预算总额增加了 30%，达到 79 亿美元左右。[2]

三 具体政策

根据清洁能源发展的战略目标和优先方向，中美两国分别进一步制定了清洁能源发展的具体政策。这些政策措施涉及水能、风能、太阳能、生物质能、地热能、海洋能、核能等清洁能源发展的方方面面，涵盖电力、制冷制热、交通、建筑等多个部门，政策的实施范围则涉及超国家层面的国际合作政策、国家政策（中央政府/联邦政府）、地区政策（省/自治区/直辖市/州），以及地方政策（市）等。

以可再生能源为例，在中美两国推动可再生能源发展的政策措施中，既有通过市场机制发挥作用的经济手段，也有政府管制、政策支持、提供信息及培训教育、研发推广，以及两个国家地方政府的自发政策举措等（见表 2-5）。[3]

在推动清洁能源发展方面，中美两国政策层面存在一定程度的共性。

第一，两国均通过制定中长期发展规划，或者通过颁布法案、出台指导意见的形式，明确鼓励清洁能源发展的宏观政策导向。

---

① The White House, http：//www. whitehouse. gov/energy/securing - american - energy.

② U. S. Executive Office of the President, *The President's Climate Action Plan*, June 2013, p. 7, https：//www. whitehouse. gov/sites/default/files/image/president27sclimateactionplan. pdf.

③ IEA/IRENA, *Joint Policies and Measures Database：Global Renewable Energy*, http：// www. iea. org/policiesandmeasures/renewableenergy/.

表 2 – 5　中美两国发展可再生能源主要政策措施

	中国	美国
水能	可再生能源发展专项资金管理暂行办法(2015)/关于改善电力运行调节促进清洁能源多发满发的指导意见（2015）/能源发展战略行动计划(2014—2020 年)(2014)/关于大型水电企业增值税政策的通知(2014)/加强抽水蓄能电站运行管理工作的通知(2013)/调整可再生能源电价附加征收标准的通知(2013)/能源发展"十二五"规划(2013)/水电发展"十二五"规划(2012)/可再生能源发展"十二五"规划(2012)/中国的能源政策(2012)白皮书/水利发展规划(2011—2015 年)(2012)/可再生能源电价补贴和配额交易方案的通知(2012)/可再生能源发电工程质量监督体系方案（2012）/国家能源科技"十二五"规划(2011)/可再生能源发展基金征收使用管理暂行办法(2011)/河流水电规划报告及规划环境影响报告书审查暂行办法(2011)/加强水电建设管理的通知(2011)/水能风能关键技术装备进口免税(2010)/关于规范水能(水电)资源有偿开发使用管理有关问题的通知(2010)/免征国家重大水利工程建设基金的城市维护建设税和教育费附加的通知(2010)/可再生能源法(修正案)(2009)/风电水电计划(2008)/可再生能源中长期发展规划(2007)/可再生能源的税收优惠政策(2003)/降低可再生能源增值税(2001)/光明工程(1996)	清洁电力计划(2015)/气候行动计划(2013)/2009 年复兴及再投资法案:计税基数条款/ 风电水电计划(2008)/2008 年食物、环保和能源法案/可再生能源比例标准 – 内华达州(2005) – 伊利诺伊州(2007)
风能	可再生能源发展专项资金管理暂行办法(2015)/关于推进新能源微电网示范项目建设的指导意见(2015)/关于改善电力运行调节促进清洁能源多发满发的指导意见(2015)/关于可再生能源就近消纳试点的意见(暂行)(2015)/能源发展战略行动计划(2014—2020 年)(2014)/关于规范风电设备市场秩序有关要求的通知(2014)/关于海上风电上网电价政策的通知(2014)/加强风电产业检测和评价体系建设的通知(2013)/做好 2013 年风电并网和消纳相关工作的通知(2013)/做好风能资源详查和评价资料共享使用的通知(2013)/调整可再生能源电价附加征收标准的通知(2013)/能源发展"十二五"规划(2013)/中国的能源政策(2012)白皮书/风力发电科技发展"十二五"专项规划(2012)/可再生能源发电工程质	清洁电力计划(2015)/气候行动计划(2013)/2009 年复兴及再投资法案:计税基数条款/外大陆架可再生能源及既有设施交替使用的最后规定(2009)/2009 年复兴及再投资法案:清洁能源拨款/ 离岸风能及海洋能测试（2008）/风电水电计划(2008)/2008 年能源改善及推广法案 – 税收优惠/2008 年食物、环保和能源法案/2009 财政年度国防授权法案 – 能源条款/可再生能源及能效比例标准—伊利诺伊州(2007)/住宅可再生能源税收抵免(2006)/可再生能源比例标准—内华达州(2005)/绿色能源伙伴(2001)/美

	中国	美国
风能	量监督体系方案（2012）/风电发展"十二五"规划（2012）/"十二五"国家战略性新型产业发展规划（2012）/战略性新兴产业发展专项资金管理暂行办法（2012）/可再生能源发展"十二五"规划（2012）/可再生能源电价补贴和配额交易方案的通知（2012）/可再生能源电价附加补助资金管理暂行办法（2012）/国家能源科技"十二五"规划（2011）/促进战略性新兴产业国际化发展的指导意见（2011）/鼓励和引导民营企业发展战略性新兴产业的实施意见（2011）/可再生能源发展基金征收使用管理暂行办法（2011）/离岸风电场管理暂行办法（2010）/免除风力及水力技术设备的进口关税（2010）/风电设备制造业的市场准入标准（2010）/可再生能源法（修正案）（2009）/离岸风能发展规划（2009）/陆上风电上网电价（2009）/取消风电工程项目采购设备国产化率要求的通知（2009）/可再生能源中长期发展规划（2007）/风电设备产业化专项资金（2007）/海南风电场建设计划（2007）/可再生能源的税收优惠政策（2003）/降低可再生能源增值税（2001）/光明工程（1996）	国风能计划（1999）/部落能源计划（1994）/修正的加速成本回收制（1986）/1980 年风能系统法案/1978 年能源税法案
太阳能	可再生能源发展专项资金管理暂行办法（2015）/关于推进新能源微电网示范项目建设的指导意见（2015）/关于促进先进光伏技术产品应用和产业升级的意见（2015）/关于改善电力运行调节促进清洁能源多发满发的指导意见（2015）/2015 年光伏发电建设实施方案的通知（2015）/组织太阳能热发电示范项目建设的通知（2015）/关于可再生能源就近消纳试点的意见（暂行）（2015）/能源发展战略行动计划（2014—2020 年）（2014）/进一步落实分布式光伏发电有关政策的通知（2014）/进一步加强光伏电站建设与运行管理工作的通知（2014）/关于规范光伏电站投资开发秩序的通知（2014）/关于实施光伏扶贫工程工作方案（2014）推进分布式光伏发电应用示范区建设的通知（2014）/新建电源接入电网监管暂行办法（2014）/对分布式光伏发电自发自用电量免征政府性基金有关问题的通知（2013）/分布式光伏发电项目管理暂行办法（2013）/光伏发电运营监管	清洁电力计划（2015）/气候行动计划（2013）/太阳计划（2010—2020 年）/2009 年复兴及再投资法案：计税基数条款/2009 年复兴及再投资法案：清洁能源拨款/2009 财政年度国防授权法案 - 能源条款/2008 年能源改善及推广法案—税收优惠/美国太阳能城市项目（2007）/美国太阳能展示项目（2007）/美国太阳能规范和标准委员会（2007）/加州太阳能行动计划（2007）/可再生能源及能效比例标准—伊利诺伊州（2007）/住宅可再生能源税收抵免（2006）/美国太阳能行动计划（2006）/可再生能源比例标准—内华达州（2005）/国际太阳能十项全能竞赛（2002）/旧金山太阳能激励计划（2001）/绿色能源伙伴（2001）/

	中国	美国
太阳能	暂行办法(2013)/调整可再生能源电价附加征收标准的通知(2013)/关于光伏发电增值税政策的通知(2013)/能源发展"十二五"规划(2013)/申报分布式光伏发电规模化应用示范区的通知(2012)/做好分布式光伏发电并网服务工作的意见(2012)/中国的能源政策(2012)白皮书/太阳能发电科技发展"十二五"专项规划(2012)/"十二五"国家战略性新型产业发展规划(2012)/战略性新兴产业发展专项资金管理暂行办法(2012)/太阳能光伏产业"十二五"发展规划(2012)/可再生能源发展"十二五"规划(2012)/可再生能源电价补贴和配额交易方案的通知(2012)/可再生能源电价附加补助资金管理暂行办法(2012)/可再生能源发电工程质量监督体系方案(2012)/促进战略性新兴产业国际化发展的指导意见(2011)/鼓励和引导民营企业发展战略性新兴产业的实施意见(2011)/可再生能源发展基金征收使用管理暂行办法(2011)/国家能源科技"十二五"规划(2011)/完善太阳能光伏发电上网电价政策的通知(2011)/宁夏四个太阳能光伏电站临时上网电价的批复(2010)/组织实施太阳能光电建筑应用一体化示范的通知(2011)/可再生能源法(修正案)(2009)/实施金太阳示范工程(2009)/山东百万太阳能屋顶工程(2008)/可再生能源中长期发展规划(2007)/山东省能源基金/(2007)/开展大型并网光伏示范电站建设有关要求的通知(2007)可再生能源的税收优惠政策(2003)/光明工程(1996)	部落能源计划(1994)/联邦商业投资税收抵免(1992)/修正的加速成本回收制(1986)/1986年税收改革法案/1978年能源税法案/太阳能光伏能源研发及展示法案(1978)/太阳能制冷制热示范法案(1974)
生物质能	可再生能源发展专项资金管理暂行办法(2015)/加强生物质成型燃料锅炉供热示范项目建设管理工作(2014)/能源发展战略行动计划(2014—2020年)(2014)/调整可再生能源电价附加征收标准的通知(2013)/能源发展"十二五"规划(2013)/中国的能源政策(2012)白皮书/生物质能发展"十二五"规划(2012)/"十二五"国家战略性新型产业发展规划(2012)/战略性新兴产业发展专项资金管理暂行办法(2012)/可再生能源发展"十二五"规划(2012)/能源行业非粮生物质原料标准化技术委员会成立(2012)/能源行业生物液体燃料加工转化标准化技术委员会成立(2012)/	清洁电力计划(2015)/气候行动计划(2013)/2009年复兴及再投资法案:清洁能源拨款/2009年复兴及再投资法案:计税基数条款/纤维素生物燃料生产者税收抵免(2009)/可再生能源条例—温室气体减排最低标准(2008)/2008年能源改善及推广法案—税收优惠/2007年能源独立和安全法案/2009财政年度国防授权法案—能源条款/高级生物燃料生产基金(2008)/2008年食物、环保和能源法案/可再生燃料基

	中国	美国
生物质能	"十二五"节能环保产业发展规划(2012)/可再生能源电价补贴和配额交易方案的通知(2012)/可再生能源电价附加补助资金管理暂行办法(2012)/可再生能源发电工程质量监督体系方案(2012)/"十二五"农作物秸秆综合利用实施方案(2011)/国家能源科技"十二五"规划(2011)/可再生能源发展基金征收使用管理暂行办法(2011)/促进战略性新兴产业国际化发展的指导意见(2011)/鼓励和引导民营企业发展战略性新兴产业的实施意见(2011)/减少乙醇进口关税的通知(2010)/完善农林生物质发电价格政策的通知(2010)/生物质能发电上网电价补贴(2010)/对利用废弃的动植物油生产纯生物柴油免征消费税的通知(2010)/可再生能源法(修正案)(2009)/广西一百万亩生物燃料项目(2008)/可再生能源中长期发展规划(2007)/中美加强生物质资源转化燃料领域合作的谅解备忘录(2007)/沼气项目支持计划(2006)/可再生能源的税收优惠政策(2003)/对于燃料乙醇生产的支持办法(2002)/降低可再生能源增值税(2001)	础设施基金(2008)/生物质能研究中心(2007)/10年减20计划(2007)/生物质项目:整合生物建炼厂子项目(2007)/可再生燃料标准计划(2007)/可再生能源及能效比例标准—伊利诺伊州(2007)/绿色采购扶持获取计划(2006)/2005年能源政策法法案/可再生能源比例标准—内华达州(2005)/甲烷市场化伙伴关系(2004)/国家生物柴油教育计划(2002)/生物质研发行动计划(2002)/生物质产品及生物能协调委员会(BBCC)(2002)/2002年农场安全与农村投资法案/绿色能源伙伴(2001)/生物质项目(2000)/生物质研发法(2000)/清洁城市(1993)/汽车技术项目(1992)/州及替代燃料供应者规定(1992)/小规模乙醇生产者税收抵免(1991)/替代汽车燃料法案/(1988)/1980年生物质能源及乙醇燃料法案/1978年能源税收法案
地热能	可再生能源发展专项资金管理暂行办法(2015)/关于推进新能源微电网示范项目建设的指导意见(2015)/能源发展战略行动计划(2014~2020年)(2014)/调整可再生能源电价附加征收标准的通知(2013)/能源发展"十二五"规划(2013)/中国的能源政策(2012)白皮书/可再生能源电价附加补助资金管理暂行办法(2012)/"十二五"国家战略性新型产业发展规划(2012)/可再生能源发展"十二五"规划(2012)/可再生能源电价补贴和配额交易方案的通知(2012)/可再生能源电价附加补助资金管理暂行办法(2012)/可再生能源发电工程质量监督体系方案(2012)/可再生能源发展基金征收使用管理暂行办法(2011)/促进战略性新兴产业国际化发展的指导意见(2011)/战略性新兴产业发展专项资金管理暂行办法(2012)/鼓励和引导民营企业发展战略性新兴产业的实施意见(2011)/可再生能源法(修正案)(2009)/可再生能源中长期发展规划(2007)/可再生能源的税	清洁电力计划(2015)/气候行动计划(2013)/国家级可再生能源组合标准/2009年复兴及再投资法案:清洁能源拨款/2008年能源改善及推广法案—税收优惠/技术商业化基金(2008)/2007年能源独立和安全法案/地热技术转移中心(2008)/西部可再生能源区项目(2008)/2008年食物、环保和能源法案/2008年能源改善及推广法案—税收优惠/地热资源租赁及地热资源单位协议(2007)/能源部贷款担保计划(2007)/增强联邦环境、能源,以及交通管理(2007)/可再生能源及能效比例标准—伊利诺伊州(2007)/住宅可再生能源税收抵免(2006)/马里兰州清洁能源生产税收抵免(2006)/清洁能源—环境州伙伴关

续表

	中国	美国
地热能	收优惠政策（2003）/降低可再生能源增值税（2001）/光明工程（1996）	系计划（2005）/州公共事业委员会援助（2005）/可再生能源比例标准—内华达州（2005）/小型机组的并网标准（2005）/可再生能源比例标准—科罗拉多州（2004）/纽约州能源计划（2002；2009）/可再生能源比例标准—加州（2002）/美国农村能源计划（2002）/绿色能源伙伴（2001）/1999 年减税延期法案/可再生能源比例标准—马萨诸塞州/州能源计划（1996）/联邦公共事业伙伴关系工作小组（1994）/联邦商业投资税收抵免（1992）/修正的加速成本回收制（1986）/1986 年税收改革法案/公共事业管理政策法案（1978）/1978 年能源税法案/地热能研发及示范法案（1974）
海洋能	可再生能源发展专项资金管理暂行办法（2015）/能源发展战略行动计划（2014—2020 年）（2014）/能源发展"十二五"规划（2013）/可再生能源发展"十二五"规划（2012）/中国的能源政策（2012）白皮书/"十二五"国家战略性新型产业发展规划（2012）/可再生能源电价补贴和配额交易方案的通知（2012）/可再生能源电价附加补助资金管理暂行办法（2012）/可再生能源发电工程质量监督体系方案（2012）/战略性新兴产业发展专项资金管理暂行办法（2012）/促进战略性新兴产业国际化发展的指导意见（2011）/鼓励和引导民营企业发展战略性新兴产业的实施意见（2011）/可再生能源法（修正案）（2009）/可再生能源中长期发展规划（2007）/可再生能源的税收优惠政策（2003）/降低可再生能源增税（2001）	清洁电力计划（2015）/气候行动计划（2013）/关于可再生能源与大陆架外缘既有设施交替使用的最终规定（2009）/2009 年复兴及再投资法案：计税基数条款/ 2009 年复兴及再投资法案：清洁能源拨款/ 离岸风能及海洋能测试（2008）/2008 年食物、环保和能源法案/地热技术转移中心（2008）/2008 年能源改善及推广法案—税收优惠/住宅可再生能源税收抵免（2006）/绿色能源伙伴（2001）/联邦商业投资税收抵免（1992）/修正的加速成本回收制（1986）/1986 年税收改革法案/1978 年能源税收法案

资料来源：IEA/IRENA，*Joint Policies and Measures Database*；*Global Renewable Energy*，http://www.iea.org/policiesandmeasures/renewableenergy/。

例如，中国政府颁布了能源发展战略行动计划（2014—2020 年）（2014）、《能源发展"十二五"规划》（2013）、《可再生能源发展"十二五"规划》（2012）、《中国的能源政策白皮书》（2012）、《水电发展"十二五"规划》（2012）、《水利发展规划》（2012）、《风力发电科技发展"十二五"专项规划》（2012）、《风电发展"十二五"规划》（2012）、《太阳能发电科技发展"十二五"专项规划》（2012）、《太阳能光伏产业"十二五"发展规划》（2012）、《生物质能发展"十二五"规划》（2012）、《"十二五"国家战略性新兴产业发展规划》（2012）、《"十二五"节能环保产业发展规划》（2012）、《促进战略性新兴产业国际化发展的指导意见》（2011）、《鼓励和引导民营企业发展战略性新兴产业的实施意见》（2011）、《国家能源科技"十二五"规划》（2011）、《可再生能源法（修正案）》（2009）、《离岸风能发展规划》（2009）、《风电水电计划》（2008）、《可再生能源中长期发展规划》（2007）等一系列计划、规划和法案。

而美国政府则颁布实施了《气候行动计划》（2013）、《清洁电力计划》（2015）、《2009 年复兴及再投资法案：计税基数条款》、《风电水电计划》（2008）、《2008 年食物、环保和能源法案》、《2009 年复兴及再投资法案：清洁能源拨款/税收优惠》、《2008 年能源改善及推广法案—技术商业化基金》、《2008 年食物、环保和能源法案》、《2009 财政年度国防授权法案—能源条款》、《美国风能计划》（1999）、《部落能源计划》（1994）、《1980 年风能系统法案》、《太阳能光伏能源研发及展示法案》（1978）、《太阳能制冷制热示范法案》（1974）、《可再生能源条例—温室气体减排最低标准》（2008）、《2007 年能源独立和安全法案》、《10 年减 20 计划》（2007）、《绿色采购扶持获取计划》（2006）、《2005 年能源政策法法案》、《国家生物柴油教育计划》（2002）、《绿色能源伙伴》（2001）、《生物质研发行动计划》（2002）、《2002 年农场安全与农村投资法案》、《生物质研发法》（2000）、《替代汽车燃料法案》（1988）、《1980 年生物质能源及乙醇燃料法案》、《1978 年能源税收法案地热能研发及示范法案》（1974）等。

第二，充分利用税收杠杆鼓励清洁能源发展是中美两国政策的共同显著特征。

为了加快清洁能源发展，中国政府出台一系列税收优惠政策。例如，2014 年发布《关于大型水电企业增值税政策的通知》，2013 年发布《关于光伏发电增值税政策的通知》，2010 年对水能风能关键技术装备的进口实施免税政策，对国家重大水利工程建设基金免征城市维护建设税和教育费附加，免除风力及水力技术设备的进口关税，降低乙醇的进口关税，对利用废弃的动植物油生产纯生物柴油免征消费税，2003 年颁布实施《可再生能源税收优惠》，2001 年减少可再生能源增值税等。

美国政府通过税收优惠支持清洁能源发展的主要政策法规有：《2008年能源改善及推广法案—税收优惠》《2009 年复兴及再投资法案：计税基数条款》，对住宅可再生能源进行税收抵免（2006），对联邦商业投资实行税收抵免（1992），《1986 年税收改革法案》《1978 年能源税法案》，对纤维素生物燃料生产者进行税收抵免（2009），对小规模乙醇生产者进行税收抵免（1991）等。为了刺激美国新的清洁能源投资，奥巴马在其第二任期内还呼吁国会将可再生能源生产税收抵免永久化，并且使税收抵免可返还。① 此外，自 2015 年开始，奥巴马政府通过 POWER + 计划颁布实施两项新的税收刺激政策，以鼓励本国碳捕捉和储存技术项目的发展。②

第三，通过建立专项基金、政府拨款、政府补贴、贷款担保等形式为清洁能源企业提供资金和融资支持。

例如，中国政府设立了战略性新兴产业发展专项资金（2012）、可再生能源发展基金（2011）、风电设备产业化专项资金（2007）。此外，还对可再生能源电价进行财政补贴（2012），对可再生能源电价附加提供补助资金（2012），对生物质能发电上网电价进行补贴（2010）等。

美国政府通过《2009 年复兴及再投资法案：清洁能源拨款》《2009 财政年度国防授权法案—能源条款》等对清洁能源发展给予直接的财政支持。此外，还设立了高级生物燃料生产基金（2008）、可再生燃料基础设施基金（2008）、技术商业化基金（2008）等以扶持清洁能源产业的发展。另外，美国能源部还通过实施贷款担保计划，对相关的美国清洁能源企业提供金融贷款的便利和支持（2007），并通过实施修正的加速成本回收制（1986），降低美国清洁能源企业的生产经营成本。

第四，中美两国政策涵盖清洁能源生产的整个链条：从最初的研发及示范、技术转移，到标准制定、贷款融资、工程建设、设备购买，以及最终的生产运营、产品销售等，政策支持措施涵盖清洁能源产业链的全部

---

① The White House, *The All-of-the - Above Energy Strategy*, https：//www. whitehouse. gov/energy/securing - american - energy.

② The White House, *Investing in Coal Communities, Workers, and Technology：The POWER + Plan*, https：//www. whitehouse. gov/sites/default/files/omb/budget/fy2016/assets/fact_ sheets/investing - in - coal - communities - workers - and - technology - the - power - plan. pdf.

环节。

中国政府建立了分布式光伏发电规模化应用示范区（2012），进行太阳能光电建筑应用一体化示范（2011），出台了《可再生能源发电工程质量监督体系方案》（2012），建立了《风电产业检测和评价体系》（2013），设立了《风电设备制造业的市场准入标准》（2010），取消了对风电工程项目采购设备的国产化率要求（2009），颁布实施了《离岸风电场管理暂行办法》（2010）、《分布式光伏发电项目管理暂行办法》（2013），以及《光伏发电运营监管暂行办法》（2013）等。此外，还逐步改善分布式光伏发电并网服务，制定了《太阳能光伏发电上网电价政策》，以及《农林生物质发电价格政策》（2010）等，并进一步加强对燃料乙醇生产的政策支持（2002）等。

美国政府颁布了《地热能研发及示范法案》（1974）、《生物质研发法》（2000）、《太阳能光伏能源研发及展示法案》（1978）、《太阳能制冷制热示范法案》（1974）、《生物质能源及乙醇燃料法案》（1980）。实施生物质研发行动计划（2002），建立了太阳能展示项目（2007）和地热技术转移中心（2008）。此外，还制定了《可再生能源及能效比例标准—伊利诺伊州》（2007）、《国家级可再生能源组合标准》《小型机组的并网标准》（2005）、《可再生能源条例—温室气体减排最低标准》（2008）、《可再生燃料标准》（2007）、《替代燃料供应者规定》（1992）。并且，还通过建立"甲烷市场化伙伴关系"（2004），实施"国家生物柴油教育计划"（2002），签署《地热资源租赁及地热资源单位协议》（2007）等促进相关清洁能源的市场化发展。

四　政策障碍

首先，在美国的政治和经济生活中，国会扮演着重要角色，在应对气候变化和推动清洁能源替代的决策方面，其重要性尤为突出。以《清洁能源安全法案》为例，美国总统奥巴马一直认为，立法手段是控制温室气体排放的最佳方式，2009 年美国《清洁能源安全法案》立法的背后虽然有相当强劲的推动力，得到了总统、环保界人士、部分国会议员以及部分大公司的支持，但同时，该法案在立法过程中始终面临着巨大障碍。虽然美国众议院在 2009 年 6 月以微弱多数通过了该法案，但由于大部分共和党议员和民主党中间派议员持坚决的反对态度，导致该法案最终并未在参议院获得通过。由此可见，政党政治和利益集团等因素在相当程度上左右着美国政府的气候变化和清洁能源政策，并随之决定了美国在国际气候谈判中的立场和底线。[①]

其次，奥巴马任期内，应对经济危机、走出经济衰退是美国社会的优先考虑，其他议题都要服从这一核心议题。美国的许多大公司，包括某些水电供应和制造商都对气候立法可能影响企业利润感到担心。美国众议员弗兰克·卢卡斯认为，气候立法将会抬高美国的能源成本和食品价格，引发失业，会"毁掉我们的生活标准和生活质量"，"是几十年来对美国农场主和牧场主最大的单一经济威胁"。而另一名共和党议员迈克·彭斯则认为，《清洁能源安全法案》"以气候变化为幌子，相当于美国历史上最大的一次加税"。而美国国会预算局发布的报告称，预计每个美国家庭每年将会为《清洁能源安全法案》平均支出 175 美元，美国环境保护署的预测是 80 美元到 110 美元。在经济衰退的背景下，美国政府不得不考虑碳减排行动的企业成本、就业形势，以及社会承受力等各种因素。

再次，美国能源企业在政界拥有强大的政治影响力，布什退出《京都议定书》以及反对设置全国性碳排放总量就是受其影响，美国各州的利益集团势力相当程度上左右着各州的政治决策，因此各州参与的深度也受其影响。在美国区域排放交易体系中，能源大州参与程度较低，只有加州例外，原因在于加州的环保团体势力较强，经济较为发达，在美国甚至世界上都有相当强的影响力。

最后，美国民众对气候变化和清洁能源替代问题的关注度虽然近年来有所上升，但仍远远低于西欧、北欧等国家。有民意调查显示，只有 38% 的美国人愿为气候变化调整自己的生活方式，19% 的人愿意为此付出经济代价，[②] 公众意识的滞后必然会影响、制约美国政府的相关政策决策。

对于中国而言，在应对气候变化和清洁能源发展方面，则面临着经济障碍、政治障碍、法制障碍，以及社会文化障碍等四个方面的挑战。

[①] Kenneth Lieberthal and David Sandalow, *Overcoming Obstacles to U. S. - China Cooperation on Climate Change*, January 2009.

[②] 杨洁勉主编《世界气候外交和中国的应对》，时事出版社，2009，第 20 页。

（一）经济障碍

通过经济稳定快速增长以保持社会稳定仍然是中国政府的首要考虑。改革开放以来的 30 余年间，中国经济一直保持高速发展势头，其中的 GDP 增量和财富福利主要通过三个渠道流出：一是惠及普通民众，提高民众生活水平；二是国家财富的非正常侵蚀；三是用于支付政治稳定和社会稳定的额外消耗和成本。为了保持政治和社会稳定，中国政府一直将 7% 左右的 GDP 增长率作为最低标准，而环境则往往成为高经济增长率的牺牲品。

城市化进程。自 1992 年以来，约两亿人口从中国农村涌向城市，目前每年还有 1500 万农民工进城务工，并且这种趋势还要持续 15～20 年[1]。在这种大规模的城市化进程中，中国政府必须为新的城市移民提供更多的城市基础设施，而城市基础设施的建设离不开水泥、钢铁、铝，以及石化产业等高耗能产业的发展，实际上，在过去的 50 年间，这些为城市基础设施建设提供建筑材料和原材料的高耗能产业在中国高速发展，是中国温室气体排放的重要来源。

经济阶层两极分化。中国特殊的经济增长模式和收入分配机制使得中国的贫富两极分化呈现出日益严重的趋势，造成目前中国缺乏真正的中产阶级。短期内在财富阶梯上快速攀升的富裕阶层一方面缺乏环境保护的意识，财富角色的迅速转变使其往往盲目追求西方高耗能的生活方式，另一方面，在中国的特殊国情下，这些富裕阶层对已有财富的保障严重缺乏安全感，所有这些都使得中国目前大多数的财富保有者既无意识，也无多余的时间和精力去关注环境保护问题；而对于中国的普通工薪阶层来说，环境保护则更是一件奢侈的事情，因为对基本生活保障缺乏安全感完全压倒了对环境保护的考虑。

对相关企业、民众，以及家庭缺乏具体的利益激励和奖罚机制。目前国际层面对中国碳排放硬性指标的缺失在一定程度上降低了中国政府在国内采取相关奖惩措施的迫切性和原动力。当前中国政府在此方面的奖惩措施存在几方面问题：一是涵盖面和惠及面小，政策缺乏系统和全面规划；

---

① Kenneth Lieberthal & David Sandalow, *Overcoming Obstacles to U. S. – China Cooperation on Climate Change*, January 2009.

二是重制定轻执行，对政策实施后的种种执行漏洞缺乏相关的跟进监督措施；三是惩罚措施缺乏硬性的法律法规保障，从而大大削弱了实际执行的效果，加大了执行难度。

（二）政治障碍

政府机构部门壁垒森严各自为政。在中国目前的政府部门架构中，涉及环境保护和清洁能源发展的部门多达十余个，例如环境保护部、发改委、能源局、科技部、气象局、外交部、商务部、财政部、交通运输部、农业部、水利部、工业和信息化部、国土资源部、住房和城乡建设部等，对特定议题的处理并没有一个明确和固定的管理和协调机构，在这种情况下，部门利益的冲突和矛盾往往影响到相关议题的处理。

对地方官员以 GDP 为导向的政绩考核机制。改革开放以来的 30 余年，中央政府追求高速经济增长的首要考虑使得在对地方官员的政绩考核中，往往以所辖地区的经济增长为导向，而忽略了经济高速增长背后巨大的环境代价，只是在最近几年，中央政府才意识到环境可持续发展的重要性，开始将"绿色 GDP"纳入地方官员的考核标准。

（三）法制障碍

相关法律不健全。在应对气候变化和清洁能源发展方面，所有的宣传、引导、奖惩等软性措施和手段都必须以强制性的法制框架作为基础和依托，但是目前，中国在这一领域的强制性法律规定，只有 2005 年制定的《可再生能源法》和 2009 年颁布的《可再生能源法（修正案）》，除此之外，尚未制定其他具有强制约束力的法律法规。

碳排放交易机制发展滞后。由于中国在国际层面并没有碳排放硬性额度的限制，使得中国政府在国内制定类似"总量控制与排放交易"的温室气体排放权交易机制方面缺乏迫切性，碳排放交易机制在中国尚处于起步阶段。在缺乏硬性排放额度约束的情况下，碳排放量不计入企业的生产成本，企业利润与碳排放量完全脱钩，导致中国高耗能企业很难将对利润的关注转向对碳排放的关注。

清洁能源发展的政府支持资金不足，并且没有市场化。目前，中国在应对气候变化和清洁能源发展方面的奖励资金主要来自财政拨款和补贴，这种资金支持方式存在两个问题，一是资金奖励数额有限，二是把本可以市场化的支持资金全部由政府财政承担，加大了政府的财政负担。在这方面，中国可以借鉴美国和欧洲部分国家已有的模式和机制，尽快建立起"总量控制和排放交易"机制，对排放额度进行市场化运作，将政府掌握的排放额度转化为实际货币，对所有的排放额度进行拍卖，拍卖所得资金用于支持清洁能源的发展，通过这种机制，可以在减少碳排放与发展清洁能源二者之间建立起持续的良性循环。

（四）社会文化障碍

过去几十年间中国经济的跳跃式发展造成的一个社会现实是：公民素质的提升滞后于社会财富的增长，保护环境的公众意识和社会意识尚未充分建立起来。当前在中国推动环境保护和发展清洁能源，更多依靠的是政府自上而下的政策和企业基于利益导向的市场行为，中国民众的自发和自觉意识还未到位，其中一个典型例子是，目前在中国致力于环境保护和清洁能源发展的民间非政府组织多数来自海外，纯粹本土成长起来的此类非政府组织的数量、规模和成熟度都相当有限。

第三章　中美互动：两国在清洁能源发展领域合作议程的推进

中美两国均将发展清洁能源作为应对气候变化，转变能源结构，发展低碳经济的重要途径。本章首先系统回顾了在中央政府推动下，中美两国清洁能源初期合作的背景和历程；其次，全方位分析和讨论中美两国地方政府层面、企业层面、科研层面，以及非政府组织层面清洁能源合作的现状和潜力。

第一节　合作背景及历程

中美两国应对气候变化、发展清洁能源的合作最初源自两国政府高层的协商和推动，中央政府的合作是中美两国合作应对气候变化和发展清洁能源的最初推动力。1979 年 1 月签署的《中美科学技术合作协议》是中美两国政府能源和环境合作的开端，而 2008 年 6 月签署的《中美能源和环境十年合作框架文件》则是中美两国政府应对气候变化和发展清洁能源合作机制化和系统化的重要标志。

一　合作背景

中美两国的环境和能源合作最初源于 1979 年 1 月的《中美科学技术合作协议》，该协议由美国时任总统吉米·卡特和中国时任国务院副总理邓小平签署，协议有效期自 1979 年 1 月至 2016 年 1 月。[①] 1991 年 5 月，中

---

① U. S. Department of Energy, *Agreement Between the Government of the United States of America and the Government of the People's Republic of China on Cooperation in Science and Technology*, January 31, 1979, http://www.energy.gov/sites/prod/files/pi_ iec_ local/098b7ef980003cff_ 4. pdf.

美两国政府对协议进行了扩展和修订，增加了知识产权等合作内容。①《中美科学技术合作协议》最初合作的重点领域是高能物理，在之后的三十多年间，以该协议为基础，中美两国陆续签署了几十份双边环境和能源合作协议，② 这些协议早期多是有关核能、化石能源清洁化、提高能效，以及应对气候变化的合作，随着两国合作的深入推进和国际可再生能源的快速发展，风能、水能、太阳能、生物质能、地热能、海洋能等可再生能源，以及电动汽车、智能交通、智能电网、节能建筑等领域的合作逐渐增多。③

中美两国中央政府间在应对气候变化和清洁能源发展领域较为机制化和系统化的合作则始于 2008 年的《中美能源和环境十年合作框架文件》。在 2007 年 12 月第三次中美战略经济对话期间，中美两国政府达成共识："两国同意在未来十年开展广泛合作，以应对能源和环境问题，这项十年合作将推动技术创新和高效、清洁能源及应对气候变化的技术的应用，并推进自然资源的可持续性。"④ 为此中美两国相关部门组成联合工作组，⑤ 共同起草了《中美能源和环境十年合作框架文件》。

经过前期准备，在 2008 年 6 月举行的第四次中美战略经济对话期间，中美两国政府正式签署了《中美能源和环境十年合作框架文件》，该协议主要

---

① U. S. Department of Energy, *Agreement to Extend and Amend the Agreement Between the Government of the United States of America and the Government of the People's Republic of China on Cooperation in Science and Technology*, May 22, 1991, http：//www. us – china – cerc. org/pdfs/US_ China_ Scientific_ Technological_ 22_ May_ 1991. pdf.

② U. S. Department of Energy – Office of International Affairs, *IEC Documents：China*, http：// www. energy. gov/ia/iec – documents? field _ iec _ foreign _ party _ country _ tid ［0］ = 813741&field_ iec_ technologies_ tid = All&field_ iec_ sponsoring_ office_ value = All&field_ iec_ effective_ date_ value ［value］ ［year］ = &field _ iec _ end _ date _ value ［value］ ［year］ = &keys = &order = field_ iec_ effective_ date&sort = asc.

③ Pew Center on Global Climate Change & Asia Society Center on U. S. – China Relations, *Common Challenge, Collaborative Response – A Roadmap for U. S. – China Cooperation on Energy and Climate Change*, January 2009, pp. 50 – 54, http：//www. pewclimate. org/US – China.

④ U. S. Department of the Treasury, *The Third U. S. – China Strategic Economic Dialogue December 12 – 13, 2007, Beijing Joint Fact Sheet*, December 13, 2007, http：//www. treasury. gov/ press – center/press – releases/pages/hp732. aspx.

⑤ 中方参与部门主要有国家发展和改革委员会、外交部、财政部、科技部、环保部、国家林业局、国家能源局、工业和信息化部、住房和城乡建设部、中国民航局等；美方参与部门主要有国务院、能源部、交通部、环境保护局、联邦能源监督委员会、国际开发署、鱼类和野生动物服务局、林务局、地质调查局、贸易发展署、国家公园管理局等。中国国家发展改革和委员会：《中美能源和环境十年合作框架：概况》，http：//tyf. ndrc. gov. cn/NewsInfo. aspx? NId = 157。

致力于推动之后十年间中美两国在环境的可持续发展、气候变化和能源安全方面的合作。《中美能源和环境十年合作框架文件》确定了两国合作的五大优先目标：清洁、高效和有保障的电力生产和传输；清洁的水；清洁的大气；清洁和高效的交通；森林和湿地生态系统保护。[①] 在 2008 年 12 月的第五次中美战略经济对话期间，能源效率合作被加入《中美能源和环境十年合作框架文件》中，成为该框架协议的第六大优先目标。[②] 根据六大优先合作领域，中美双方成立了六个行动小组，以推动相应的行动计划，每个行动计划的主要内容包括：该合作小组合作的背景、若干具体的合作领域（"子目标"），以及每个子目标下未来十年内短期、中期、长期需要采取的具体合作行动。

为推动两国在该领域的合作，中美双方成立了一个联合指导委员会，时任美国财长的亨利·鲍尔森和中国国务院副总理王岐山分别担任该委员会的美方和中方主席。联合指导委员会下设联合工作组，由相关部门的中方司局级官员和美方助理部长级官员组成，负责十年合作的具体协调和推动。十年合作的中方牵头部门是国家发展和改革委员会，美方的牵头部门是财政部（奥巴马执政期间改为国务院和能源部）。2009 年 11 月，奥巴马总统访华期间，中美两国正式签署《中美两国政府关于加强气候变化、能源和环境合作的谅解备忘录》。双方重申将持续推进中美能源环境十年合作，并宣布就十年合作框架下的能效行动计划达成一致。[③] 该合作框架成立至今，中美两国在确定的六大优先目标的合作方面均取得了具体进展[④]。

---

① U. S. Department of the Treasury – Office of Public Affairs, *Joint U. S. – China Fact Sheet*：*U. S. – China Ten Year Energy and Environment Cooperation Framework*, June 18, 2008, http：//www. treasury. gov/initiatives/Pages/2008 – jun. aspx.

② U. S. Department of the Treasury, *U. S. – China Joint Fact Sheet*：*Ten Year Energy and Environment Cooperation*, December 4, 2008, http：//www. treasury. gov/press – center/press – releases/pages/hp1311. aspx.

③ U. S. Department of State, *Memorandum of Understanding to Enhance Cooperation on Climate Change, Energy and the Environment*, July 28, 2009, http：//www. state. gov/r/pa/prs/ps/2009/july/126592. htm.

④ 关于六个优先合作领域的具体进展可参考中国国家发展和改革委员会《清洁、高效和有保障的电力生产和传输工作动态》，http：//tyf. ndrc. gov. cn/Article_ List1. aspx? columnID = 131；《清洁的水工作动态》，http：//tyf. ndrc. gov. cn/Article_ List1. aspx? columnID = 132；《清洁的大气工作动态》，http：//tyf. ndrc. gov. cn/Article_ List1. aspx? columnID = 133；《清洁和高效的交通工作动态》，http：//tyf. ndrc. gov. cn/Article_ List1. aspx? columnID = 134；《森林和湿地生态系统保护工作动态》，http：//tyf. ndrc. gov. cn/Article_ List1. aspx? columnID = 135；《能效工作动态》，http：//tyf. ndrc. gov. cn/Article_ List1. aspx? columnID = 136。

二 合作历程

在《中美能源和环境十年合作框架文件》下，中美两国政府间的清洁能源合作进一步展开，陆续建立了绿色合作伙伴关系、中美能效论坛、中美清洁能务实合作战略论坛、中美清洁能源联合研究中心、中美可再生能源伙伴关系、21世纪煤炭项目、中美先进生物燃料论坛、中美应对气候变化行动伙伴关系、中美气候变化工作组等多领域、全方位、具体深入的合作关系。中美两国政府通过不同的伙伴关系、行动计划和合作倡议等具体形式，使两国中央政府层面在该领域的合作呈现出几方面特征：一是合作涵盖范围日益全面。不仅涉及清洁水、清洁大气、森林和湿地保护等直接应对气候变化和保护环境的合作，而且涉及风能、太阳能、核能、清洁交通、清洁汽车、智能电网、清洁煤、建筑节能、生物燃料、低碳城市、提高能效等合作，几乎涵盖了清洁能源发展和提高能效的所有形式。二是合作议题更加具体。中美两国中央政府在不同的合作协议框架下，均分别设计了具体的合作路线图，规定了具体的合作统筹领导机构、合作组织框架、行动计划等。三是中央政府牵头，多部门联合参与。美方的主要合作机构有能源部、国务院、农业部、环境保护署、财政部、商务部、贸易发展署等，中方的主要合作机构包括国家发展和改革委员会、国家能源局、科技部、外交部、农业部、国家林业局、财政部、环境保护部、住房和城乡建设部、商务部等。四是中央政府合作带动地方政府、企业、科研院校，以及相关国际组织合作。中美两国中央政府的合作协议只是列出了宏观的合作框架，具体的合作行为最终均由两国的地方政府、企业、科研院校，以及相关的国际组织来执行实施。①

（一）绿色合作伙伴计划

绿色合作伙伴计划是《中美能源和环境十年合作框架文件》下中美两国地方政府、企业，以及科研院校之间开展具体结对合作的一个平台。中国国家发展和改革委员会于2008年6月提出此项合作建议，初衷是参照中国建立经济特区先试点后推广的经验，中美双方开展节能环保方面的区域

---

① 中美两国地方政府、企业、科研院所，以及相关国际组织的清洁能源合作详见本章第二节。

试点，为中美两国能源安全及经济和环境的可持续发展合作探索新的模式。该计划鼓励中美两国各级地方政府之间、企业之间、学术研究机构之间、管理培训机构之间，以及其他机构之间自愿结成绿色合作伙伴关系，依托具体项目开展技术合作、经验交流，以及能力建设等形式的合作活动，包括能源环境领域的创新政策和做法的试点示范，以及创新技术的开发、试验及推广。目前，中方的牵头部门是国家发展改革委，美方的牵头部门是国务院和能源部。

2008 年 12 月，在第五次中美战略经济对话期间，中美两国签署了《中美能源环境十年合作框架下的绿色合作伙伴计划框架》，中美首批七对绿色合作伙伴签署了《关于建立绿色合作伙伴关系的意向书》，这些伙伴包括：中国华电集团公司与美国未来能源控股公司（清洁能源发电）；中国重庆市、长安汽车有限公司与美国科罗拉多州丹佛市、福特汽车公司（电动和插入式混合动力汽车）；中国江苏省无锡市与美国堪萨斯州威奇塔市（清洁的水和大气）；中国唐山市曹妃甸新区与美国浮海风电有限公司（风能）；中国大连港与美国西雅图港（绿色港口）；中国四川省绵竹市与美国堪萨斯州格林斯伯格市（灾后绿色重建）；华东师范大学与图兰大学（湿地研究）①。

2010 年 5 月 25 日，在第二轮中美战略与经济对话签字仪式上，中国国家发展和改革委员会与美国国务院签署了两部门间《关于绿色合作伙伴计划框架实施的谅解备忘录》（又称为 "绿色合作伙伴计划实施方案"）。该方案明确了实施绿色合作伙伴计划的组织结构，以及绿色合作伙伴的筛选标准、结对流程、退出机制等。中美双方还在对话期间宣布建立绿色合作伙伴计划联合秘书处，并开始启动新一轮的绿色合作伙伴结对工作。

2011 年 5 月，在中美第三轮战略与经济对话期间，两国又有六对绿色合作伙伴加入该计划②：美国凯斯西储大学与中国中海油新能源投资有限公司（共同研究、试验和实施能源和环境解决办法）；美国夏洛特市及杜克能源公司与中国廊坊市及新奥光伏能源有限公司交流政策最佳规范（如

---

① 《中美能源和环境十年合作框架下的绿色合作伙伴计划框架》，http：//tyf. ndrc. gov. cn/ NewsInfo. aspx? NId = 172。

② U. S. Department of State, *Fact Sheet*: *Secretary Clinton Supports Expansion of U. S. – China EcoPartnerships Program*, May 11, 2011, http：//www. state. gov/r/pa/prs/ps/2011/05/ 163178. htm.

可再生能源配额制），开展联合示范项目（如住宅建筑节能示范），并进行创新清洁能源技术试验（如探索更有效的部署智能计量表的方法）；美国犹他州与中国青海省（博士后学者交流、农业废弃物试验消化池和研究设施建设、文化与政治交流以及图书交换）；美国气候战略中心与中国全球环境研究所（将气候战略中心的全面气候行动规划应用于中国一些省份，气候战略中心还帮助全球环境研究所实施成本效益最佳的碳减排政策）；美国可持续发展工商理事会与中国可持续发展工商理事会（开发水、能源、气候和生态系统服务方面的项目）；美国普渡大学/田纳西大学/橡树岭国家实验室与中国科学院地理科学与资源研究所/生态环境研究中心/应用生态研究所（继续在中美生态系统和环境变化联合研究中心进行为期五年的成功协作，进行研究协作、师生交流、学生教育，以及有重要环境意义的技术培训和技术转移，包括气候变化、沼气生产的环境因素，以及可持续性等）。

2012 年 5 月，在中美第四轮战略与经济对话期间，两国的绿色合作伙伴关系新增加五组结对伙伴：美国波特兰市与中国昆明市（低碳城市培训和交流）；美国加州大学洛杉矶分校与中国北京大学（智能电网、智能汽车、电动车合作）；美国国际城市管理协会与中国政法大学（地方政府的环境可持续治理交流）；美国哥伦布市、富兰克林郡与中国合肥市（电动汽车研发及其他环境保护合作）；美国大自然保护协会与中国农业部长江流域渔政监督管理办公室（水文流域管理和大河保护合作）。①

2013 年 7 月，中美第五轮战略与经济对话期间，有六对合作伙伴加入两国的绿色合作伙伴计划②：美国可口可乐公司与中国长三角循环经济技术研究院（利用农业废弃物制造聚酯塑料瓶）；美国纽约理工学院与中国北京大学（清洁水管理合作）；美国纽约州立大学石溪分校与中国同济大学（创新沼气利用合作）；美国拉文雷治资源公司与中国贵州环境保护国际合作中心（煤层气开发利用合作）；美国自然资源保护委员会与中国北京节能环保中心（能效和智能电网合作）；美国可持续发展社区协会与中

---

① U. S. Department of State, *Secretary Clinton Supports Expansion of U. S. – China EcoPartnerships Program*, May 3, 2012, http://www.state.gov/r/pa/prs/ps/2012/05/189253.htm.

② U. S. Department of State, *The U. S. – China EcoPartnerships Program*, July 10, 2013, http://www.state.gov/r/pa/prs/ps/2013/07/211792.htmECOPARTNERSHIPS, https://ecopartnerships.lbl.gov/partnerships.

国国家应对气候变化战略研究和国际合作中心（低碳城市发展合作）。

2014年7月，中美第五轮战略与经济对话期间，中美两国的绿色合作伙伴计划新增加六对合作伙伴：美国蓝宝石能源公司与中石油（绿藻类原油生产合作）；美国环境保护协会与中国深圳绿色低碳发展基金会（合作完善深圳移动源碳排放交易机制）；美国通用电气公司与中国哈尔滨电气集团公司（提高能效、低排放燃气涡轮复合循环合作）；美国洛杉矶港与中国上海市交通委员会（岸电合作）；美国劳伦斯·伯克利国家实验室与中国山东省（低碳生态城市发展合作）；美国费城与中国天津经济技术开发区（城市清洁能源基础设施合作）。①

2015年6月第六轮中美战略与经济对话期间，另外六对合作伙伴加入绿色合作伙伴计划：美国波音公司与中国商用飞机公司（废油利用及降低温室气体排放合作）；美国哥伦比亚大学与中国宝钢集团（钢铁废物循环利用合作）；美国肯塔基大学与中国江苏智慧工程技术公司（高能耗行业降低大气污染和低成本二氧化碳捕捉合作）；美国安博咨询公司与中国苏州环保高新技术产业园开发公司（大气污染监控合作）；美国911国际海龟救助组织与中国海南师范大学（海龟保护合作）；美国威尔逊太阳能公司与中国深圳爱能森科技公司（光热发电储能技术合作）。②

（二）中美能效行动计划

能效是《中美能源和环境十年合作框架》中六大优先合作领域之一，2009年11月美国总统奥巴马访华期间，中国国家发展和改革委员会与美国国务院、能源部就十年合作框架下的能效行动计划达成一致：双方将共同举办中美能效论坛，每年一次，在两国轮流举办，主要交流在能效政策、能效标准、建筑能效、工业能效、消费品能效、能效市场，以及与能效有关的投资和贸易方面的经验，并寻求相关合作机会。③

---

① U. S. Department of State, *The U. S. - China EcoPartnerships Program*, July 10, 2014, http：//www. state. gov/r/pa/prs/ps/2014/07/229012. htm ECOPARTNERSHIPS, https：//ecopartnerships. lbl. gov/partnerships.

② ECOPARTNERSHIPS, *Six New U. S. - China Ecopartnerships Announced During S&ED* 2015, June 25, 2015, https：//ecopartnerships. lbl. gov/news/six - new - us - china - ecopartnerships - announced - during - sed - 2015.

③ U. S. Department of State, *Energy Efficiency Action Plan*, November 15, 2009, http：//www. state. gov/e/oes/eqt/tenyearframework/141875. htm.

2010 年 5 月，中国国家发展和改革委员会与美国能源部共同主办的首届中美能效论坛在北京举行，论坛期间，美国橡树岭国家实验室、劳伦斯·伯克利国家实验室与北京科技大学签署了《关于成立工业能源效率大学联盟合作谅解备忘录》。

2011 年 5 月，第二届中美能效论坛在美国加州伯克利市的劳伦斯·伯克利国家实验室举行，会议讨论了中美两国 ESCO 政策环境及产业发展情况、节能项目融资、能效改善融资取得的商业模式等四方面议题。此外，此次论坛中美双方还分别签订了三份合作意向书：中国国家节能中心与美国劳伦斯·伯克利国家实验室、橡树岭国家实验室签署合作备忘录；中国质量认证中心与美国然科环保技术有限公司签署关于节能和碳减排第二方审核合作协议；中国南京圣诺热管有限公司与美国肯塔基大学应用能源中心签署高能耗行业烟气脱碳关键技术研发与工程示范合作协议。①

2012 年 6 月，第三届中美能效论坛在北京举行。该论坛的讨论重点是加强中美两国在建筑能效、工业能效、节能服务市场化机制、电器和能效标准等方面的交流与合作。中国国家节能中心与美国旧金山市政府签署了《能效领域合作备忘录》；中国住房和城乡建设部建筑科学研究院与美国西北太平洋实验室签署了《中美农村建筑节能合作协议》；中国交通运输部公路科学研究院与美德维实伟克公司签署了《沥青创新技术合作研究框架协议》；中国环境出版有限公司与霍尼韦尔（中国）有限公司签署了《战略合作协议》。②

2013 年 9 月，中美两国在美国阿林顿举行了第四届中美能效论坛。此次论坛讨论了工业能效、建筑能效、能效融资，以及能效标准四方面议题。论坛签署了三项中美能效合作项目：中国电子技术标准化研究院、中国电子学会与美国劳伦斯·伯克利国家实验室签署了《绿色数据中心能效合作备忘录》；中国电子学会与美国数字能效及可持续性解决方案运动联盟（DESSC）签署了《利用电子信息技术提高能效合作备忘录》；湖南大学和长沙麦融高科有限公司与美国科罗拉多大学签署了《关于建立高效储

---

① U. S. Department of Energy – Office of Energy Efficiency & Renewable Energy, *U. S. – China Energy Efficiency Forum Agenda*, http：//www. energy. gov/eere/about – us/us – china – energy – efficiency – forum – agenda.

② 中国国家发展和改革委员会：《中美能源和环境十年合作框架》，2012 年 6 月 27 日，http：//tyf. ndrc. gov. cn/NewsInfo. aspx? NId = 661。

能空调系统的联合研究合作备忘录》。以上三项备忘录计划通过能效技术交流、产业研究、项目合作、社会活动等多种方式，重点针对电子信息等高新技术与能效的联合应用开展中美合作。①

2014 年 6 月，第五届中美能效论坛在北京召开。论坛的讨论议题主要集中在建筑能效、工业能效提升、合同能源管理三个方面。论坛期间，美国劳伦斯·伯克利国家实验室与天津市能源管理培训学校、中国城市研究会、山东东营经济技术开发区、上海自贸区签署了加强中美低碳生态城市示范试点项目合作、企业能源和资源绩效提升及能力建设、分布式用能等领域的四份合作备忘录。②

2015 年 10 月，中美双方在美国华盛顿举行了第六届中美能效论坛。此次论坛进一步推进了中美之间的能效合作，中美五对相关企业结成了新的伙伴关系：美国江森自控（Johnson Controls）与中国北京新锦城房地产经营管理公司达成了北京 SK 大厦翻新节能合作协议，该合作预期将使 SK 大厦每年能耗降低 25% 左右；江森自控与深圳嘉力达实业有限公司就 2015 年 8 月合作翻新深圳疾控中心项目达成合作协议，通过装备和升级新的节能系统，深圳疾控中心能耗预计将降低 27% 左右；美国通用电气与天津海纳天成景观工程有限公司达成天津滨海新区于家堡智慧城市项目合作协议，通过该合作项目将使于家堡年均能耗降低 51% 左右；美国劳伦斯·伯克利国家实验室与中国节能协会节能服务产业委员会签署合作谅解备忘录，以期合作推动能源服务公司发展能效政策、能效管理实践，以及能效技术和实践的人员培训等。此外，美国劳伦斯·伯克利国家实验室还与中国标准化研究院达成合作谅解备忘录，根据备忘录，双方将加强专家交流互访，就能效提高工具和办法等进行联合研究。③

① U. S. Department of Energy – Office of Energy Efficiency & Renewable Energy, 4th *U. S. – China Energy Efficiency Forum*, September 25, 2013, http：//www. energy. gov/eere/4th – us – china – energy – efficiency – forum；中国国家节能中心：《第四届中美能效论坛签署三项能效合作协议》，2013 年 10 月 8 日，http：//www. chinanecc. cn/website/News！view. shtml？id =136956。

② 中国国家节能中心：《第五届中美能效论坛在北京成功举办》，2014 年 6 月 12 日，http：//www. chinanecc. cn/website/News！view. shtml？id = 146239；《第五届中美能效论坛：双方签署四项合作》，《资源节约与环保》，2014 年 6 月。

③ U. S. Department of Energy – Office of Energy Efficiency & Renewable Energy, *Win – Win Opportunities at the Sixth Annual U. S. – China Energy Efficiency Forum*, October 30, 2015, http：//www. energy. gov/eere/articles/win – win – opportunities – sixth – annual – us – china – energy – efficiency – forum.

（三）中美清洁能源务实合作战略论坛

为推动中美两国清洁能源领域的务实合作，由郑必坚①倡议发起，在中美两国政府支持下，由两国智库——美国布鲁金斯学会和中国国家创新与发展战略研究会联合创办了中美清洁能源务实合作战略论坛。该论坛旨在通过中美政界、企业界，以及学术界的深入研讨，明确中美双方在清洁能源领域各自的国家战略，寻找双方清洁能源战略和利益的交汇点，并以此为契机，促进中美双方企业界、研究机构及城市和地区之间的务实合作。

2009 年 10 月，首届中美清洁能源务实合作战略论坛在北京举行，议题涵盖清洁煤利用，太阳能、风能、生物质能、核能合作以及碳捕获技术、新型电网技术、低碳城市对话等领域合作。在此次论坛期间，中美双方签订了 7 项合作协议，并约定将论坛机制化，举办三届。

2011 年 1 月，第二届中美清洁能源务实合作论坛在美国华盛顿举行。此次论坛进一步推动了中美两国清洁能源领域的具体合作，中美企业和研究机构共签署了 13 项清洁能源合作协议，涵盖核电、风电、太阳能、水电、智能电网、碳捕获与封存等多个领域：中国国际能源局、美国能源部、北京大学、美国应用材料公司签署开展"太阳能十项全能竞赛"合作的谅解备忘录；中国国家电网公司与美国电力公司签署合作协议，在先进输变电、智能电网等 6 个领域开展技术及设备方面的合作；中国国电集团与美国 UPC 管理集团签署总投资额超过 100 亿元人民币的战略合作协议，联合开发、建设和运营 7 个风电项目；中核集团与美国西屋电气签署总额约 5000 万美元的供应合同，从西屋电气购买 10 套 AP1000 核燃料制造设备，建设浙江三门、山东海阳两个核电自主化项目；中国神华煤制油化工有限公司与美国通用电气签署关于设立合资经营企业的合同；中国华能集团与美国电力公司签署燃煤电厂节能降耗和二氧化碳减排技术的合作协议等。

（四）中美清洁能源联合研究中心

2009 年 11 月，美国总统奥巴马和中国国家主席胡锦涛宣布两国共同

---

① 郑必坚时任中共中央党校副校长。

投资成立中美清洁能源联合研究中心，该中心分别由美国能源部，以及中国科技部和中国国家能源局负责，主要致力于推动中美两国对清洁能源关键技术的联合研发和快速应用，同时也作为中美两国清洁能源研究人员的信息交流中心。中美双方约定，自中心成立起，在 5 年时间内共同出资 1.5 亿美元（既有政府资金，也有私人资金）作为启动资金，资金由中美两国平均出资，各自平均分配使用，用于支持两国清洁煤、清洁能源汽车、建筑节能三个优先领域产学研联盟的合作研发和快速市场化应用。

中美清洁能源研发中心的首批优先合作领域为建筑节能[①]、清洁煤[②]，以及清洁汽车[③]，这些优先合作领域在一定程度上反映了中美两国各自清洁能源发展的重点。建筑节能方面，美国超过四分之三的电力都被用于建筑照明，而在中国，如果按照目前的趋势，在未来的 20 年间，新建建筑面积将会等于美国现有的建筑面积总量。燃煤方面，中美两国均为世界上最大的煤炭储量国，燃煤发电分别占其发电总量的 80% 和 50%。此外，中美两国也是世界上最大的汽车消费市场和石油消费大国。[④]

2014 年 11 月，美国总统奥巴马和中国国家主席习近平宣布将中美清洁能源研究中心的合作延期五年（2016～2020 年），并且对中美清洁能源研究中心的合作领域进行扩展，将能源与水资源关系加入中心的合作议程，[⑤] 至此，中美清洁能源联合研究中心增加到四个产学研联盟。其中，

---

① 建筑节能合作方面，关于该研发中心框架下中美两国建筑节能合作的具体内容参见 U. S. - China Clean Energy Research Center, *US - China Clean Energy Research Center（CERe）Joint Work Plan for Research Projects on Building Energy Efficiency*, http：//www. us - china - cerc. org/pdfs/US/CERC - Buildings_ JWP_ english_ OCR_ 18_ Jan_ 2011. pdf。

② 清洁煤合作方面，关于该研发中心框架下中美两国清洁煤合作的具体内容参见 U. S. - China Clean Energy Research Center, *U. S. - China Clean Energy Research Center Joint Work Plan for Research on Clean Coal Including Carbon Capture and Storage*, http：//www. us - china - cerc. org/pdfs/US/CERC - Coal_ JWP_ english_ OCR_ 18_ Jan_ 2011. pdf。

③ 清洁汽车合作方面，关于该研发中心框架下中美两国清洁汽车合作的具体内容参见 U. S. - China Clean Energy Research Center, *U. S. - China Clean Energy Research Center Joint Work Plan for Collaborative Research on Clean Vehicles*, http：//www. us - china - cerc. org/pdfs/US/CERC - Vehicles_ JWP_ english_ OCR_ 18_ Jan_ 2011. pdf。

④ The White House, *Fact Sheet：U. S. - China Clean Energy Research Center*, November 17, 2009, http：//www. energy. gov/news/documents/U. S. - China_ Fact_ Sheet_ CERC. pdf.

⑤ U. S - China Clean Energy Research Center, *U. S. - China CERC Fact Sheet*, December 4, 2014, http：//www. us - china - cerc. org/pdfs/US - China - CERC - Fact - Sheet - Bilingual - v13 - 4 - Dec - 2014. pdf.

清洁煤技术联盟由中国华中科技大学与美国西弗吉尼亚大学牵头，建筑节能联盟由中国住房和城乡建设部科技发展促进中心与美国劳伦斯·伯克利国家实验室牵头，清洁汽车联盟由中国清华大学与美国密歇根大学牵头，而新设立的能源与水资源联盟于 2015 年 3 月开始启动运作。中美清洁能源研究中心成立六年来，清洁煤技术联盟、建筑节能联盟以及清洁汽车联盟的合作研发应用均取得了显著成果，[①] 截至 2014 年，以上联盟共设立 88个项目，吸引了 1100 名科研人员及 110 家合作伙伴参与。[②]

（五）中美可再生能源伙伴关系

2009 年 11 月 17 日，美国能源部与中国国家能源局签署《关于建立中美可再生能源伙伴关系的合作备忘录》，宣布中美两国建立可再生能源伙伴关系，在相关领域进行合作：可再生能源路线图（规划）、可再生能源政策和融资、可再生能源先进技术及生物燃料、可再生能源省级规划、可再生能源电网现代化、可再生能源标准、可再生能源的检测以及认证。中国国家发展和改革委员会能源研究所与美国国家可再生能源实验室（NREL）牵头，成立了政策规划、风能、太阳能、并网、标准认证等五个工作组，具体推进相关合作。根据合作备忘录，中国国家能源局和美国能源部每年共同主办中美可再生能源论坛。[③]

2010 年 5 月，美国能源部与中国国家能源局共同举办了中美可再生能源产业论坛和中美先进生物燃料论坛，正式启动了"中美可再生能源伙伴关系"的相关合作，论坛期间，中美双方签署了航空生物燃料、天然气分布式能源、智能电表、纤维素乙醇等五个领域的八项政府和企业间合作协议。

中美可再生能源伙伴关系的参与主体既有两国政府机构，也有科研院

---

① 三个产学研联盟的具体代表性成果参见 U. S－China Clean Energy Research Center, *U. S.－China Clean Energy Research Center：Recent Achievements*, July 2014, http：//www. us－china－cerc. org/pdfs/June_ 2014_ Steering_ Committee_ Meeting/CERC_ booklet_ FINAL. pdf。

② U. S－China Clean Energy Research Center, *U. S.－China Clean Energy Research Center：Recent Achievements*, July 2014, http：//www. us－china－cerc. org/pdfs/June_ 2014_ Steering_ Committee_ Meeting/CERC_ booklet_ FINAL. pdf.

③ 中国国家可再生能源中心：《中美可再生能源合作机制和进展》，2012 年 5 月 11 日，http：//www. cnrec. info/qy/zmhz/js/。

所、行业协会，以及从事可再生能源的相关公司企业。[①] 在接下来的数年间（2011 年 9 月、2013 年 8 月、2015 年 6 月），美国能源部与中国国家能源局继续共同主持召开了三次中美可再生能源产业论坛，对两国在可再生能源的政策规划协作，风电和光伏发电及并网、标准和认证，可再生能源技术，跨国投资，地方可再生能源实施等方面议题进行了交流与合作。[②]

（六）21 世纪煤炭项目

中美两国的煤炭消耗量占全球煤炭消费总量的一半多，在奥巴马政府的经济复兴计划中，拿出了 34 亿美元用于碳捕捉和储存领域的投资，其中，有 11 亿美元用于清洁煤项目（FutureGen Project）[③]，而中国则为美国的相关技术投资提供了重要市场。

针对中美两国在清洁煤领域技术与市场互补的情况，中美两国政府积极推动清洁煤领域的合作，其中包括大规模碳捕获和封存（CCS）示范项目。通过新成立的中美清洁能源联合研究中心，两国发起了一个由中美科学家和工程师小组共同参与的开发清洁煤及碳捕获和封存技术的项目。在这一合作框架下，美国贸易发展署向中国电力工程顾问集团公司提供赠款，资助中国运用美国技术建造一座整体煤气化联合循环发电厂（IGCC）的可行性研究。此外，总部设在美国密苏里州的博地能源公司（Peabody Energy）投资参与了数家中国能源公司合作开发近零排放火力发电厂的绿色煤电（GreenGen）合作项目。美国通用电气公司与中国神华集团就关于合作开发煤气化联合循环等清洁煤炭技术的协议进行了沟通交流。美国爱

---

① 其中，美国能源部能效和可再生能源办公室、中国国家能源局可再生能源中心、国家发改委能源研究所是两国参与可再生能源伙伴关系的主要政府机构。两国参与的科研院所主要有美国国家可再生能源实验室、劳伦斯·伯克利国家实验室，以及中国国网能源研究院、中国水电水利规划设计总院、中国电力科学研究院、中科院电工所、北京大学、华北电力大学、上海电力学院等。此外，还有一些行业协会和非政府组织参与其中，例如，美国可再生能源委员会、能源基金会，以及中国循环经济协会可再生能源专业委员会等。U. S. National Renewable Energy Laboratory, *U. S. - China Renewable Energy Partnership Program Partners*，http：//www. nrel. gov/international/uscrep_ partners. html.

② 中美可再生能源伙伴项目下的具体合作内容，参见中国国家可再生能源中心《中美可再生能源合作机制和进展》，2012 年 5 月 11 日，http：//www. cnrec. info/qy/zmhz/js/ U. S. National Renewable Energy Laboratory, *U. S. - China Renewable Energy Partnership Program Partnership Projects*，http：//www. nrel. gov/international/uscrep_ projects. html.

③ The White House, *Fact Sheet：U. S. - China Cooperation on* 21*st Century Coal*，November 17, 2009，http：//www. energy. gov/news/documents/US - China_ Fact_ Sheet_ Coal. pdf.

伊斯公司（AES）与中国深圳东江环保公司、松藻煤电公司签署合作协议，利用从中国重庆一煤矿捕获的甲烷进行发电以减少温室气体排放。美国国家能源技术实验室、西弗吉尼亚大学与中国神华集团进行合作，对神华集团在内蒙古的燃煤设备进行碳捕获和储存的可行性研究。美国国家能源技术实验室、美国怀俄明州地质调查局与中国陕西能源化工研究所在中国陕西省联合进行了碳捕捉和储存的可行性研究。

（七）中美先进生物燃料论坛

2007 年 12 月，美国能源部、农业部与中国国家发展和改革委员会签署了关于加强和扩大中美两国在生物燃料领域合作的谅解备忘录。[1] 2009 年春，中美两国举行工作小组会议，确定了两国生物燃料的研究主题和合作的优先方向。2010 年 5 月，中国国家能源局、美国能源部和农业部在北京联合举办了首届中美先进生物燃料论坛，美国能源部、中国农业部、中国国家能源局、诺维信公司、河南天冠企业集团、通用汽车公司、环球油品公司、清华大学、中粮集团、波音公司等 20 余家中美政府部门、企业、科研院校的代表做了论坛报告，讨论了中美两国生物燃料合作的现状和未来的发展机会。论坛期间，中国国家能源局与美国贸易发展署签署了关于在中美能源合作项目框架下发展中国航空生物燃料产业的谅解备忘录；中石油与美国波音公司签署了关于中国可持续航空生物燃料产业发展战略研究的合作备忘录；中国国航、中石油与美国波音公司及霍尼韦尔 UOP 公司签署了关于可持续航空生物燃料验证试飞的合作备忘录；中国科学院青岛生物燃料与过程研究所与美国波音公司签署了关于推进藻类可持续航空生物燃料的合作备忘录；中粮集团与美国普渡大学签署了用于生产纤维素乙醇的新型酵母专利技术许可协议。[2]

在接下来的 2011 年 10 月和 2013 年 12 月，中美两国分别在华盛顿和北京举行了第二届和第三届中美先进生物燃料论坛。中国国家能源生物液

---

[1] U. S. Department of Energy, *Memorandum of Understanding Between The Department of Agriculture and The Department of Energy and The National Development and Reform Commission of the People's Republic of China On Cooperation in the Development of Biofuels*, December 10, 2007, http: //www1. eere. energy. gov/international/pdfs/chinamou. pdf.

[2] 《首届先进生物燃料论坛在京召开 取得 5 项重要成果》，中央人民政府门户网站，2010 年 6 月 16 日，http: //www. gov. cn/gzdt/2010 – 06/16/content_ 1628515. htm.

体燃料研发（实验）中心、国家能源非粮生物质原料研发中心、国家能源生物燃料研发中心、国家能源生物炼制研发中心，以及美国阿贡国家实验室、爱达荷国家实验室、可再生能源实验室、太平洋西北国家实验室等研究机构，以及孟山都公司、河南天冠企业集团、波音公司、蓝宝石能源公司、朗泽技术公司等相关中美企业对两国的生物燃料产业战略政策、法规体系及协调、非粮生物质原料资源开发、生物燃料可持续性、原料供应物流体系、生物转化及炼制、商业化及产业示范等议题进行了交流和探讨。①

（八）中美应对气候变化行动伙伴关系

2011 年 8 月，中美两国签署协议，宣布建立"中美应对气候变化行动伙伴关系"。该伙伴关系的目标是，通过中美两国之间产业界、电力企业，以及相关城市和社区公私伙伴关系的建立，推动中国减少能源使用，改善环境管理。中美应对气候变化行动伙伴关系主要侧重三个领域的合作：一是环境、能源，以及碳管理产业；二是提高电力部门能效；三是低碳城市最佳实践合作。其中，中国经济较为发达的广东和四川是重点合作地区。中美应对气候变化行动伙伴关系的参与方既有中美两国政府机构和研究机构，也有大型跨国公司、基金会，以及非政府组织等。其中，执行伙伴包括可持续社区协会、世界资源协会、伯克利国家实验室等。而包括 GE 基金会、美铝基金会、辉瑞制药、中山大学、南京大学、清华大学等在内的几十个相关机构则是其合作伙伴。②

（九）中美气候变化工作组

2013 年 4 月 13 日，中美两国气候变化工作组成立，由中国国家发改委副主任谢振华和美国气候变化特使斯特恩担任组长，工作组每年向中美战略与经济对话汇报工作。2013 年 7 月，工作组启动了强化政策对话和五个合作倡议，包括载重汽车和其他汽车减排（提高载重汽车和其他汽车燃油效率标准；推广清洁燃料和汽车排放控制技术；推广高效清洁货运），智能电网（计划开展美国费城、加州、中国深圳前海、天津生态城四个智

---

① 《第三届中美先进生物燃料论坛》，http：//www. ebiomass. cn/meeting/forum2013/index. html。

② U. S. AID, *U. S. - China Partnership for Climate Action*，August 2011, http：//photos. state. gov/libraries/china/240500/pdf/US - China% 20PCA% 20Fact% 20Sheet. pdf.

能电网合作示范项目），碳捕获利用和封存（确定中美企业和研究机构对口合作示范项目；进行能力建设、培训、信息交流等项目开发活动），建筑和工业能效（合同能源管理合作，商用民用工业用建筑能效标准和测试，识别工业领域十佳能效技术和最佳实践），温室气体数据收集和管理（分享温室气体报送系统知识和经验）。此后，又增加了林业倡议，以及锅炉效率和燃料转换研究。[①]

（十）中美气候变化联合声明

在 2014～2016 年的三年时间内，中美两国政府先后签署了三份中美气候变化联合声明。在 2014 年 11 月 12 日的《中美气候变化联合声明》中，中美两国除了提出各自的碳减排目标外（美国计划于 2025 年实现在 2005年基础上减排 26%～28% 的全经济范围减排目标并将努力减排 28%；中国计划 2030 年前后二氧化碳排放达到峰值且将努力早日达峰），中国政府还声明到 2030 年使本国非化石能源占一次能源消费比重提高到 20% 左右。在声明中，两国政府指出，中美两国是世界两个最大的清洁能源投资国，已经建立了成熟的能源技术合作计划，两国政府计划继续加强在先进煤炭技术、核能、页岩气和可再生能源方面的合作。实地示范清洁能源，在太阳能和智能电网、建筑能效、锅炉效率方面开展更多试验活动、可行性研究和其他合作项目，并鼓励在清洁能源技术和可持续环境方面的双边贸易等。[②]

2015 年 9 月 25 日，中国国家主席习近平访美期间，中美两国宣布了《中美元首气候变化联合声明》，在该声明中，中美两国政府进一步提出了推动本国低碳转型，加快清洁能源发展的诸项具体措施：2015 年 8 月，美国制定完成"清洁电力计划"，该计划将使美国电力行业二氧化碳排放到2030 年比 2005 年减少 32%。2016 年美国将制定完成一项联邦计划，在那些选择不按清洁电力计划制定自己实施计划的州实施电厂碳排放标准。美国承诺将于 2016 年制定完成其下一阶段、世界级的载重汽车燃油效率标准，并于 2019 年实施。2015 年 8 月，美国针对垃圾填埋和油气行业的甲

---

① 中国国家发展和改革委员会：《中美气候变化工作组提交第六轮中美战略与经济对话的报告》，2014 年 7 月 9 日，http://qhs.ndrc.gov.cn/gzdt/201407/W020140709709338381140.pdf.

② 《中美气候变化联合声明》，新华网，2014 年 11 月 12 日，http://news.xinhuanet.com/energy/2014-11/13/c_127204771.htm。

烷气体排放草拟了专门标准，并承诺将于2016年制定完成上述标准。2015年7月，美国制定完成了通过"重要新替代品政策（SNAP）"减少氢氟碳化物（HFCs）使用和排放的重大新举措，并承诺在2016年继续采取新行动减少氢氟碳化物的使用和排放。此外，在建筑领域，美国承诺到2016年底制定完成20多项电器和设备能效标准。中国政府则声明，将推动绿色电力调度，优先调用可再生能源发电和高能效、低排放的化石能源发电资源。中国还计划于2017年启动全国碳排放交易体系，该体系将覆盖钢铁、电力、化工、建材、造纸和有色金属等重点工业行业。中国承诺将推动低碳建筑和低碳交通建设，到2020年使城镇新建建筑中绿色建筑占比达到50%，大中城市公共交通占机动化出行比例达到30%。中国还将于2016年制定完成下一阶段载重汽车整车燃油效率标准，并于2019年实施。此外，中美两国还承诺将运用公共资源优先资助并鼓励逐步采用低碳技术。①

　　2016年4月，中美两国发表了第三份应对气候变化的联合声明，在该声明中，中美两国政府提出，为加快清洁能源创新和应用，双方将共同努力落实巴黎会议宣布的"创新使命"倡议的各项目标，推进清洁能源部长级会议工作。两国还将号召二十国集团成员国建设性地开展能源和气候变化国际合作。此外，中美两国元首还承诺，将采取具体行动落实2015年9月中美元首气候变化联合声明中关于运用公共资源优先资助并鼓励逐步采用低碳技术的承诺（见表3-1）。②

表3-1　中美清洁能源中央政府层面合作

时间	事件	合作议程
2008年6月	签署《中美能源和环境十年合作框架文件》	五大优先合作目标：清洁电力、清洁水、清洁的大气、清洁交通、森林和湿地保护
2008年12月	能效成为《中美能源和环境十年合作框架文件》第六大优先目标	根据六大优先目标成立6个行动小组
2008年12月	签署《中美能源环境十年合作框架下的绿色合作伙伴计划框架》	首批七对绿色合作伙伴签署《关于建立绿色合作伙伴关系的意向书》，涉及清洁发电、清洁汽车、清洁水和大气、风能、绿色港口、灾后绿色重建、湿地研究

---

①《中美元首气候变化联合声明》，新华网，2015年9月25日，http：//news. xinhuanet. com/world/2015-09/26/c_ 1116685873. htm。

②《中美元首气候变化联合声明》，新华网，2016年3月31日，http：//news. xinhuanet. com/world/2016-04/01/c_ 128854045. htm。

续表

时间	事件	合作议程
2009 年 7 月	签署《中美建筑节能合作的谅解备忘录》	为提高建筑能效提供技术支持
2009 年 7 月	中美首轮战略与经济对话	草签《中美两国加强在气候变化、能源和环境方面合作的谅解备忘录》
2009 年 8 月	中美清洁水行动计划政策研讨会	就水环境管理政策、湖泊流域水环境保护和饮用水水源环境保护等领域进行交流和讨论
2009 年 9 月	第四次中美能源政策对话	就中美清洁能源联合研究、洁净煤技术、非常规天然气开发、核能及可再生能源等进行探讨，并针对未来合作提出具体设想
2009 年 9 月	中美电动汽车发展论坛	介绍双方在电动车领域的最新进展和研究成果，并对未来发展进行预测
2009 年 10 月	首届中美清洁能源务实合作战略论坛	签订 7 项合作协议，并约定将论坛机制化，并举办三届
2009 年 11 月	签署《关于建立中美可再生能源伙伴关系的合作备忘录》	宣布两国建立可再生能源伙伴关系，成立政策规划、风能、太阳能、并网、标准认证五个工作组
2009 年 11 月	签署《中美两国政府关于加强气候变化、能源和环境合作的谅解备忘录》	重申持续推进十年合作，并宣布就十年合作框架下的能效行动计划达成一致
2009 年 11 月	中美清洁能源联合研究中心成立	首批优先合作领域为建筑节能、清洁煤、清洁汽车。5 年时间内共同出资 1.5 亿美元，两国分别平均出资平均分配使用
2009 年 11 月	签署《关于加强应对气候变化能源建设合作备忘录》	
2009 年 11 月	发起"中美电动汽车倡议"	制定共同标准、联合示范、联合技术蓝图、公共意识与交流
2010 年 4 月	中美清洁水行动计划政策研讨会	就饮用水水源环境保护法律、制度、技术、水质标准以及湖泊污染治理和修复等领域进行更加深入的交流和讨论
2010 年 4 月	中美清洁水行动计划技术研讨会	围绕太湖流域水环境治理，在污染防治理念、规划、技术、仪器等领域进行深入交流和讨论
2010 年 5 月	中美第二轮战略与经济对话	签署若干相关谅解备忘录和合作计划①
2010 年 5 月	首届中美能效论坛	就提高能源效率的经验和最佳实践交换意见，在满足能源与环境目标的同时，发掘能效领域的商机；签署 1 份合作备忘录

续表

时间	事件	合作议程
2010 年 5 月	首届中美可再生能源产业论坛	签署航空生物燃料、天然气分布式能源、智能电表、纤维素乙醇等五个领域的八项政府和企业间合作协议
2010 年 5 月	首届中美先进生物燃料论坛	探讨中美两国生物燃料合作现状及未来发展机会、签署 5 项合作备忘录
2011 年 1 月	第二届中美清洁能源务实合作战略论坛	签署 13 项清洁能源合作协议
2011 年 5 月	中美第三轮战略与经济对话	签署若干相关谅解备忘录和合作计划②；新增 6 对绿色合作伙伴
2011 年 5 月	第二届中美能效论坛	探讨 ESCO 政策环境及产业发展情况、节能项目融资、能效改善融资取得的商业模式等四方面议题；签署 3 份合作意向书
2011 年 8 月	中美应对气候变化行动伙伴关系	推动中美两国环境、能源和碳管理；提高电力部门能效；低碳城市最佳实践。合作重点地区：广东、四川
2011 年 9 月	第二届中美可再生能源产业论坛	就中美两国风电、太阳能等可再生能源投资、设备制造、科研合作进行交流
2011 年 10 月	第二届中美先进生物燃料论坛	
2012 年 5 月	中美第四轮战略与经济对话	签署若干相关谅解备忘录和合作计划；新增 5 对绿色合作伙伴
2012 年 6 月	第三届中美能效论坛	探讨建筑能效、工业能效、节能服务市场化机制、电器和能效标准等方面合作；签署 4 份合作协议
2013 年 4 月	中美气候变化工作组成立	载重汽车和其他汽车减排、智能电网、碳捕获利用和封存、建筑和工业能效、温室气体数据收集和管理
2013 年 7 月	中美第五轮战略与经济对话	签署若干相关谅解备忘录和合作计划；新增 6 对绿色合作伙伴
2013 年 8 月	第三届中美可再生能源产业论坛	美国杜邦公司、亮源公司分别与中国国电光伏公司、中电投黄河水电公司和水电水利规划设计总院等单位就微电网和光热发电等达成合作计划
2013 年 9 月	第四届中美能效论坛	工业能效、建筑能效、能效融资、能效标准合作；签署 3 份合作备忘录
2013 年 10 月	签署《关于双边能源政策对话的谅解备忘录》	
2013 年 12 月	第三届中美先进生物燃料论坛	中美生物燃料产业政策与展望、非粮生物质资源开发、非粮原料可持续性、原料品质对转化影响、原料供应物流体系、生物转化及炼制、商业化及产业示范等讨论

续表

时间	事件	合作议程
2014 年 6 月	第五届中美能效论坛	建筑能效、工业能效提升、合同能源管理合作；签署四份合作协议
2014 年 7 月	中美第六轮战略与经济对话	签署若干相关谅解备忘录和合作计划；新增 6 对绿色合作伙伴
2014 年 11 月	中美清洁能源研究中心合作延期	中美清洁能源研究中心延期五年；将能源与水资源加入合作议程
2014 年 11 月	中美气候变化联合声明	中国到 2030 年使本国非化石能源占一次能源消费比重提高到 20% 左右；两国继续加强先进煤炭技术、核能、页岩气和可再生能源方面的合作；实地示范清洁能源，在太阳能和智能电网、建筑能效、锅炉效率方面开展更多合作；鼓励清洁能源技术和可持续环境方面的双边贸易
2015 年 6 月	中美第七轮战略与经济对话	签署若干相关谅解备忘录和合作计划；新增 6 对绿色合作伙伴
2015 年 6 月	第四届中美可再生能源产业论坛	中国鉴衡认证中心与美国 UL 公司签署风电认证互认协议，向第一太阳能公司颁发光伏组件证书；中电投集团、上海电气与美国亮源公司签署关于共同推进青海德令哈光热发电项目建设的谅解备忘录
2015 年 9 月	中美元首气候变化联合声明	美国通过"清洁电力计划"使电力行业二氧化碳排放 2030 年比 2005 年减少 32%；载重汽车燃油效率标准；垃圾填埋和油气行业的甲烷气体排放专门标准；通过"重要新替代品政策"减少氢氟碳化物（HFCs）排放。电器和设备能效标准/中国将推动绿色电力调度；2017 年启动全国碳排放交易体系；推动低碳建筑和低碳交通；载重汽车整车燃油效率标准
2015 年 10 月	第六届中美能效论坛	新增 5 对合作伙伴
2016 年 3 月	中美元首气候变化联合声明	落实巴黎会议"创新使命"推进清洁能源部长级会议；号召二十国集团开展能源和气候变化国际合作；落实运用公共资源优先资助并鼓励逐步采用低碳技术的承诺

（1）签署了《美国核管制委员会和中华人民共和国国家核安全局关于进一步加强西屋 AP1000 核反应堆核安全合作备忘录》《美国国务院和中国国家能源局美中页岩气资源工作组工作计划》《美国国务院和中国发展和改革委员会关于绿色合作伙伴计划框架实施的谅解备忘录》，准备在第二轮战略与经济对话之后举办第一届美中能源效率论坛，预定举行电动汽车论坛、第五届

续表

美中能源政策对话，以及 2010 年下半年举行第十届美中石油和天然气工业论坛，预定 5 月 26～27 日举行首次美中可再生能源论坛和先进生物燃料论坛，开始建立"美中可再生能源伙伴关系"，宣布美国贸易和开发署赠款，支持美中企业和研究机构间在供热与电力、航空燃料、智能电网等方面综合标准的合作，加强第 3 代核电技术（AP1000）的合作，并愿意在适当解决智慧财产权保护问题并遵循美中核技术转让一贯做法的情况下，协调一致促进美国核管制委员会与中国国家核安全局有关高温气冷反应堆的核安全技术合作，发布有关能源安全合作的美中联合声明，作为联合国气候变化框架公约缔约各方，重申对于哥本哈根协议的支持；美国环保署和中国国家发展和改革委员会重申各自对 2009 年 11 月关于应对气候变化能力建设合作备忘录的承诺，且计划在一个月以内为开始举行会议；一致同意启动关于短期影响的讨论。参见 U. S. Department of State, *U. S. - China Strategic and Economic Dialogue* 2010 *Outcomes of the Strategic Track*, May 25, 2010, http：// www. state. gov/r/pa/prs/ps/2010/05/142180. htm。

（2）①举行了富有成效的气候变化政策对话会议，决定开展建设性合作，确保全面、有效和持续地履行联合国气候变化框架公约。②4 月 19 日至 20 日举行了第 7 次十年框架联合工作组会议。美国和中国决定推动实施十年框架并使之适应新的情况，以便更好地成为有助于增进美中环境和能源合作的各种设想与创新的孵化器。根据十年框架要求，双方讨论了绿色发展，并继续进行清洁水、清洁空气、清洁高效电力、清洁高效运输、自然保护区和湿地保护，以及能源效率等各工作组的工作。③在第三轮战略与经济对话之前举办了第二届美中能源效益论坛。宣布能源政策对话、石油和天然气工业论坛、可再生能源产业论坛以及先进生物论坛将于双方商定的日期举行。④进行磋商并讨论了一项可能的联合行动计划，用于实施美国能源部和中国科学院最近签署的能源科学合作的议定书。该议定书确立了美中两国在高能物理、核能科学（包括核裂变和核聚变相关学科）、基础能源科学、生物科学，以及环境科学的研究和开发上的科学与技术的合作框架。⑤双方重申根据《应对气候变化能力建设合作备忘录》，愿继续美国环保署与国家发展和改革委员会的合作，增强温室气体清单工作的能力建设。⑥欢迎为实施《美中两国关于加强气候变化、能源和环境合作的谅解备忘录》取得的进展。⑦在美中能源合作项目的支持下，正进一步促进美中两国在电力领域，特别是电力管理系统、电力项目决策等方面的合作。双方期待在美国贸易和开发署的资助下与中国国家电网公司合作进行的两个有关智能电网技术的研究成果。⑧决定由联邦能源监管委员会与国家能源委员会就两国共同面临的能源问题分享有关监管经验与做法。⑨决定在大规模风力项目研究的规划和部署及风力发电项目与电力输送网连接等方面加强合作与分析。⑩欢迎推行在"美中能源合作项目"框架下的《美中有关在中国使用航空生物燃料的谅解备忘录》取得的进展。双方决定在有资金保证的情况下继续探索合作的可能性，对于积极促进用于生产第二代生物燃料的非谷物原料系统研究的合作项目将给予优先考虑。⑪决定在适当的时候联合举行中国可持续航空生物燃料战略研究、验证与使用项目的启动仪式。⑫在《美中科学与技术合作协议》框架下，加强美国国家海洋和大气局与中国气象局之间的联合研究，为精确可靠地观察并理解温室气体在大气中的行为状态发展相关的能力。⑬重申在互利合作原则基础上确保能源安全的承诺，根据 2010 年 5 月战略与经济对话中做出的决定及《美中能源安全合作联合声明》把发展和协调多元化。美中两国重申稳定国际能源市场、确保多元化能源供应、促进合理与有效使用能源的共同目标。两国共同理解、利用市场机制来满足未来的能源需求仍然是美国和中国的主要和最佳选择。⑭对北京大学承办的太阳能十项全能竞赛表示支持。⑮根据《中美能源和环境十年框架文件》和《美国国务院与中国国家发展和改革委员会关于实施生态合作伙伴关系框架的谅解备忘录》，签署六项新的生态合作伙伴关系计划。参见 U. S. Department of State, *U. S. - China Strategic and Economic Dialogue* 2011 *Outcomes of the Strategic Track*, May 10, 2011, http：//www. state. gov/r/pa/prs/ps/2011/05/162967. htm。

第二节　合作现状及潜力

奥巴马执政之后，在与中国合作应对气候变化和发展清洁能源的议题上，采取了与其前任小布什政府截然不同的姿态和立场。

小布什政府时期，在应对气候变化的议题上，美国一直对中国持批评态度，将中国不承担硬性的温室气体减排责任作为本国拒绝签署《京都议定书》的重要理由之一。美国国内《京都议定书》的反对者认为：第一，中国自 2006 年开始，已经取代美国成为全球温室气体排放最大的国家，没有中国参与，任何国际气候条约都缺乏全球性，不会起到有效作用；第二，许多美国人担心对本国相关企业进行碳排放量的限制将增加美国企业的生产成本，在中国没有对本国企业进行碳排放量限制的情况下，单方面对美国企业进行限制会使其在与中国企业的竞争中，面临生产成本增加的劣势；此外，他们还担心受到碳排放限制的美国制造企业为了降低生产成本，有可能将生产地点从美国国内转移到中国，减少美国人的就业机会。

但是，奥巴马执政后，美国政府在这一议题上的立场发生了变化，虽然奥巴马政府仍然认为中国应当积极参与世界气候谈判，但同时也认为，美国应该在应对全球气候变化方面发挥领导作用。

具体来说，奥巴马执政以来，中美两国在应对气候变化和清洁能源发展领域的互动合作中呈现出几方面的特征。一是两国中央政府仍然是合作主体，官方互动更加频繁，议题更加全面、具体和深入。二是在中央政府的政策鼓励下，两国地方政府之间的合作开始活跃，但合作的数量和深度相对有限，地方政府在很大程度上充当了将中央政府的鼓励政策落实到具体企业合作上的中间桥梁。三是在官方推动和激励政策下，中美两国企业之间的合作热情逐渐高涨，合作数量迅速增加。鉴于目前多数清洁能源技术突破和成本高企的瓶颈，企业合作的进展与政府的支持力度，以及相关政策、法规的跟进，以及其可预见性和可持续性关联度较大。但是，从长期看，企业合作有望超越政府合作，成为中美两国清洁能源合作的主要形式。四是科研合作发展较快，合作数量持续增加，合作领域不断拓展，并且科研合作多数以政府合作和企业合作为载体，以研究成果的商业化为直接导向。五是非政府组织开始积极参与中美两国清洁能源和应对气候变化合作，虽然与政府、企业以及科研院所合作相比，中美两国非政府组织之间合作的数量较为有限，但自 2009 年至今，中美两国非政府组织层面的清洁能源合作数量有所增加，涵盖领域逐步扩大，主要致力于推动两国清洁能源发展的机构合作和社会认知。

一　地方政府合作

中美两国中央政府的宏观合作框架、机制、平台和总体路线图确定以后，具体项目的实施需要由地方政府的政策和行动来跟进。奥巴马执政以来，在中央政府的推动和政策鼓励下，中美两国地方政府的合作开始活跃。从目前看，地方政府的直接合作主要是为所在地方的清洁能源和环保企业搭建一个合作的中间平台，推动中美两国地方之间相关企业的清洁能源和环保合作。与中央政府的合作和企业合作相比，中美两国地方政府在清洁能源和环保领域的合作数量较少，成效较为有限。

中美两国地方政府间在应对气候变化和清洁能源发展领域较早的机制性合作始于"绿色合作伙伴计划"。2008 年 12 月，在第五次中美战略经济对话期间，中美两国政府签署了《中美能源和环境十年合作框架下的绿色合作伙伴计划框架》，首批七对绿色合作伙伴签署了《关于建立绿色合作伙伴关系的意向书》，在这些绿色合作伙伴中，有四对涉及中美两国地方政府之间的合作：美国的丹佛市与中国的重庆市达成了电动和混合动力汽车的合作协议（重庆的长安汽车公司与丹佛市的福特汽车公司）；美国的威奇塔市与中国的无锡市达成了清洁水和清洁大气的合作协议；美国的格林斯伯格市与中国的绵竹市两个城市达成了灾后绿色重建的合作协议；中国的大连港与美国的西雅图港根据合作协议，将分享绿色港口建设方面的经验，促进中美两国区域经济的发展和港口综合实力的提升。

2009 年 10 月，美国加利福尼亚州与中国江苏省签署《中国江苏省与美国加州新能源与生态环境战略合作框架协议》，两个地区级行政单位就开展生态环境合作的新模式、新能源以及能效技术的市场化应用等方面达成共识，希望通过合作减少两地的温室气体排放，两地政府还商定以后每年定期开展高层会晤，审查协议的进展情况，批准框架协议下的具体行动方案。江苏省是中国重要的新能源产品、设备制造及应用大省，而加州在美国生态环境技术方面处于领先地位，是世界知名的高新技术产业密集地和新能源开发大州。该项协议是中美两国地方政府间第一个关于清洁能源和节能减排合作的框架协议，也是第一个真正意义上完全依托于地方政府层面的中美清洁能源和环境保护合作协议。

2011年5月中美第三轮战略与经济对话期间，中美两国签署了首份地方政府与企业间各自结对开展新能源合作的《中美绿色合作伙伴四方协议》，签署该协议的"四方"分别为：中国的廊坊市政府、美国的夏洛特市政府、中国新奥集团，以及美国的杜克能源公司。夏洛特市被称为"绿色城市"，是美国除纽约、芝加哥以外最大的金融中心，拥有微软、戴尔等公司总部基地，是美国信息产业和生物科技的先锋。根据协议，廊坊市和夏洛特市将组建专项工作行动小组，在之后两年共同开展工作，两个城市将在能效教育和绿色社区方面开展合作，还将针对该领域的"最佳实践"进行经验交流。

此外，在中美第三轮战略与经济对话期间，中国的青海省与美国的犹他州也加入了绿色合作伙伴计划。犹他州和青海省学术机构以及包括犹他清洁技术联盟（Utah Clean Tech Alliance）在内的若干公司之间的州-省合作伙伴项目包括博士后学者交流、建设农业废弃物试验消化池和研究设施、文化与政治交流以及图书交换。这一合作伙伴项目还将在青海建立一个集中研究沼气发电的联合研究实验室，在犹他州建立一个沼气转换柴油研究项目，并计划在青海设立一个碳捕获和储存的示范项目。①

2012年5月，在第四轮中美战略与经济对话期间，美国波特兰市与中国昆明市作为结对伙伴加入了绿色合作伙伴计划，波特兰是美国低碳程度最高的城市之一，通过结对，波特兰利用自身的清洁技术和知识，协助昆明发展、实施和评估低碳城市项目，进而降低中国城市的碳排放，改善城市生活品质。此外，美国哥伦布市、富兰克林郡与中国合肥市结成绿色合作伙伴关系，俄亥俄州立大学的汽车研究中心与合肥工业大学合作研发电动车技术，并且合作研究解决两校所在城市共同面临的一些问题，例如湖泊和湿地保护、垃圾和污水处理、建筑节能，以及城市规划等。②

2014年7月，中美第五轮战略与经济对话期间，美国费城与中国天津

---

① U. S. Department of State, *Fact Sheet: Secretary Clinton Supports Expansion of U. S. – China EcoPartnerships Program*, May 11, 2011, http://www.state.gov/r/pa/prs/ps/2011/05/163178.htm.

② U. S. Department of State, *Secretary Clinton Supports Expansion of U. S. – China EcoPartnerships Program*, May 3, 2012, http://www.state.gov/r/pa/prs/ps/2012/05/189253.htm.

经济技术开发区结成绿色合作伙伴关系。双方的合作领域主要集中在清洁水、能效以及清洁和高效安全的电力合作。此外，美国洛杉矶港务局与中国上海市交通委员会达成合作协议，双方将在上海外高桥 2 期集装箱码头、洋山深水港区 3 期码头、吴淞邮轮码头展开岸电试运营项目的交流与合作，以减少船舶大气污染物对港口环境空气质量的影响。①

　　除了绿色合作伙伴关系计划外，中美气候变化工作组，以及中美气候智慧型/低碳城市峰会在推动中美两国地方政府清洁能源合作方面也发挥了重要作用。

　　2014 年 7 月，中美气候变化工作组在北京举行了成果签约仪式，中美双方计划在美国费城、加州与中国的天津生态城、深圳前海开展智能电网合作示范项目，并为完成每个项目计划确定了时间表，包括项目范围、时间表、重要节点、成果、团队人员及各自职责等。中美双方将通过研讨会分享这些示范项目的技术进展、经验教训和最佳实践。双方还将开发并应用共同的评估方法学，对项目所示范的智能电网技术和应用的成本效益进行评估。②

　　2015 年 9 月，首届中美气候智慧型/低碳城市峰会在美国洛杉矶举行。北京等中国 11 个省市与加州等美国 18 个州市联合发布了《中美气候领导宣言》，在宣言中，为了支持中国政府提出的 2030 年前后二氧化碳排放达到峰值的目标，中国北京等 11 个省市计划共同发起成立"率先达峰城市联盟"（APPC），提出了各自省市碳排放达峰的具体时间表和减少碳排放的具体措施，包括加快调整产业结构、大力发展清洁能源和绿色产业、积极发展现代智能交通、推广绿色节能建筑、加大生态环境保护力度，增加森林碳汇、完善碳排放权交易机制等（见表 3 - 2）。③

----

① 洛杉矶港是全球首个推进岸基供电的港口，现有 25 个泊位配备岸电设施，具备丰富的技术储和实践经验，以及较为全面的岸电管理规章和标准。2005 年，上海港与洛杉矶港正式缔结为友好港，并共同发起环太平洋港口清洁空气会议机制，在港区空气质量改善、清洁能源替代、污染控制技术等领域进行交流合作。U. S. Department of State, *The U. S. - China EcoPartnerships Program*, July 10, 2014, http：//www. state. gov/r/pa/prs/ps/2014/07/229012. htmECOPARTNERSHIPS, https：//ecopartnerships. lbl. gov/partnerships.

② 中国国家发展和改革委员会：《中美气候变化工作组提交第六轮中美战略与经济对话的报告》，2014 年 7 月 9 日，http：//qhs. ndrc. gov. cn/gzdt/201407/W020140709709338381140. pdf。

③ 中国国家发展和改革委员会：《中美气候领导宣言》，2015 年 9 月 15 ~ 16 日，http：//www. sdpc. gov. cn/gzdt/201509/W020150922344556917878. pdf。

表 3 - 2　中国 11 个率先达峰城市联盟达峰时间表

达峰时间	率先达峰城市联盟	达峰时间	率先达峰城市联盟
2020 年	北京、广州、镇江	2029 年	延安
2022 年	深圳、武汉	2030 年	四川、海南
2025 年	贵阳、吉林、金昌		

　　同时，美国加州等 18 个州市则提出了具体的碳减排路线图，制定了各自的碳减排时间和目标，加州、洛杉矶、华盛顿、纽约、波特兰等数个州市提出到 2030 年减排 40% 到 60%，到 2050 年减排 80% 左右的中长期目标。[①]（见表 3 - 3）

表 3 - 3　美国 18 个州市碳减排路线

	2015 年	2020 年	2030 年	2040 年	2050 年
加州		17%（1990 基准）	40%（1990 基准）		80%（1990 基准）
康涅狄格		10%（1990 基准）			80%（2001 基准）
亚特兰大		20%（2009 基准）	40%（2009 基准）	80%（2009 基准）	
波士顿		25%（2005 基准）			80%（2005 基准）
洛杉矶		2025 年减排 45%（1990 基准）	60%（1990 基准）		80%（1990 基准）
华盛顿			2032 年减排 50%（2006 基准）		80%（2006 基准）
西雅图			58%		
波特兰			40%（1990 基准）		80%（1990 基准）
休斯敦	2016 年减排 42%（2007 基准）				80%（2007 基准）
盐湖城		20%（2005 基准）		50%（2005 基准）	80%（2005 基准）
兰开斯特			成为世界首批净零排放城市之一		
纽约			40%（1990 基准）		80%（2005 基准）
奥克兰		36%（2005 基准）			83%（2005 基准）
卡梅尔				40%	
得梅因	25%（2012 基准）				

---

① 中国国家发展和改革委员会：《中美气候领导宣言》，2015 年 9 月 15～16 日，http://www.sdpc.gov.cn/gzdt/201509/W020150922344556917878.pdf。

续表

	2015 年	2020 年	2030 年	2040 年	2050 年
迈阿密 – 戴德县	-	20%（2008 基准）			80%（2005 基准）
菲尼克斯	15%（2009 基准）				80%（2005 基准）
旧金山	2017 年减排 25%（1990 基准）	2025 年减排 40%（1990 基准）			80%（1990 基准）

数据来源：中国国家发展和改革委员会：《中美气候领导宣言》，2015 年 9 月 15～16 日，http：//www.sdpc.gov.cn/gzdt/201509/W020150922344556917878.pdf。

在通过两国地方政府推动企业合作方面，美国贸易发展署做了一些开拓性的工作。美国时任贸易发展署署长莱奥卡迪亚·扎克（Leocadia I. Zak）认为，在中美清洁能源合作过程中，中国地方政府的作用不可小视，"项目最终要落实到地方去执行"，"我们邀请地方城市建设的领导人来美国，他们是政府采购的拍板人，他们能够决定中国的城市向什么方向发展"。为了推动与中国地方政府的合作，美国贸易发展署除了邀请中国政府官员赴美考察清洁能源产业外，还邀请中国市长考察美国的绿色建筑产业，希望借此向中方介绍美国先进的清洁能源和节能技术，吸引中国地方政府官员采购美国的技术和服务（见表 3－4）。

表 3－4　中美清洁能源地方政府层面合作

时间	中国省（市）	美国州（市）	合作领域	依托平台
2008.12	重庆市	丹佛市	电动汽车/混合动力汽车①	绿色合作伙伴计划
2008.12	无锡市	威奇塔市	清洁水/清洁大气	绿色合作伙伴计划
2008.12	绵竹市	格林斯伯格市	灾后绿色重建	绿色合作伙伴计划
2008.12	大连港	西雅图港	绿色港口	绿色合作伙伴计划
2009.10	江苏省	加利福尼亚州	新能源/生态环境	完全依托地方政府
2011.5	廊坊市	夏洛特市	能效教育/绿色社区	绿色合作伙伴计划
2011.5	青海省	犹他州	博士后学者交流/建设农业废弃物试验消化池和研究设施/文化与政治交流以及图书交换	绿色合作伙伴计划
2012.5	昆明市	波特兰市	低碳城市培训和交流	绿色合作伙伴计划

续表

时间	中国省（市）	美国州（市）	合作领域	依托平台
2012.5	合肥市	哥伦布市/富兰克林郡	电动车/湖泊和湿地保护、垃圾和污水处理、建筑节能，以及城市规划	绿色合作伙伴计划
2014.7	天津经济技术开发区	费城	清洁水/能效/清洁高效安全的电力	绿色合作伙伴计划
2014.7	上海市交通委员会	洛杉矶港务局	岸电合作	绿色合作伙伴计划
2014.7	深圳前海/天津生态城	费城/加州	智能电网	中美气候变化工作组
2015.9	北京等11个省市	加州等18个州市	中国11个省市成立"率先达峰城市联盟"/美国18个州市提出碳减排路线图	中美气候智慧型/低碳城市峰会

注：①中美能源和环境十年合作框架：《中国华电集团公司与美国未来能源控股公司（清洁能源发电）》，http：//tyf. ndrc. gov. cn/NewsInfo. aspx？NId = 545。

二 企业合作

中美两国中央政府和地方政府的各项行动，最终需要落实到企业层面，通过具体的企业效益体现出来。奥巴马执政以来，中美两国企业在清洁能源发展领域的互动和合作呈现出以下几方面的特点。

一是从时间上看，中美两国清洁能源企业合作的数量自 2010 年、2011 年开始大幅度增加，尤其自 2011 年上半年以来，合作数量更是快速增加。仅 2011 年一月至五月近半年时间内，在清洁能源发展领域，中美两国企业就达成了 12 项重要的合作协议，几乎达到之前两年合作数量的总和。究其原因，奥巴马执政以来，随着中美两国政府对清洁能源合作的重视，提供了更多企业合作可以依托的平台，诸如中美能源合作项目、中美可再生能源伙伴关系、21 世纪煤炭项目、中美能效论坛、中美可再生能源论坛、中美先进生物燃料论坛、中美清洁能源务实合作战略论坛、中美气候变化工作组等，这些平台的出现，为两国相关企业的合作提供了现实和便捷的渠道。此外，两国元首会晤和中美战略与经济对话也将清洁能源企业的合作列为重要议程，仅 2011 年 1 月中国国家主席胡锦涛访美期间，中美两国就签署了五项清洁能源企业合作协议（见表 3 - 5）。

表 3 - 5　中美清洁能源企业层面合作

时间	中国	美国	合作项目	依托平台
2008.12	中国华电集团	美国未来能源控股	清洁发电	绿色合作伙伴计划
2008.12	唐山市曹妃甸新区	浮海风电有限公司	风能	绿色合作伙伴计划
2009.11	中石油	霍尼韦尔 UOP 公司	对生产绿色柴油和绿色航空燃料的中国原料及设备安装进行评估，以生产可再生燃料并提高乙醇能源效率	十年合作框架
2009.11	重庆能投松藻煤电有限责任公司/深圳东江环保再生能源有限公司	AES 公司	组建合资公司/在渝投资运行煤炭乏风瓦斯项目	中美能源合作项目
2010	上海电气股份公司	C - Lock 技术公司	对上海电气的限碳设备改进进行可行性测评	美国贸发署增资支持
2010.4	中电工程顾问集团公司	美国贸发署	整体煤气化联合循环（IGCC）研究赠款	十年合作框架
2010.5	中国国航/中国石油	波音公司/霍尼韦尔 UOP 公司	签署关于可持续航空生物燃料验证试飞的合作备忘录	中美先进生物燃料论坛
2010.5	中石油	波音公司	签署关于中国可持续航空生物燃料产业发展战略研究的合作备忘录	中美先进生物燃料论坛
2011.1	神华集团煤制油化工公司	通用电气	建立洁净煤技术合资企业	21 世纪煤炭项目/中美清洁能源务实合作战略论坛
2011.1	浙江恒基光伏电力科技公司	加州北美半导体技术协会	研发高效晶体硅太阳能电池及光伏发电技术	元首会晤
2011.1	华能集团	美国电力公司	签署燃煤电厂节能降耗和二氧化碳减排技术合作协议	中美清洁能源务实合作战略论坛

续表

时间	中国	美国	合作项目	依托平台
2011.1	中核集团	西屋电气	签署 5000 万美元合同，购买西屋电气 10 套 AP1000 核燃料制造设备	中美清洁能源务实合作战略论坛
2011.1	国家电网公司	美国电力公司	签署合作协议（先进输变电、智能电网等六个领域技术及设备合作）	中美清洁能源务实合作战略论坛
2011.1	中国国电集团	UPC 管理集团	签署投资额超过 100 亿元人民币的战略合作协议（7 个风电项目）	中美清洁能源务实合作战略论坛
2011.1	华能集团	美国电力公司	签署燃煤电厂节能降耗和二氧化碳减排技术合作协议	中美清洁能源务实合作战略论坛
2011.3	国网电科院	霍尼韦尔/AECOM	"智能电网用电侧需求自动优化响应系统可行性研究及示范"项目	中美能源合作项目（美国贸发署赠款）
2011.4	力诺光伏集团	IBM	晶体硅电池技术合作	中美能源合作项目
2011.5	中国质量认证中心	然科环保技术有限公司	签署关于节能和碳减排第二方审核合作协议	中美能效论坛
2011.5	中电国际新能源发展有限公司	第一太阳能	合作开发太阳能光伏项目	中美能源合作项目
2011.5	新奥集团	杜克能源公司	太阳能发电及新的配电设施试点、智能电网及泛能网的建设与优化、居民用能管理与服务、社区电能存储能力的测试、系统能效及整体能源解决方案	绿色合作伙伴计划
2012.6	中国环境出版公司	霍尼韦尔 UOP 公司	签署《战略合作协议》	中美能效论坛

续表

时间	中国	美国	合作项目	依托平台
2013.7	贵州环境保护国际合作中心	拉文雷治资源公司	煤层气开发利用	绿色合作伙伴计划
2014.7	中石油	蓝宝石能源公司	绿藻类原油生产	绿色合作伙伴计划
2014.7	哈尔滨电气集团公司	通用电气	提高能效/低排放燃气涡轮复合循环合作	绿色合作伙伴计划
2014.7	山西国际能源集团	空气化学品公司	碳捕获、利用与封存	中美气候变化工作组
2014.7	中石油胜利油田	斯伦贝谢/肯塔基大学	碳捕获、利用与封存	中美气候变化工作组
2014.7	华能清洁能源研究院	Summit 电力集团	碳捕获、利用与封存	中美气候变化工作组
2014.7	陕西延长石油	空气化学品公司/西弗吉尼亚大学/怀俄明大学	碳捕获、利用与封存	中美气候变化工作组
2015.6	中国商用飞机公司	波音公司	废油利用及降低温室气体排放合作	绿色合作伙伴计划
2015.6	苏州环保高新技术产业园开发公司	安博咨询公司	大气污染监控合作	绿色合作伙伴计划
2015.6	深圳爱能森科技公司	威尔逊太阳能公司	光热发电储能技术合作	绿色合作伙伴计划

　　二是从合作主体看，大型国企是中方合作的主力，而大型跨国公司则是美方合作的主力。自 2008 年至今，中方参与中美清洁能源合作的主要大型国企有中国华电集团、中石油、中石化、中海油、中国国航、中核集团、神华集团、国家电网公司、中国国电集团、中电国际、华能集团、上海电气、中电工程顾问集团公司、中国商用飞机公司、哈尔滨电气集团公司、陕西延长石油等，而美方参与合作的则有波音公司、霍尼韦尔 UOP 公司、美国电力公司、IBM、通用电气、杜克能源公司、第一太阳能公司、西屋电气、UPC 管理集团、蓝宝石能源公司、拉文雷治资源公司、斯伦贝谢、空气化学品公司、Summit 电力集团等知名跨国企业。

　　之所以出现这种局面，有两方面的原因：第一，清洁能源的技术研发和应用前期投入较大，普遍面临成本高昂和实现技术突破的制约，政府的政策支持对企业在国际市场胜出极为重要，在此背景下，大型国企和大型跨国公司自然就成为两国清洁能源合作的先遣主力；第二，目前中美两国的清洁能源市场的相当一部分份额由传统能源企业的清洁能源分支部门占据，鉴于在能源行业发展多年，这些传统能源企业实力雄厚，具备既定的政府资源和社会资源，在新兴的清洁能源市场竞争初期，更容易快速进入市场，抢占份额。

最近几年，随着中美两国清洁能源合作的深入推进，除了大型国企和知名跨国公司外，越来越多的民营企业开始积极参与到中美清洁能源合作议程中。例如，2011年5月，中国新奥集团与美国杜克能源公司通过中美两国的绿色合作伙伴计划，达成了太阳能发电、智能电网、提高能效等一系列合作协议。2015年6月，苏州环保高新技术产业园开发公司与美国安博咨询公司通过绿色合作伙伴计划，达成了合作进行大气污染监控的框架协议。2015年6月，深圳爱能森科技公司与美国威尔逊太阳能公司通过绿色合作伙伴计划，达成了光热发电储能技术合作的协议。此外，在中美能源合作项目框架下，也出现了数量可观的中美两国民营企业的清洁能源合作（见表3-5）。从长期看，中美两国的清洁能源合作需要由政府推动，向市场导向转变，民营企业和私营企业作为自由竞争市场的主体，有望取代目前的国有企业，成为未来中美两国清洁能源合作的主力。

三是从合作领域看，目前中美两国清洁能源企业的合作范围日益广泛，几乎涵盖了清洁能源发展的所有领域。中美两国清洁能源企业合作初期涉及领域主要集中在：太阳能、智能电网、核能、清洁煤、风电、生物质能、能效等，这一方面体现了两国政府的政策导向，另一方面也是由相关的清洁能源技术、成本所影响的市场化可行性决定的。但是，随着清洁能源相关技术的突破、成本降低、政府扶持优惠政策的推进，中美两国企业间清洁能源的合作有望不断拓展，深入清洁能源发展的各个领域。

四是从合作的依托平台看，中美能源合作项目在中美两国清洁能源企业的合作中发挥了重要作用。中美能源合作项目是由美国24家企业作为创始成员发起设立，并出资运营和进行自我管理的非营利、非政府组织，于2009年9月在北京正式成立，并得到中美两国政府的认可和支持。作为一个政企合作平台，中美能源合作项目旨在通过中美两国的企业资源，推动两国在清洁能源和能源效率领域商业可行性项目的发展。中美能源合作项目的创始成员是包括IBM、通用电气、英特尔公司、陶氏化学、西屋电气、第一太阳能等顶级美国企业在内的 24 家美国企业[①]，这些企业各出资 4 万元人民币作为会费，租用办公室，雇佣员工寻找中国商机，包含的合作项目涉及可再生能源、智能电网、清洁交通、绿色建筑、清洁煤、热电联产和能效等。中美能源合作项目共设立十个工作组，由创始成员公司代表担任工作组联席组长，在各领域展开合作。中美能源合作项目成立至今，已发展成为包括中国企业在内的四十多家企业的共同平台，促成了一定数量的企业合作，在以上领域均取得了具体成果。[②]（见表 3 - 6）

表 3 - 6 中美能源合作项目工作组

工作组	联席组长	成员
清洁煤炭工作组	阿米那能源环保、博地能源、创酷国际	雅保化工、贝克博茨律师事务所、卡里拉、卡特彼勒、塞拉尼斯、康宁、杜克能源、伊科诺国际动力、通用电气、联合技术
清洁交通和燃料工作组	塞拉尼斯	卡特彼勒、杜邦、伊顿、霍尼韦尔、联合技术、波音、康宁、康明斯
分布式能源冷热电三联供工作组	卡特彼勒、通用电气	康明斯、霍尼维尔、联合技术、泛德威尔顾问咨询
节能建筑与设计工作组	ICF 国际咨询、联合技术	AECOM（亚洲）、应用材料、欧特克、卡里拉、陶氏化学、第一太阳能、通用电气、霍尼韦尔、英特尔、微软、华能景顺罗斯、罗斯蒙特、江森自控、赛捷软件、伊士曼化学、第一要素能源
能源金融与投资工作组	杜克能源、贝克博茨律师事务所	AECOM（亚洲）、陶氏化学、第一太阳能、通用电气、阿米那能源环保、博地能源、UPC 可再生能源、联合技术、西屋电气、卡特彼勒、青云创投、应用材料、第一要素能源
工业能源效率工作组	陶氏化学	卡特彼勒、塞拉尼斯、通用电气、霍尼韦尔、ICF 国际咨询、英特尔、罗克韦尔自动化、铁姆肯、联合技术、强生燃烧机、阿米那能源环保

---

① 中美能源合作项目的创始成员公司有贝克博茨律师事务所、亮源能源公司、卡特彼勒公司、康明斯公司、陶氏化学公司、通用电气公司、霍尼韦尔、国际商业机器公司（IBM）、英特尔公司、华能景顺罗斯、阿米那能源环保公司、博地能源公司、联合技术公司、西屋电气等。中美能源合作项目：《创始成员公司》，http：//www.uschinaecp.org/workinggroups。

② 中美能源合作项目：《成果》，http：//www.uschinaecp.org/Outcomes/CleanCoal.aspx。

续表

工作组	联席组长	成员
核能工作组	西屋电气	赛瑞丹、华能景顺罗斯、杜克能源、通用电气、柯蒂斯·怀特流体控制公司、罗斯蒙特核电设备公司、OSI软件、EPM
可再生能源工作组	第一太阳能、UPC可再生能源	应用材料、贝克博茨律师事务所、GE电气、霍尼韦尔、铁姆肯、UL（中国）、卡特彼勒、联合技术、陶氏化学、OGIN能源、罗克韦尔自动化
页岩气工作组	通用电气	AECOM（亚洲）、贝克博茨律师事务所、卡特彼勒、陶氏化学、霍尼韦尔、博地能源、科聚亚、ICF国际咨询
智能电网工作组	霍尼维尔、IBM、思科	杜克能源、陶氏化学、ICF国际咨询、福星晓程、通用电气、罗克韦尔自动化、UL（中国）、UPC可再生能源、应用材料、卡特彼勒、第一要素能源、英特尔、OGIN能源

除了中美能源合作项目外，绿色合作伙伴计划、中美清洁能源务实合作战略论坛、中美先进生物燃料论坛、中美能效论坛、中美气候变化工作组也是中美两国清洁能源企业合作的重要平台。2008年至今，有九对企业通过绿色合作伙伴计划达成合作协议，六对企业通过中美清洁能源务实合作战略论坛达成合作协议，有两对企业分别通过中美先进生物燃料论坛和中美能效论坛达成了相关合作协议，另外还有四对企业通过中美气候变化工作组达成了碳捕获、利用与封存项目合作协议。

在推动中美两国企业层面的清洁能源合作中，美国贸易与发展署发挥了突出的积极作用，该机构往往通过向中国相关清洁能源企业捐资的方式，推动中国企业购买美国企业的清洁能源产品、技术或服务。政府与企业联合开发中国商机的"政府-产业合作"模式，正在成为美国对华清洁能源合作的趋势。例如，美国贸发署在2011年促成美国C-Lock技术公司与上海电气股份有限公司合作。C-Lock是一家提供碳减排测量服务的企业，它拥有专利测量系统。该项目由贸发署捐资45.3万美元，C-Lock技术公司配套资金和服务，对上海电气进行限碳设备改进可行性测评。此外，美国贸发署还向中国电力工程顾问集团公司提供赠款，资助中国运用美国技术建造一座整体煤气化联合循环发电厂（IGCC）的可行性研究。

由于存在技术瓶颈和成本较高等因素，中美两国清洁能源企业合作的进展与两国政府的支持力度和相关政策、法规的跟进，以及其可预见性和可持续性的关联度较大，对国家政策高度敏感。其中一个典型例子是，2009 年 9 月美国能源巨头第一太阳能公司（First Solar）赢得了在中国内蒙古承建世界上最大太阳能发电厂的合同。根据该公司与中国政府签署的协议，双方将在中国内蒙古自治区鄂尔多斯市合作建设一座拥有 2 千兆瓦发电能力的太阳能光伏发电厂，这将是迄今为止世界上最大的太阳能发电基地。然而，原定于 2010 年 6 月开工的计划一再搁浅。其中，中国政府一直没有明确的上网电价政策是主要原因。在中国政府颁布的《金太阳示范工程财政补助资金管理暂行办法》中，对于光伏并网发电项目的上网电价并没有明确规定，使得第一太阳能公司对于项目的经济可行性缺乏明确预期，第一太阳能公司全球零部件业务集团总裁卡伦巴数次呼吁，"希望得到中国政府的支持，给予一个可持续的上网电价，或以诸如签署长期购电协议等形式补偿制造成本"。

三 科研合作

奥巴马执政以来，中美两国清洁能源领域科研层面的合作增加较快，并且科研合作大多以政府合作和企业合作为载体，以研究成果的商业化、市场化为直接导向。

首先，合作数量快速增加。科研合作是中美两国清洁能源合作的具体落实方向之一，中美两国中央政府和地方政府间的合作协议，最终需要由具体的科研单位和企业进行承接。在政府层面的积极支持和推动下，中美两国清洁能源领域的科研合作发展迅速，合作数量持续增加，合作领域不断拓展，几乎涵盖清洁能源合作的方方面面。

其次，政府合作和企业合作是科研合作的主要推动力量。迄今为止，中美两国清洁能源领域纯粹科研机构之间自发发起的合作比较少见，多数是通过两国政府之间的合作协议，或者企业与科研机构之间的合作项目来进行。从合作的情况看，合作主体既有国家实验室，例如美国的橡树岭国家实验室、劳伦斯·伯克利国家实验室、可再生能源国家实验室、劳伦斯·利弗莫尔国家实验室、洛斯阿拉莫斯国家实验室、国家能源技术实验室、桑地亚国家实验室、西北太平洋实验室等，有部属科研机构，例如中国科学院、中国国家节能中心、中国住房和城乡建设部的科技发展促进中心（建筑节能中心）和建筑科学研究院、交通运输部公路科学研究院、能源研究所、国家可再生能源中心等，有大学的研究中心，如中国的清华大学、浙江大学、北京理工大学、北京航空航天大学、北京大学、中国政法大学、同济大学、天津大学、重庆大学、东南大学、华东师范大学、华中科技大学、北京科技大学等，以及美国的杜兰大学、马里兰大学、亚利桑那州立大学、麻省理工学院、加州大学戴维斯分校、西弗吉尼亚大学、密西根大学、肯塔基大学、普度大学、田纳西大学、凯斯西储大学、怀俄明大学等，也有部分清洁能源企业，如中国的新奥集团、华能集团、长安汽车有限公司、神华集团、宝钢集团、中海油新能源投资有限公司、南京圣诺热管有限公司、陕西延长石油，以及美国的波音公司、应用材料公司、美德维实伟克公司、可口可乐公司、斯伦贝谢、Summit 电力集团、美国空气化学品公司等。

此外，从依托平台看，绿色合作伙伴计划、中美能效论坛，以及中美清洁能源联合研究中心提供了中美两国科研合作的主要渠道。奥巴马执政以来，中美两国通过绿色合作伙伴计划促成了 13 对科研合作，通过中美能效论坛促成了 11 对科研合作，通过中美清洁能源联合研究中心促成了中美两国之间建筑能效、清洁煤，以及清洁能源汽车三个产学研联盟的联合研发合作。除了以上三个主要平台和渠道外，21 世纪煤炭项目、中美可再生能源伙伴关系、中美先进生物燃料论坛、中美清洁能源务实合作战略论坛，以及中美气候变化工作组也都分别从不同领域推动了中美两国相关科研院所之间的结对合作。

最后，注重研究成果的商业化应用，以研究成果的市场化为直接导向。与基础性研究不同，中美两国在清洁能源领域的科研合作多数以商业化和市场化为直接导向，注重科研成果未来的市场利益预期，其中，企业与科研院校之间的研发合作尤其如此，越来越多的企业开始直接加入与科研机构的研发合作，从长期看，企业－科研合作模式的数量有望增加，成为中美两国清洁能源科研研发合作的主要形式（见表 3－7）。

表 3－7   中美清洁能源科研合作

时间	中国	美国	合作项目	依托平台
2008.12	华东师范大学	杜兰大学	湿地研究	绿色合作伙伴计划
2008	新奥集团	马里兰大学/亚利桑那州立大学	藻种基因工程改造及选育	十年合作框架

续表

时间	中国	美国	合作项目	依托平台
2008	新奥集团	能源部可再生能源国家实验室	微藻油脂提取工艺合作	十年合作框架
2008.12	长安汽车有限公司	能源部可再生能源国家实验室	电动和插入式混合动力汽车	绿色合作伙伴计划
2009.6	陕西能源化工研究所	国家能源技术实验室/怀俄明州地质调查局	在陕西进行碳捕捉和储存的可行性研究	21世纪煤炭项目
2009.11	科技发展促进中心（建筑节能中心）/中国城市科学研究会/中国建筑科学研究院/清华大学/同济大学/天津大学/重庆大学/东南大学/沈阳建筑大学/住房和城乡建设部标准定额所/广东省建筑科学研究院/中国建筑设计研究院/中国建筑标准设计研究院	劳伦斯·伯克利国家实验室/橡树岭国家实验室/麻省理工学院/加州大学戴维斯分校	建筑能效产学研联盟	中美清洁能源联合研究中心
2009.11	华中科技大学/清华大学/浙江大学/西安热工研究院/西北大学	西弗吉尼亚大学/怀俄明大学/肯塔基大学/印第安纳大学/劳伦斯·利弗莫尔国家实验室/洛斯阿拉莫斯国家实验室/国家能源技术实验室/世界资源研究所	清洁煤产学研联盟	中美清洁能源联合研究中心
2009.11	清华大学/北京理工大学/同济大学/上海交通大学/中科院/武汉理工大学/北京航空航天大学	密歇根大学/麻省理工学院/桑地亚国家实验室/联合生物能源研究院/橡树岭国家实验室	清洁能源汽车产学研联盟	中美清洁能源联合研究中心

续表

时间	中国	美国	合作项目	依托平台
2010.5	国家可再生能源中心/能源研究所/国网能源研究院/水电水利规划设计总院/电力科学研究院/中科院电工所/北京大学/华北电力大学/上海电力学院等	国家可再生能源实验室/劳伦斯·伯克利国家实验室	可再生能源合作	中美可再生能源伙伴关系
2010.5	北京科技大学	橡树岭国家实验室/劳伦斯·伯克利国家实验室	签署《关于成立工业能源效率大学联盟合作谅解备忘录》	中美能效论坛
2010.5	中国科学院青岛生物燃料与过程研究所	波音公司	签署关于推进藻类可持续航空生物燃料的合作备忘录	中美先进生物燃料论坛
2010.5	中粮集团	普渡大学	签署用于生产纤维素乙醇的新型酵母专利技术许可协议	中美先进生物燃料论坛
2011.1	北京大学	应用材料公司	签署开展"太阳能十项全能竞赛"合作谅解备忘录	中美清洁能源务实合作战略论坛
2011.1	中国科学院	美国能源部	签署能源科学合作议定书	
2011.2	神华集团	国家能源技术实验室/西弗吉尼亚大学	对神华集团在内蒙古的燃煤设备进行碳捕捉和储存的可行性研究	21世纪煤炭项目
2011.5	国家节能中心	劳伦斯·伯克利国家实验室/橡树岭国家实验室	签署合作谅解备忘录	中美能效论坛
2011.5	南京圣诺热管有限公司	肯塔基大学应用能源中心	签署高能耗行业烟气脱碳关键技术研发与工程示范合作协议	中美能效论坛

续表

时间	中国	美国	合作项目	依托平台
2011.5	中海油新能源投资有限公司	凯斯西储大学	共同研究、试验和实施能源和环境解决办法	绿色合作伙伴计划
2011.5	全球环境研究所	气候战略中心	应对气候变化/碳减排	绿色合作伙伴计划
2011.5	中国科学院地理科学与资源研究所/生态环境研究中心/应用生态研究所	普渡大学/田纳西大学/橡树岭国家实验室	研究协作/师生交流/学生教育/有重要环境意义领域中的技术培训和转移	绿色合作伙伴计划
2012.5	北京大学	加州大学洛杉矶分校	智能电网/智能汽车/电动车	绿色合作伙伴计划
2012.5	中国政法大学	国际城市管理协会	地方政府的环境可持续治理	绿色合作伙伴计划
2012.6	国家节能中心	旧金山市政府	签署《能效领域合作备忘录》	中美能效论坛
2012.6	住房和城乡建设部建筑科学研究院	西北太平洋实验室	签署《中美农村建筑节能合作协议》	中美能效论坛
2012.6	交通运输部公路科学研究院	美德维实伟克公司	签署《沥青创新技术合作研究框架协议》	中美能效论坛
2013.7	长三角循环经济技术研究院	可口可乐公司	利用农业废弃物制造聚酯塑料瓶	绿色合作伙伴计划
2013.7	北京大学	纽约理工学院	清洁水管理	绿色合作伙伴计划
2013.7	同济大学	纽约州立大学石溪分校	创新沼气利用	绿色合作伙伴计划
2013.9	中国电子技术标准化研究院/中国电子学会	劳伦斯·伯克利国家实验室	签署《绿色数据中心能效合作备忘录》	中美能效论坛
2013.9	湖南大学/长沙麦融高科公司	科罗拉多大学	签署《关于建立高效储能空调系统的联合研究合作备忘录》	中美能效论坛
2014.6	天津市能源管理培训学校	劳伦斯·伯克利国家实验室	签署提高能效合作备忘录	中美能效论坛

续表

时间	中国	美国	合作项目	依托平台
2014.6	中国城市研究会	劳伦斯·伯克利国家实验室	签署提高能效合作备忘录	中美能效论坛
2014.6	上海自贸区	劳伦斯·伯克利国家实验室	签署提高能效合作备忘录	中美能效论坛
2014.7	山东东营经济技术开发区	劳伦斯·伯克利国家实验室	低碳生态城市发展	绿色合作伙伴计划
2014.7	中石油胜利油田	肯塔基大学、斯伦贝谢	碳捕获、利用与封存	中美气候变化工作组
2014.7	华能清洁能源研究院	Summit 电力集团	碳捕获、利用与封存	中美气候变化工作组
2014.7	陕西延长石油	西弗吉尼亚大学/怀俄明大学/空气化学品公司	碳捕获、利用与封存	中美气候变化工作组
2015.6	宝钢集团	哥伦比亚大学	钢铁废物循环利用	绿色合作伙伴计划
2015.6	江苏智慧工程技术公司	肯塔基大学	高耗能行业降低大气污染和低成本二氧化碳捕捉合作	绿色合作伙伴计划

四 非政府组织合作

除了政府、企业，以及科研院所间的合作之外，近年来，中美两国越来越多的行业协会、基金会、专业委员会、工商理事会、研究会、专业学会、专业联盟，以及救助组织等非政府组织开始积极加入中美两国清洁能源和保护环境的合作。总体来看，中美两国清洁能源非政府组织层面的合作表现出以下几个方面的特点。

首先，从合作数量看，虽然与政府、企业，以及科研院所间合作相比，中美两国清洁能源和环境保护领域非政府组织合作的数量较为有限，但是，自 2009 年以来，非政府组织合作的数量有所增加，涵盖领域逐步扩大。2009 年迄今，中美两国清洁能源和环境保护领域非政府组织之间正式的结对合作已经达到九对。

其次，从合作的依托平台看，绿色合作伙伴计划是中美两国非政府组织建立和开展清洁能源合作的主要渠道，2011 年以来，两国非政府组织通过绿色合作伙伴关系已经开展了六对结对合作，合作范围涉及可再生能源、智能电网、能效、低碳城市、水文管理和大河保护、碳排放交易、动物保护、气候系统等多个领域。除了绿色合作伙伴计划外，中美清洁能源联合研究中心、中美可再生能源伙伴关系、中美能效论坛也成为中美两国非政府组织之间进行清洁能源和环境保护合作的主要平台。

　　此外，与企业合作和科研合作不同，中美两国非政府组织之间的清洁能源和环境保护合作多数并不以商业化为直接导向，其合作目的主要是推动清洁能源发展某些领域的社会认知和机构合作（见表3-8）。

表3-8　中美清洁能源非政府组织合作

时间	中国非政府组织	美国非政府组织	合作项目	依托平台
2009.11	中国城市科学研究会	国家资源保护协会、能源基金会、各州能源官员全国协会	建筑能效产学研联盟	中美清洁能源联合研究中心
2010.5	中国循环经济协会可再生能源专业委员会	可再生能源委员会、能源基金会	可再生能源合作	中美可再生能源伙伴关系
2011.5	中国可持续发展工商理事会	美国可持续发展工商理事会	水、能源、气候及生态系统服务项目	绿色合作伙伴计划
2012.5	长江流域渔政监督管理办公室	大自然保护协会	水文流域管理和大河保护	绿色合作伙伴计划
2013.7	北京节能环保中心	自然资源保护委员会	能效和智能电网	绿色合作伙伴计划
2013.7	国家应对气候变化战略研究和国际合作中心	可持续发展社区协会	低碳城市发展	绿色合作伙伴计划
2013.9	中国电子学会	数字能效及可持续性解决方案运动联盟	签署《利用电子信息技术提高能效合作备忘录》	中美能效论坛
2014.7	深圳绿色低碳发展基金会	环境保护协会	完善深圳移动源碳排放交易机制	绿色合作伙伴计划
2015.6	海南师范大学	911国际海龟救助组织	海龟保护	绿色合作伙伴计划

第四章　中美两国清洁能源合作的重点领域

中美两国清洁能源相关发展及合作主要集中在四个领域：清洁能源的技术研发、清洁能源的产业投资、清洁能源的产品贸易，以及碳市场交易。中国和美国均是全球清洁能源技术研发、产业投资，以及产品贸易大国，但是，目前中美两国之间的清洁能源技术研发合作、清洁能源产业投资以及清洁能源产品贸易相对有限。在碳交易方面，目前中美两国均未形成全国范围内统一的碳交易市场，再加上美国自退出《京都议定书》后不受该协议框架下的碳减排强制约束，因此中美两国之间的碳交易极其有限。

第一节　清洁能源的技术研发合作[①]

中美两国均非常重视清洁能源的技术研发。2015 年，中美清洁能源技术研发投资分别列全球第一位和第二位。中国的清洁能源研发投资主要来自政府，而美国的清洁能源研发投资则多数来自企业。太阳能、风能，以及生物燃料是全球清洁能源研发投资的前三大品类。其中，太阳能和生物燃料分别是中美两国清洁能源研发投资的主要技术领域。中美清洁能源联合研究中心、中美绿色合作伙伴计划等是中国两国清洁能源研发合作的主要渠道和平台。中美两国清洁能源领域的研发合作多数以商业化和市场化为直接导向，企业－科研合作模式未

[①]　由于统计数据所限，本部分数据主要是可再生能源的技术研发数据，核能、能效和低碳技术的研发数据未计入。

来有望超越政府合作和企业合作，成为中美两国清洁能源研发合作的主要形式。

一　中美两国分别是全球清洁能源研发投资第一、第二大国家

清洁能源的技术研发主要包括政府研发和企业研发两个部分。2004～2015年，全球可再生能源的技术研发投资自52亿美元增加到91亿美元，11年间年均增长6.4%左右。其中，在2015年全球可再生能源技术研发投资中，政府研发投资44亿美元，企业研发投资47亿美元，企业研发投资比政府研发投资多10%左右。[①] 除了政府投资和企业投资外，在清洁能源的技术开发阶段，也会有少量风险投资和私募股权投资参与进来，2014年，全球参与清洁能源技术研发的风险投资和私募股权投资达到34亿美元左右（见图4-1）。[②]

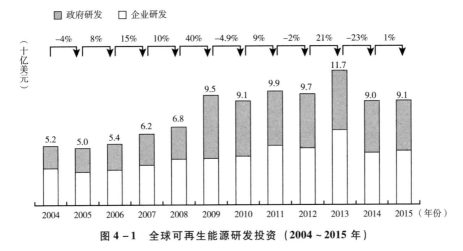

图4-1　全球可再生能源研发投资（2004～2015年）

数据来源：Frankfurt School – UNEP Center/ Bloomberg New Energy Finance，*Global Trends in Renewable Energy Investment 2016*，p. 72，http：//fs – unep – centre. org/system/files/gtr2015. pdf。

---

① REN21 (Renewable Energy Policy Network for the 21st Century)，*Renewables Global Status Report 2015*，p. 83，http：//www. ren21. net/wp – content/uploads/2015/07/REN12 – GSR2015 _ Onlinebook_ low1. pdf Frankfurt School – UNEP Center/ Bloomberg New Energy Finance，*Global Trends in Renewable Energy Investment 2016*，p. 72，http：//fs – unepcentre. org/sites/default/ files/publications/globaltrendsinrenewableenergyinvestment2016lowres_ 0. pdf.

② Frankfurt School – UNEP Center/ Bloomberg New Energy Finance，*Global Trends in Renewable Energy Investment 2016*，p. 15，http：//fs – unepcentre. org/sites/default/files/publications/ globaltrendsinrenewableenergyinvestment2016lowres_ 0. pdf.

中美两国是全球清洁能源研发投资大国。2015 年，中国和美国分别以 28 亿美元、16 亿美元位列全球清洁能源研发投资第一位和第二位。中国的清洁能源研发投资主要来自政府，在中国 2015 年的清洁能源研发投资总额中，政府投资 18 亿美元，占到本国清洁能源研发投资总额的 64% 左右，政府研发投资额位居世界第一。与中国情况不同，美国的清洁能源研发投资多数来自企业，2015 年，美国的清洁能源企业研发投资 9 亿美元，约占本国清洁能源研发投资总额的 56% （见图 4 - 2）。①

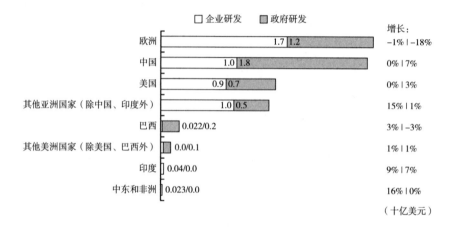

图 4 - 2　全球清洁能源研发投资 （2015 年）

数据来源：Frankfurt School – UNEP Center/ Bloomberg New Energy Finance, *Global Trends in Renewable Energy Investment 2016*, p. 74, http：//fs – unepcentre. org/sites/default/ files/publications/globaltrendsinrenewableenergyinvestment2016lowres_ 0. pdf。

二　太阳能和生物燃料分别是中美两国清洁能源研发投资的主要技术领域

从研发投资的技术领域看，太阳能、风能，以及生物燃料是全球清洁能源研发投资的前三大品类，2015 年全球太阳能、风能、生物燃料技术研发投资分别为 45 亿美元 （政府投资 19 亿美元、企业投资 26 亿美元）、18 亿美元 （政府投资 6 亿美元、企业投资 12 亿美元），以及 16 亿美元

---

① Frankfurt School – UNEP Center/ Bloomberg New Energy Finance, *Global Trends in Renewable Energy Investment 2016*, p. 74, http：//fs – unepcentre. org/sites/default/files/publications/ globaltrendsinrenewableenergyinvestment2016lowres_ 0. pdf.

（政府投资 12 亿美元、企业投资 4 亿美元）。① 2015 年全球清洁能源研发投资主要集中在通过技术进步减少光伏制造所需要的原材料，力求制造更薄的太阳能晶片，以及通过技术创新和材料创新生产直径更长、更强韧耐用的风轮叶片（见图 4 - 3）。

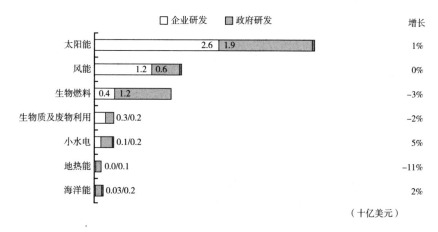

图 4 - 3　全球可再生能源研发投资技术分类（2015 年）

数据来源：Frankfurt School – UNEP Center/ Bloomberg New Energy Finance, *Global Trends in Renewable Energy Investment 2016*, p. 73, http://fs – unepcentre. org/sites/default/ files/publications/globaltrendsinrenewableenergyinvestment2016lowres_ 0. pdf。

在中国政府 2014 年的清洁能源研发投资中，几乎三分之二即 11 亿美元均投向了太阳能领域，再加上中国企业 4.85 亿美元的太阳能研发投资，使 2014 年中国的太阳能研发投资占到全球太阳能研发投资总额的四分之一左右。通过减少原材料使用和提高电池能效，中国的太阳能电池板成本自 2009 年至今已降低 75%，而在未来十年，通过技术研发等途径，中国生产的太阳能电池板成本预期将再降低 30% 左右。②

在美国的清洁能源研发投资中，生物燃料是其主要方向。2014 年，美国国防部与翡翠生物燃料（Emerald Biofuels）、红石生物燃料（Red Rock

---

① Frankfurt School – UNEP Center/ Bloomberg New Energy Finance, *Global Trends in Renewable Energy Investment 2016*, p. 73, http://fs – unepcentre. org/sites/default/publications/ globaltrendsinrenewableenergyinvestment2016lowres_ 0. pdf.

② Frankfurt School – UNEP Center/ Bloomberg New Energy Finance, *Global Trends in Renewable Energy Investment 2016*, p. 74, http://fs – unepcentre. org/sites/default/publications/ globaltrendsinrenewableenergyinvestment2016lowres_ 0. pdf.

Biofuels)，以及支点生物能源（Fulcrum Bioenergy）三家生物燃料生产企业签署了价值总额 2.1 亿美元的合同，用于"Drop - in 型"生物燃料的研发生产。[①] 但是，由于美国政府对于可再生燃料标准中生物燃料 10% 的混合上限（Blend Wall）一直存有争议，再加上美国环境保护署 2014 年没有明确规定本国 10% 的生物燃料使用份额，使得美国生物燃料市场的发展存在不确定性，从而一定程度上影响了本国生物燃料的研发投入。

三　中美两国清洁能源研发合作的主要平台和模式

在中美两国的清洁能源研发合作方面，中美清洁能源联合研究中心、中美绿色合作伙伴计划、中美可再生能源伙伴关系、中美先进生物燃料论坛、中美能效论坛，以及中美清洁能源务实合作战略论坛、中美气候变化工作组等成为两国清洁能源研发合作的主要渠道。到 2016 年初，中美两国已经通过绿色合作伙伴计划促成了 13 对科研合作，通过中美能效论坛促成了 11 对科研合作，通过中美清洁能源联合研究中心促成了中美两国之间建筑能效、清洁煤，以及清洁能源汽车三个产学研联盟的联合研发合作。中美两国清洁能源领域的研发合作多数以商业化和市场化为直接导向，注重研究成果的市场利益预期。目前，政府合作和企业合作是中美两国清洁能源研发合作的主要推动力量，但从长期看，企业 - 科研合作模式的数量有望增加，成为中美两国清洁能源研发合作的主要形式。[②]

第二节　清洁能源的产业投资合作

中美两国均是清洁能源投资大国，中国目前是全球最大的清洁能源投资国、美国则是全球第二大清洁能源投资国家。当前全球的清洁能源投资主要集中在太阳能、风能、生物质能三大领域。其中，风能和太阳能是中美两国最重要的清洁能源投资方向。此外，中国还是世界最大的水电投资国，而美国则是世界最大的生物质能、能效及低碳技术投资国。资产融资是中国清洁能源投资的主要方式，而美国的清洁能源投资方式则相对多样化。另外，中美两国政府均出台了一系列政策和措施以激励清洁能源投资的快速增加。

---

① Frankfurt School - UNEP Center/ Bloomberg New Energy Finance, *Global Trends in Renewable Energy Investment 2015*, p. 77, http：//fs - unep - centre. org/system/files/gtr2015. pdf.

② 中美两国清洁能源研发合作详见本书第三章第二节"科研合作"内容。

一　中美两国分别是全球第一、第二大清洁能源投资国

2004～2014 年，全球清洁能源新增投资自 600 亿美元增加到 3180 亿美元，十年期间投资增加超过四倍。[1] 其中，清洁能源投资增加最快的三个时期是：（1）2004 年第 3 季度至 2008 年第 2 季度：新增投资额自 90 亿美元增加到 520 亿美元，增长 4.8 倍左右；（2）2010 年第 1 季度至 2011 年第 2 季度：新增投资额自 504 亿美元增加到 776 亿美元，增长 54%；（3）2013 年第 4 季度至 2015 年第 3 季度：新增投资额自 614 亿美元增加到 700 亿美元左右，增长 14%。2015 年第 3 季度，全球清洁能源新增投资约 700 亿美元。（见图 4－4）[2]

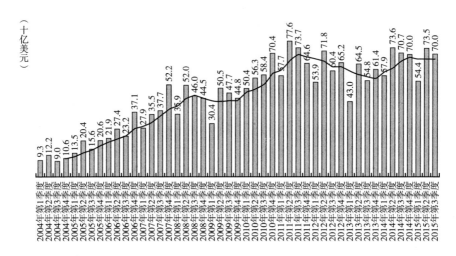

图 4－4　全球清洁能源新增投资（2004 年第 1 季度至 2015 年第 3 季度）

数据来源：Luke Mills, *Global Trends in Clean Energy Investment*, Bloomberg New Energy Finance, October 6, 2015, p. 8, http：//about. newenergyfinance. com/content/uploads/sites/4/2015/10/2015 － 10 － 08 － Clean － Energy － Investment － Q3 － 2015 － factpack. pdf。

中国目前是全球最大的清洁能源投资国。中国的清洁能源投资总体呈现快速增加趋势，2004～2014 年，中国清洁能源新增投资自 23 亿美元增

---

① Luke Mills, *Global Trends in Clean Energy Investment*, Bloomberg New Energy Finance, October 6, 2015, p. 4, http：//about. newenergyfinance. com/content/uploads/sites/4/2015/10/2015 － 10 － 08 － Clean － Energy － Investment － Q3 － 2015 － factpack. pdf.

② Luke Mills, *Global Trends in Clean Energy Investment*, Bloomberg New Energy Finance, October 6, 2015, p. 8, http：//about. newenergyfinance. com/content/uploads/sites/4/2015/10/2015 － 10 － 08 － Clean － Energy － Investment － Q3 － 2015 － factpack. pdf.

加到 835 亿美元左右，十年期间增加 35 倍左右。2015 年第 3 季度，中国新增清洁能源投资 267 亿美元，占全球同期清洁能源新增投资总额的 38%（见图 4 - 5）。[①]

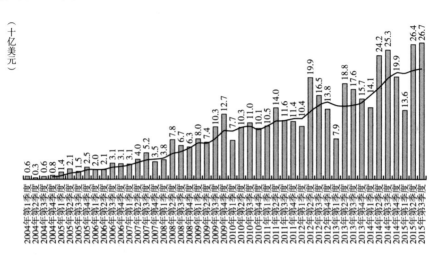

图 4 - 5　中国清洁能源新增投资（2004 年第 1 季度至 2015 年第 3 季度）

数据来源：Luke Mills, *Global Trends in Clean Energy Investment*, Bloomberg New Energy Finance, October 6, 2015, p. 12, http：//about. newenergyfinance. com/content/uploads/sites/4/2015/10/2015 - 10 - 08 - Clean - Energy - Investment - Q3 - 2015 - factpack. pdf。

美国是全球第二大清洁能源投资国。2012 年之前，美国的清洁能源投资总体呈快速增加趋势（2008 年例外），自 2004 年的 53 亿美元增加到 2011 年的 508 亿美元左右，八年期间增长将近 9 倍。但从 2011 年第四季度至 2013 年第一季度，美国清洁能源投资出现较大幅度下降。2013 年第一季度，美国清洁能源投资仅有 39 亿美元。2013 年第二季度至今，美国的清洁能源新增投资数量有所回升并基本保持稳定。2015 年第三季度，美国清洁能源新增投资 134 亿美元，占全球同期清洁能源新增投资总额的 19% 左右（见图 4 - 6）。[②]

---

① Luke Mills, *Global Trends in Clean Energy Investment*, Bloomberg New Energy Finance, October 6, 2015, p. 12, http：//about. newenergyfinance. com/content/uploads/sites/4/2015/10/2015 - 10 - 08 - Clean - Energy - Investment - Q3 - 2015 - factpack. pdf.

② Luke Mills, *Global Trends in Clean Energy Investment*, Bloomberg New Energy Finance, October 6, 2015, p. 8, http：//about. newenergyfinance. com/content/uploads/sites/4/2015/10/2015 - 10 - 08 - Clean - Energy - Investment - Q3 - 2015 - factpack. pdf.

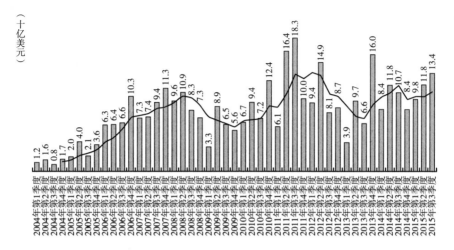

（十亿美元）

图 4 - 6　美国清洁能源新增投资（2004 年第 1 季度至 2015 年第 3 季度）

数据来源：Luke Mills, *Global Trends in Clean Energy Investment*, Bloomberg New Energy Finance, October 6, 2015, p. 8, http://about. newenergyfinance. com/content/uploads/sites/ 4/2015/10/2015 - 10 - 08 - Clean - Energy - Investment - Q3 - 2015 - factpack. pdf。

二　风能和太阳能是中美两国最重要的清洁能源投资领域

从投资领域看，全球的清洁能源投资主要集中在太阳能、风能、生物质能三大领域。全球太阳能新增投资自 2004 年的 120 亿美元增加到 2014 年的 1496 亿美元，十年期间年均增长 29% 左右，目前已经成为全球新增投资最多的清洁能源品类；风能是全球清洁能源投资第二大领域，全球风能新增投资自 2004 年的 179 亿美元增加到 2014 年的 995 亿美元，十年期间年均增长 19% 左右；[1] 此外，生物质能、水能、地热能、海洋能等可再生能源，以及能效和低碳技术投资等在全球清洁能源新增投资中也占有一定份额。[2]

具体到中国和美国的清洁能源投资领域，风能和太阳能同样也是两国最重要的清洁能源投资品类。2013 年，中国和美国的风能新增投资分

[1]　Frankfurt School – UNEP Center/ Bloomberg New Energy Finance, *Global Trends in Renewable Energy Investment 2015*, p. 15, http://fs – unep – centre. org/system/files/gtr2015. pdf.

[2]　Luke Mills, *Global Trends in Clean Energy Investment*, Bloomberg New Energy Finance, October 6, 2015, p. 13, http://about. newenergyfinance. com/content/uploads/sites/4/2015/10/2015 – 10 – 08 – Clean – Energy – Investment – Q3 – 2015 – factpack. pdf.

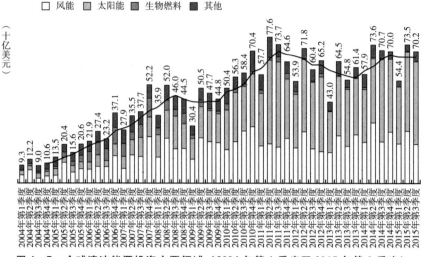

图 4 - 7　全球清洁能源投资主要领域（2004 年第 1 季度至 2015 年第 3 季度）

数据来源：Luke Mills, *Global Trends in Clean Energy Investment*, Bloomberg New Energy Finance, October 6, 2015, p. 13, http：//about. newenergyfinance. com/content/uploads/sites/4/2015/10/2015 - 10 - 08 - Clean - Energy - Investment - Q3 - 2015 - factpack. pdf。

别为 280 亿美元和 140 美元，分别位居世界第一和第二位。中国和美国的太阳能新增投资分别为 226 亿美元和 177 亿美元，分别位居世界第二和第三位。[①] 此外，中国还是世界最大的水电投资国，2014 年，中国水电新增投资以 24 亿美元位居世界第一。[②] 而美国则是世界最大的生物质能、能效及低碳技术投资国，2013 年，美国的生物质能投资、能效及低碳技术新增投资分别达到 18 亿美元和 28 亿美元，均位居世界第一。[③]

三　资产融资是中国清洁能源投资主要方式；美国清洁能源投资方式相对多样化

在投资来源方面，全球清洁能源投资既有清洁能源基金（Clean

① PEW Charitable Trusts, *Who's Winning the Clean Energy Race? 2013*, April 2014, pp. 14 - 15, http：//www. pewtrusts. org/ ~ /media/assets/2014/04/01/clenwhoswinningthecleanenergyrace2013 pdf. pdf.

② Frankfurt School - UNEP Center/ Bloomberg New Energy Finance, *Global Trends in Renewable Energy Investment* 2015, p. 26, http：//fs - unep - centre. org/system/files/gtr2015. pdf.

③ PEW Charitable Trusts, *Who's Winning the Clean Energy Race? 2013*, April 2014, p. 15, http：//www. pewtrusts. org/ ~ /media/assets/2014/04/01/clenwhoswinningthecleanenergyrace2013 pdf. pdf.

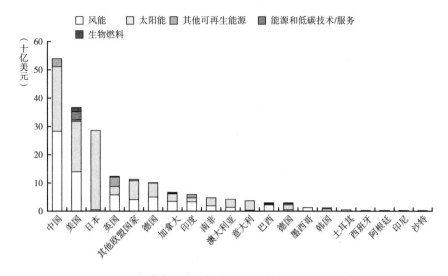

图 4 - 8　全球清洁能源投资主要国家和领域 （2013 年）

数据来源：The PEW Charitable Trusts，*Who's Winning the Clean Energy Race? 2013*，April 2014，p. 14，http：//www. pewtrusts. org/ ~ /media/assets/2014/01/clenwhoswinningthecleanenergyrace2013 pdf. pdf。

Energy Funds）、绿色债券（Green Bonds）、清洁能源项目债券（Clean Energy Project Bonds）、开发银行（Development Banks）、机构投资者（Institutional Investors）等传统投资来源，也有项目收益公司（Yieldcos）和众筹（Crowd - funding）等新的投资渠道。[1]

　　受 2014 年国际油价下跌的影响，全球清洁能源基金股价普遍下跌，与 2013 年相比，清洁能源基金的资产价值减少了 13.5% 左右。清洁能源绿色债券在 2014 年则达到创纪录的 390 亿美元，主要来自世界银行、政府机构，以及公司债券。受欧洲银行债务因素的影响，2014 年全球清洁能源项目债券则减少了 82%，只有 6.3 亿美元左右。此外，机构投资者仍然是清洁能源投资的主要来源之一，绿色债券、项目收益公司，以及清洁能源项目直接投资的增加都反映出机构投资者投资的增加。此外，开发银行一直在全球清洁能源投资中发挥着关键作用。2014 年，巴西国家开发银行（Brazilian Development Bank）为清洁能源项目提供了 27 亿美元信贷资金，位

----

[1]　Frankfurt School – UNEP Center/ Bloomberg New Energy Finance，*Global Trends in Renewable Energy Investment 2015*，p. 42，http：//fs – unep – centre. org/system/files/gtr2015. pdf.

居世界第一，而欧洲投资银行（European Investment Bank）以 15 亿美元的清洁能源项目信贷额位居世界第二。此外，2014 年，金砖国家新开发银行（New Development Bank BRICS）和亚洲基础设施投资银行（Asian Infrastructure Investment Bank）先后宣布成立，新成立的两个开发银行预期在未来也会成为全球清洁能源项目的重要投资来源。除了以上传统投资来源外，项目收益公司和众筹也逐渐成为全球清洁能源新的投资来源。2014 年，3 家美国项目收益公司、6 家英国项目收益公司，以及 1 家德国项目收益公司共从股票市场募集了 50 亿美元用于清洁能源开发项目。[1]

在投资类型方面，清洁能源投资主要有资产融资、公开市场投资、风险投资和私募股权投资，以及小规模分布式发电投资等，不同类型的投资适用于清洁能源发展的不同阶段。在清洁能源最初的技术研究阶段，主要是政府资金投入。在随后的技术开发阶段，风险资本和私募股权投资大量介入。而到了生产规模扩大阶段，主要依靠公开资本市场和收购兼并等获得资金。在最后的项目推广实施时期，则又有信贷市场和碳金融等参与进来（见图 4-9）。[2]

在清洁能源的所有投资类型中，资产融资是全球清洁能源投资的首要方式，2014 年，全球清洁能源资产融资 1879 亿美元，[3] 占当年度全球清洁能源新增投资总额的 69%。小规模分布式发电融资和公开市场投资分别是全球清洁能源第二和第三大投资类型。2014 年，全球清洁能源小规模分布式发电投资和公开市场投资分别达到 592 亿美元和 202 亿美元，[4] 占当年度全球清洁能源新增投资总额的 22% 和 7% 左右（见图 4-10）。

具体到中美两国，在中国清洁能源投资中，资产融资占了绝大部分。

---

[1] REN21 (Renewable Energy Policy Network for the 21ˢᵗ Century), *Renewables Global Status Report 2015*, pp. 84 – 85, http：//www. ren21. net/wp – content/uploads/2015/07/REN12 – GSR2015_ Onlinebook_ low1. pdf.

[2] The PEW Charitable Trusts, *Who's Winning the Clean Energy Race? 2013*, April 2014, p. 22, http：//www. pewtrusts. org/ ~ /media/assets/2014/04/01/clenwhoswinningthecleanenergyrace2013 pdf. pdf Frankfurt School – UNEP Center/ Bloomberg New Energy Finance, *Global Trends in Renewable Energy Investment 2015*, p. 10, http：//fs – unep – centre. org/system/files/ gtr2015. pdf.

[3] The PEW Charitable Trusts, *Who's Winning the Clean Energy Race? 2013*, April 2014, p. 22, http：//www. pewtrusts. org/ ~ /media/assets/2014/04/01/clenwhoswinningthecleanenergyrace2013 pdf. pdf.

[4] The PEW Charitable Trusts, *Who's Winning the Clean Energy Race? 2013*, April 2014, p. 18, http：//www. pewtrusts. org/ ~ /media/assets/2014/04/01/clenwhoswinningthecleanenergyrace2013 pdf. pdf.

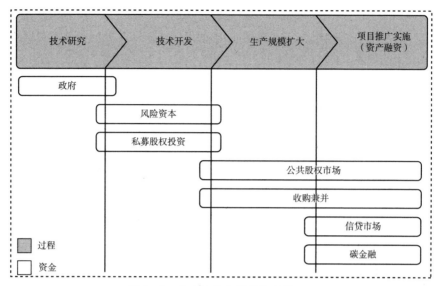

图 4 - 9　全球清洁能源投资类型

数据来源：The PEW Charitable Trusts，*Who's Winning the Clean Energy Race? 2013*，April 2014，p. 22，http：//www. pewtrusts. org/ ~/media/assets/2014/04/01/clenwhoswinningthecleanenergyrace2013 pdf. pdf。Frankfurt School – UNEP Center/ Bloomberg New Energy Finance，*Global Trends in Renewable Energy Investment* 2015，p. 10，http：//fs – unep – centre. org/ system/files/gtr2015. pdf。

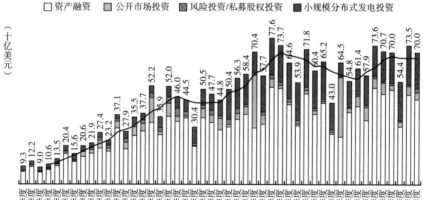

图 4 - 10　全球清洁能源投资细分（2004 年第 1 季度至 2015 年第 3 季度）

数据来源：Luke Mills，*Global Trends in Clean Energy Investment*，Bloomberg New Energy Finance，October 6，2015，p. 8，http：//about. newenergyfinance. com/content/uploads/sites/ 4/2015/10/2015 – 10 – 08 – Clean – Energy – Investment – Q3 – 2015 – factpack. pdf。

2013 年，中国的清洁能源资产融资总额高达 533 亿美元，位居世界第一。[①]其中，中核汇海风电公司、黄河水电开发公司，以及大同可再生能源电力公司的资产融资项目分别以 10 亿美元、9 亿美元，以及 7 亿美元位列中国2014 年清洁能源资产融资前三大交易。[②] 除资产融资外，中国还有少部分小规模分布式发电投资。资产融资同样也是美国首要的清洁能源投资类型，但与中国不同，美国清洁能源投资相对多样化，除了资产融资外，小规模分布式发电投资、公开市场投资、风险投资和私募股权投资都是美国清洁能源重要的投资来源。2013 年，美国的清洁能源市场分别吸引了 68亿美元和 22 亿美元的公开市场投资、风险投资和私募股权投资，[③] 占到全球清洁能源风险投资和私募股权新增投资总额的三分之二左右。[④]

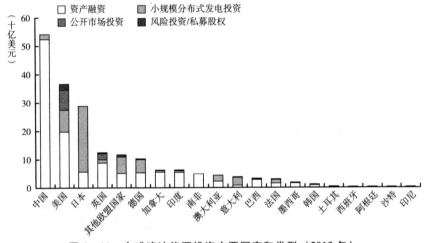

图 4 - 11　全球清洁能源投资主要国家和类型（2013 年）

数据来源：The PEW Charitable Trusts, *Who's Winning the Clean Energy Race? 2013*, April 2014, p. 15, http：//www. pewtrusts. org/ ~ /media/assets/2014/04/01/clenwhoswinningthecleanenergyrace2013 pdf. pdf。

---

① The PEW Charitable Trusts, *Who's Winning the Clean Energy Race? 2013*, April 2014, p. 14, http：//www. pewtrusts. org/ ~ /media/assets/2014/04/01/clenwhoswinningthecleanenergyrace2013 pdf. pdf.

② Climatescope, *Climatescope 2015: China Report*, p. 100, http：//global - climatescope. org/ en/download/reports/countries/climatescope - 2015 - cn - en. pdf.

③ The PEW Charitable Trusts, *Who's Winning the Clean Energy Race? 2013*, April 2014, pp. 16 - 17, http：//www. pewtrusts. org/ ~ /media/assets/2014/04/01/clenwhoswinningthecleanenergyrace2013 pdf. pdf.

④ The PEW Charitable Trusts, *Who's Winning the Clean Energy Race? 2013*, April 2014, p. 50, http：//www. pewtrusts. org/ ~ /media/assets/2014/04/01/clenwhoswinningthecleanenergyrace2013 pdf. pdf.

四 中美两国政府鼓励清洁能源投资的激励措施

在清洁能源投资的政府激励措施方面，中国主要有鼓励风能、生物质能和垃圾发电投资的固定上网电价补贴，鼓励太阳能投资的固定上网电价补贴，屋顶和建筑一体化光伏补贴，以及可再生能源配额标准和可再生能源发电全额保障性收购制度等。[①] 而美国政府清洁能源投资的激励政策主要有针对风能和太阳能投资的生产税抵免和投资税抵免，以及鼓励绿色交通投资的插电式电动汽车税收抵免等。[②]

第三节 清洁能源的产品贸易合作[③]

美国和中国不仅是世界第一大和第二大经济体，而且彼此互为最大的贸易伙伴。2014 年，中美商品贸易总额 5904 亿美元，其中美国向中国出口商品 1237 亿美元，中国向美国出口商品 4667 亿美元，中国对美商品贸易顺差 3430 亿美元。[④]

出于应对气候变化、保护环境、增强未来能源安全，以及占据世界清洁能源市场份额等考虑，中美两国均将发展清洁能源作为本国能源发展战略的主要方向，在中美贸易往来中，清洁能源相关贸易随之逐渐成为两国双边贸易的重要品类之一。

中国和美国是全球最大的清洁能源技术贸易国家。2011 年，全球清洁能源技术贸易总额约为 1980 亿欧元。[⑤] 其中，中美两国分别以 570 亿欧元

① The PEW Charitable Trusts, *Who's Winning the Clean Energy Race? 2013*, April 2014, p. 37, http：//www. pewtrusts. org/ ~ /media/assets/2014/04/01/clenwhoswinningthecleanenergyrace2013 pdf. pdf.

② The PEW Charitable Trusts, *Who's Winning the Clean Energy Race? 2013*, April 2014, p. 50, http：//www. pewtrusts. org/ ~ /media/assets/2014/04/01/clenwhoswinningthecleanenergyrace2013 pdf. pdf.

③ The PEW Charitable Trusts, *Advantage America：The U. S. – China Clean Energy Technology Trade Relationship in 2011*, http：//www. pewenvironment. org/uploadedFiles/PEG/Publications/ Report/US – China – Report – FINAL. pdf.

④ UN Comtrade Database, http：//comtrade. un. org/db/dqBasicQueryResults. aspx？ px = HS&cc = TOTAL&r = 842&p = 156&rg = 1&y = 2014&so = 8.

⑤ WWF & Roland Berger Strategy Consultants, *Clean Economy, Living Planet：The Race to the Top of Global Clean Energy Technology Manufacturing 2012*, June 6, 2012, p. 15, http：// www. rolandberger. com/media/pdf/Roland_ Berger_ WWF_ Clean_ Economy_ 20120606. pdf.

和 370 亿欧元的贸易额位居世界清洁能源技术贸易第一和第二。[①] 在应对全球气候变暖，加快传统化石能源替代的大背景下，近些年全球清洁能源技术市场发展迅速。2007 年，全球清洁能源技术贸易总额仅有 900 亿欧元，但预计 2020 年前，全球清洁能源技术市场将以年均 9% 左右的速度增长，到 2020 年，全球清洁能源技术市场的贸易总额将达到 2750 亿欧元左右，[②] 清洁技术市场的快速发展有望为中美两国带来更广阔的市场空间和更多的经济收益。

目前，中美两国之间的清洁能源贸易主要集中在太阳能、核能、风能三大领域。中国目前已经成为世界最大的风能和太阳能市场，世界排名靠前的核能市场。但是，在中国当前的可再生能源进口总额中，美国仅占不到 2% 的份额，[③] 主要原因在于美国的清洁能源产品并不具备价格竞争优势，中国能源部门的高度国有化垄断，以及中国缺乏必要的知识产权保护等。在中美两国的清洁能源贸易结构中，美国主要向中国出口高附加值、高技术含量的清洁能源产品和技术服务，而中国则凭借成本和物流优势，向美国出口低价清洁能源产品。

根据美国商务部国际贸易署预测，2015～2016 年，中国将成为美国第三大清洁能源出口市场（前两位分别是加拿大和日本）。[④] 其中，风能、核能，以及太阳能是美国对华清洁能源出口的主要领域，中国分别是美国风能、核能、太阳能的第二大、第一大和第七大出口市场。[⑤] 而在 2015～2020 年中期，中国将成为仅次于加拿大的美国第二大清洁能源

[①] WWF & Roland Berger Strategy Consultants, *Clean Economy, Living Planet: The Race to the Top of Global Clean Energy Technology Manufacturing 2012*, June 6, 2012, p. 21, http://www.rolandberger.com/media/pdf/Roland_ Berger_ WWF_ Clean_ Economy_ 20120606.pdf.

[②] WWF & Roland Berger Strategy Consultants, *Clean Economy, Living Planet: Building Strong Clean Energy Technology Industries*, November 2009, p. 8, http://www.rolandberger.com/media/pdf/Roland_ Berger_ Clean_ Economy_ 20100120.pdf.

[③] U. S. Department of Commerce – International Trade Administration, *2015 ITA Renewable Energy Top Markets Report: A Market Assessment Tool for U. S. Exporters*, July 2015, p. 24, http://trade.gov/topmarkets/pdf/Renewable_ Energy_ Top_ Markets_ Report.pdf.

[④] U. S. Department of Commerce – International Trade Administration, *2015 ITA Renewable Energy Top Markets Report: A Market Assessment Tool for U. S. Exporters*, July 2015, p. 3, http://trade.gov/topmarkets/pdf/Renewable_ Energy_ Top_ Markets_ Report.pdf.

[⑤] U. S. Department of Commerce – International Trade Administration, *2015 ITA Renewable Energy Top Markets Report: A Market Assessment Tool for U. S. Exporters*, July 2015, p. 47, p. 49, http://trade.gov/topmarkets/pdf/Renewable_ Energy_ Top_ Markets_ Report.pdf.

出口市场,[1] 成为美国风能、核能、太阳能的第一大、第一大,以及第三大出口对象伙伴国。[2]

一 太阳能产业贸易

太阳能产业贸易是中美两国清洁能源贸易的最大品类。2011 年,中美两国太阳能产品和服务贸易总额为 65 亿美元。其中,美国对华出口 37 亿美元,中国对美出口 28 亿美元,美国对华顺差 9 亿美元左右。[3] 在两国的太阳能产业贸易中,中国对美出口产品种类相对集中,主要是大规模生产和组装的光伏电池和光伏组件,其主要由中国较大的人力资本规模和较低的人力成本优势决定。而美国由于具备先进技术的领先优势,主要对华出口高附加值的太阳能产品和服务,例如,多晶硅和晶片、太阳能材料,以及太阳能产品生产设备和技术服务(见图 4 – 12)。

具体来看,在中美太阳能产业贸易中,主要包括以下几个部分(见图 4 – 13)。

一是多晶硅和晶片贸易。多晶硅是制造光伏电池的基础原材料,由于需要高度专业化的提纯工艺(用于制作光伏电池的多晶硅纯度要求至少达到 99.9999%),再加上多晶硅生产需要较长的周期,因此,世界领先的多晶硅公司一般是专业从事化学和金属制品的厂商。美国的多晶硅制造商主要有 Hemlock 半导体集团(Hemlock Semiconductor Group)、SunEdison 半导体公司(SunEdison Semiconductor),以及 REC 集团美国分公司。2011 年,美国对华出口多晶硅总额达 6.84 亿美元,仅 SunEdison 半导体公司就向中

① U. S. Department of Commerce – International Trade Administration, *2015 ITA Renewable Energy Top Markets Report*: *A Market Assessment Tool for U. S. Exporters*, July 2015, p. 51, http://trade. gov/topmarkets/pdf/Renewable_ Energy_ Top_ Markets_ Report. pdf.

② U. S. Department of Commerce – International Trade Administration, *Civil Nuclear Top Markets for U. S. Exports 2014 – 2015*: *An Assessment Tool for Focusing U. S. Government Resources*, December 2014, p. 5, http://www. export. gov/build/groups/public/@ eg_ main/@ civnuc/documents/webcontent/eg_ main_ 081331. pdf; U. S. Department of Commerce – International Trade Administration, *2015 ITA Renewable Energy Top Markets Report*: *A Market Assessment Tool for U. S. Exporters*, July 2015, p. 54, http://trade. gov/topmarkets/pdf/Renewable_ Energy_ Top_ Markets_ Report. pdf.

③ The PEW Charitable Trusts, *Advantage America*: *The U. S. – China Clean Energy Technology Trade Relationship in 2011*, p. 15, http://www. pewenvironment. org/uploadedFiles/PEG/Publications/Report/US – China – Report – FINAL. pdf.

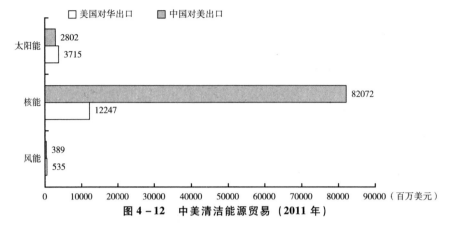

图 4 - 12　中美清洁能源贸易（2011 年）

数据来源：The PEW Charitable Trusts, *Advantage America：The U. S. – China Clean Energy Technology Trade Relationship in 2011*, p. 7. , http：//www. pewenvironment. org/uploadedFiles/ PEG/Publications/Report/US – China – Report – FINAL. pdf. UN comtrade, http：// comtrade. un. org/db/dqBasicQueryResults. aspx？px = HS&cc = 84&r = 842&p = 156&rg = 2&y = 2011&so = 8 http：//comtrade. un. org/db/dqBasicQueryResults. aspx？px = HS&cc = 84&r = 156&p = 842&rg = 2&y = 2011&so = 8。

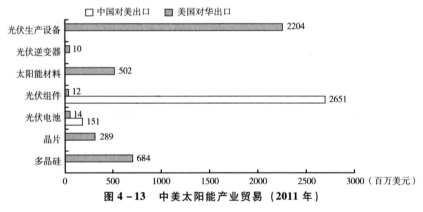

图 4 - 13　中美太阳能产业贸易（2011 年）

数据来源：The PEW Charitable Trusts, *Advantage America：The U. S. – China Clean Energy Technology Trade Relationship in 2011*, p. 15, http：//www. pewenvironment. org/ uploadedFiles/PEG/Publications/Report/US – China – Report – FINAL. pdf。

国出售了价值 2. 89 亿美元的多晶硅和晶片。[1] 而中国以保利协鑫能源控股有限公司（GCL – Poly Energy Holdings Ltd. ）为代表的多晶硅制造商，其

---

[1] The PEW Charitable Trusts, *Advantage America：The U. S. – China Clean Energy Technology Trade Relationship in 2011*, p. 11, http：//www. pewenvironment. org/uploadedFiles/PEG/ Publications/Report/US – China – Report – FINAL. pdf.

生产的多晶硅和晶片主要在本土销售，或者销往美国之外的其他国家市场，并没有对美出口。

二是光伏电池贸易。光伏电池是太阳能发电的核心部件，通过对多晶硅晶片表面进行化学处理，使晶片在阳光下能够产生电流，从而制成光伏电池。中国是光伏电池生产大国，世界前五大光伏电池生产商均在中国，可以说，中国集中了世界光伏电池的大部分产能。2011 年，中国向美国出口的光伏电池价值达 1.51 亿美元，而美国向中国出口的光伏电池价值仅1400 万美元，[①] 主要原因在于美国的光伏电池生产企业数量有限，此外，与中国拥有规模可观的光伏电池产能不同，大部分美国光伏电池企业的业务重点并不是光伏电池的制造，而是集中于光伏电池的组装（通常需要独特和严格的操作标准），以及对制造光伏电池和光伏模块的集成设备进行运营。

三是光伏组件贸易。光伏组件是光伏制造供应链的最终产品。与光伏电池领域一样，中国同样也是世界最大的光伏组件制造和出口国，光伏组件是中美两国清洁能源产品贸易中规模最大的贸易品类。中国的天合光能（Trina Solar Ltd.）、英利（Yingli Solar）、阿特斯（Canadian Solar Inc.），以及美国的第一太阳能（First Solar）均是世界排名前十位的光伏组件制造商。2011 年，中国向美国销售了价值 26.5 亿美元的光伏组件，而美国向中国出口的光伏组件价值仅有 1200 万美元。[②]

三是太阳能材料贸易。除了光伏电池，以及用来放置光伏电池的金属和玻璃器件，在光伏模块组装过程中还需要其他专业材料，例如，放置光伏电池的泡沫背板，将覆盖玻璃粘于光伏组件的塑料密封剂，以及用于提高光伏电池能效的专业金属化合物等。在此类高附加值的太阳能材料制造方面，美国具有领先优势，美国几个最大的化学制品公司如杜邦（DuPont）、3M 等均是世界最重要的太阳能材料制造和出口企业。2011 年，美国公司向中国出口了价值 5 亿美元左右的太阳能

---

① The PEW Charitable Trusts, *Advantage America：The U. S. - China Clean Energy Technology Trade Relationship in 2011*, p. 12, http：//www. pewenvironment. org/uploadedFiles/PEG/Publications/Report/US - China - Report - FINAL. pdf.

② The PEW Charitable Trusts, *Advantage America：The U. S. - China Clean Energy Technology Trade Relationship in 2011*, p. 12, http：//www. pewenvironment. org/uploadedFiles/PEG/Publications/Report/US - China - Report - FINAL. pdf.

材料。①

四是光伏逆变器贸易。光伏电池产生直流电后，需要通过逆变器将其转换成交流电，之后将太阳能板与居民住宅、商业、工业用电网，以及大规模的电力系统等进行连接。生产逆变器的主要是一些专业公司，以及全球一些大的电力系统和产业设备制造企业。其中，美国的逆变器生产和出口企业主要是通用电气（General Electric）和艾默生电气（Emerson Electric），2011 年，美国共向中国出口了价值 1000 万美元的光伏逆变器。

五是光伏生产设备贸易。光伏生产设备用来生产多晶硅和晶片，这些机器设备主要包括将化学物质涂于光伏电池所需的熔炉和线锯、淀积室和镀膜机、组装光伏电池和组件的机器人、保证太阳能板组装零污染的"绝对无尘室"，此外，还有维护这些精密昂贵生产系统所需的技术服务。光伏生产设备贸易是中美两国清洁能源贸易的另一重要品类，主要是美国向中国的单方出口，2011 年，包括应用材料（Applied Materials）、GT（GT Advanced Technologies）在内的美国企业共向中国出口了总额高达 22 亿美元的太阳能生产设备。②

二 中美核能产业贸易

核能产业贸易同样是中美双边清洁能源贸易的一个重要品类，在中美两国间的核能贸易中，主要包括核反应设备及零部件、核燃料、核电技术服务等。中国向美国出口的核能相关产品自 2010 年的 827 亿美元逐步增加到 2015 年的 1040 亿美元左右，2015 年中国对美出口核能相关产品贸易额占到当年度中国对美出口贸易总额的 21.6%；③ 而 2010～2015 年，美国向中国出口的核能相关产品则基本稳定在 110 亿美元到 120 亿美元之间，2015 年美国对华出口核能相关产品 123 亿美元，占到当年度美国对华出口

---

① The PEW Charitable Trusts, *Advantage America: The U. S. – China Clean Energy Technology Trade Relationship in 2011*, p. 13, http://www.pewenvironment.org/uploadedFiles/PEG/ Publications/Report/US – China – Report – FINAL. pdf.

② The PEW Charitable Trusts, *Advantage America: The U. S. – China Clean Energy Technology Trade Relationship in 2011*, p. 14, http://www.pewenvironment.org/uploadedFiles/PEG/ Publications/Report/US – China – Report – FINAL. pdf.

③ U. S. Department of Commerce – International Trade Administration – TradeStats Express, *2015 Imports from China of HS Total All Merchandise*, http://tse.export.gov/tse/ChartDisplay.aspx.

贸易总额的 10.6%。① 2015 年，在核能相关产品贸易中，中国对美顺差917 亿美元左右（见图 4 - 14）。②

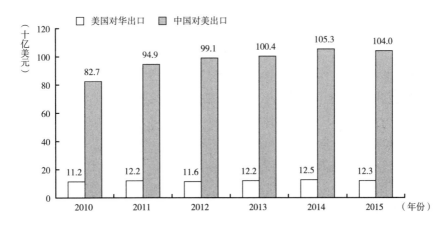

图 4 - 14　中美核能产业贸易（2010 ~ 2015 年）

数据来源：U. S. Department of Commerce – International Trade Administration – TradeStats Express, *2015 Imports from China of HS Total All Merchandise*, http：//tse. export. gov/tse/ChartDisplay. aspx U. S. Department of Commerce – International Trade Administration – TradeStats Express, *2015 Exports to China of HS Total All Merchandise*, http：//tse. export. gov/tse/ChartDisplay. aspx。

中国核能产业贸易对美顺差逐步增加的一个重要原因是，中国对本国核能产业的国产化目标逐步提高。以美国企业西屋电气（Westinghouse）和 CB&I 公司参与设计建造的 AP1000 核反应设施为例，中国本土生产的零部件成本份额已经从三门核电 1 号机组反应堆的 31%，上升到海阳核电 2号机组反应堆的 72%，而在长期阶段，中国的最终目标是要实现 AP1000核反应设施及其关键零部件几乎完全由本国生产。③ 在《核电中长期发展规划（2005 ~ 2020 年）》中，中国政府提出，要加快实现"核电设计自主

---

① U. S. Department of Commerce – International Trade Administration – TradeStats Express, *2015 Exports to China of HS Total All Merchandise*, http：//tse. export. gov/tse/ChartDisplay. aspx.

② U. S. Department of Commerce – International Trade Administration – TradeStats Express, *2015 Balances with China for HS Total All Merchandise*, http：//tse. export. gov/tse/ChartDisplay. aspx.

③ Nicobar Group & U. S. Department of Commerce, *China's Nuclear Industry in 2015：Moving Forward*, April 24, 2015, p. 8, http：//www. export. gov/china/build/groups/public/@ eg_cn/documents/webcontent/eg_ cn_ 067072. pdf.

化"和"核电设备制造自主化"，① 并且未来中国新建核电机组可能要达
到 85% 的国产化率，② 这成为核电领域美国对华贸易逆差的重要原因之
一。

虽然中国政府提出了本国核电发展的自主化目标，但在核能上游的原
材料市场，中国并不能实现完全自给自足，在核燃料铀、石墨，以及核燃
料循环技术方面，中国对于国外进口仍然存在较大依赖性。③ 近些年，中
国自美国进口石墨调节棒的数量持续增加，2014 年美国向中国出口石墨总
额 160 万美元左右，④ 中国已经成为继日本和加拿大之后美国石墨的第三
大出口对象国。⑤ 此外，中国核能产业所需铀的 70% 需要自国外进口，美
国同样也是中国核能所需铀的进口来源国之一。

根据中国政府《核电中长期发展规划（2011 ~ 2020 年）》目标，
到 2020 年前，中国在运核电装机要达到 5800 万千瓦，⑥ 相当于中国目
前核电产能的三倍（截至 2014 年底，中国在运核电装机 1900 万千瓦左
右）⑦，预计 2020 年前，中国核电项目建设资金总投资将达到 4500 亿元人
民币左右。⑧ 鉴于未来数年中国庞大的核电投资和市场规模，以及中国

---

① 中国国家发展和改革委员会：《核电中长期发展规划（2005 ~ 2020 年）》，2007 年 10 月，
第 10 页。

② U. S. Department of Commerce – International Trade Administration，*Civil Nuclear Top Markets for
U. S. Exports 2014 – 2015：An Assessment Tool for Focusing U. S. Government Resources*，
December 2014，p. 23，http：//www. export. gov/build/groups/public/@ eg_ main/@ civnuc/
documents/webcontent/eg_ main_ 081331. pdf.

③ Nicobar Group & U. S. Department of Commerce，*China's Nuclear Industry in 2015：Moving
Forward*，April 24，2015，p. 10，http：//www. export. gov/china/build/groups/public/@ eg_
cn/documents/webcontent/eg_ cn_ 067072. pdf.

④ UN Comtrade Database，http：//comtrade. un. org/db/dqBasicQueryResults. aspx？ px = HS&cc =
2504&r = 842&p = 156&rg = 2&y = 2014，2013，2012，2011，2010&so = 8.

⑤ U. S. Department of Commerce – International Trade Administration，*Civil Nuclear Top Markets for
U. S. Exports 2014 – 2015：An Assessment Tool for Focusing U. S. Government Resources*，
December 2014，p. 23，http：//www. export. gov/build/groups/public/@ eg_ main/@ civnuc/
documents/webcontent/eg_ main_ 081331. pdf.

⑥ 中国国家发展和改革委员会：《核电中长期发展规划（2005 ~ 2020 年）》，2007 年 10 月。

⑦ U. S. Department of Commerce – International Trade Administration，*Civil Nuclear Top Markets for
U. S. Exports 2014 – 2015：An Assessment Tool for Focusing U. S. Government Resources*，
December 2014，p. 22，http：//www. export. gov/build/groups/public/@ eg_ main/@ civnuc/
documents/webcontent/eg_ main_ 081331. pdf.

⑧ 中国国家发展和改革委员会：《核电中长期发展规划（2005 ~ 2020 年）》，2007 年 10 月，
第 13 页。

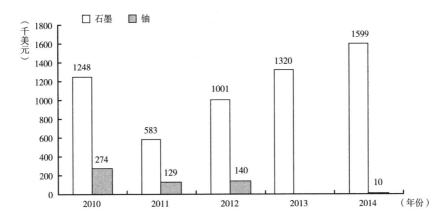

图 4 - 15　中国自美进口石墨和铀（2010 ~ 2014 年）

数据来源：UN Comtrade Database，http：//comtrade. un，org/db/dqBasicQueryResults. aspx? px = HS&cc = 2504&r = 842&p = 156&rg = 2&y = 2014，2013，2012，2011，2010&so = 8，http：//comtrade. un. org/db/dqBasicQueryResults. aspx? px = HS&cc = 284410，284420&r = 842&p = 156&rg = 2&y = 2013，2014，2012，2011，2010&so = 8；2013 年中国自美进口铀数据缺失。

政府"以市场换技术"的方针，[①] 未来中国仍将是美国核电贸易的重要出口市场，美国国际贸易署也因此将中国列为美国民用核能出口排名第一的市场。[②]

三　中美风能产业贸易

与核能和太阳能产业贸易相比，中美之间的风能产业贸易规模相对较小。2011 年，中美两国间的风能产品和服务贸易额仅有 9.23 亿美元，其中，美国向中国出口 5.35 亿美元，中国向美国出口 3.89 亿美元，美国对华贸易盈余 1.46 亿美元。[③] 具体到贸易结构，与太阳能产业贸易相似，美

---

① 中国国家发展和改革委员会：《核电中长期发展规划（2005 ~ 2020 年）》，2007 年 10 月，第 7 页。

② U. S. Department of Commerce - International Trade Administration，*Civil Nuclear Top Markets for U. S. Exports 2014 - 2015：An Assessment Tool for Focusing U. S. Government Resources*，December 2014，p. 5，http：//www. export. gov/build/groups/public/@ eg_ main/@ civnuc/documents/webcontent/eg_ main_ 081331. pdf.

③ The PEW Charitable Trusts，*Advantage America：The U. S. - China Clean Energy Technology Trade Relationship in 2011*，p. 20，http：//www. pewenvironment. org/uploadedFiles/PEG/Publications/Report/US - China - Report - FINAL. pdf.

国向中国出口的风能产品主要是高附加值的特殊材料（例如玻璃纤维）、精密电子设备，以及高科技含量的控制系统，而中国向美国出口的则是物流运输成本占优势的风力涡轮塔。

具体而言，中美两国之间的风能产业贸易主要包括以下几个部分（见图 4 - 16）。

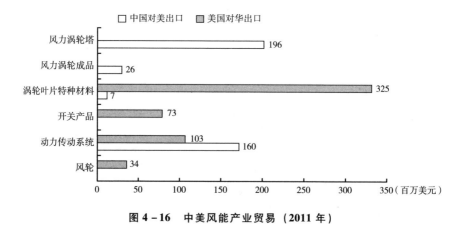

图 4 - 16 中美风能产业贸易（2011 年）

数据来源：The PEW Charitable Trusts, *Advantage America：The U. S. - China Clean Energy Technology Trade Relationship in 2011*, p. 20, http：//www. pewenvironment. org/uploadedFiles/PEG/Publications/Report/US - China - Report - FINAL. pdf。

一是风轮贸易。在风力涡轮机中，风轮将涡轮叶片与最终发电的动力传动系统连接在一起。风轮主要由两个部分组成：前端是轮毂，将涡轮叶片固定到轮轴上；后端是轴承，轴承需要高度的精密和耐受力，以承受长期风力涡轮运转的压力。2011 年，美国向中国出口了价值 3400 万美元的风轮，其中，五分之一销售给了在美国的中国企业，其余则通过境外美国公司销售到了中国本土市场。[①]

二是动力传动系统贸易。动力传动系统位于风轮后端，其作用是将风轮产生的旋转力传输给发电机。动力传动系统包括变速箱、轴承，以及控制涡轮开关和转速的刹车闸、联轴器、防护器等。动力传动系统是中美两国跨境风能贸易的最大品类，2011 年，美国向中国出口了总值 1.03 亿美

---

① The PEW Charitable Trusts, *Advantage America：The U. S. - China Clean Energy Technology Trade Relationship in 2011*, p. 18, http：//www. pewenvironment. org/uploadedFiles/PEG/Publications/Report/US - China - Report - FINAL. pdf.

元的传动轴，而中国则向美国出口了总值1.6亿美元的涡轮变速箱，① 这
些涡轮变速箱几乎全部由中国香港的上市公司中国高速传动设备集团
（China High Speed Transmission Equipment Group）生产，美国的通用电气
是其最大客户。

三是开关产品贸易。开关产品主要包括用于稳定电压的超级电容器，
以及其他保护涡轮免受电力系统故障损坏的开关产品。风力涡轮的开关设
备属于专业化、高技术产品，美国相关生产企业在此领域具备独特优势，
2011年，美国企业向中国出口的风力涡轮开关产品总值达7300万美元。②

四是涡轮叶片特种材料贸易。风力涡轮叶片的特种材料主要包括：
（1）玻璃纤维。玻璃纤维主要用于制造涡轮叶片，可以被塑造成各种复杂
形状的涡轮叶片。美国几家化学和特种材料制品生产企业如欧文斯科宁
（Owens Corning Corp.）、赫氏公司（Hexcel Corp.）、PPG工业集团（PPG
Industries Inc.）均在中国大陆设有分支机构，2011年，美国向中国销售了
1.35亿美元用于风电产品的玻璃纤维。（2）树脂。树脂主要用于将玻璃纤
维固定于耐受材料。与玻璃纤维一样，用于风电设备的树脂产品同样由美
国的亚洲分公司制造，例如陶氏化学（Dow Chemical Co.）和亨斯迈公司
（Huntsman International）等，2011年，美国共向中国销售树脂总额达1.5
亿美元。（3）涂料。涂料主要保护涡轮叶片表面免受外部环境中腐蚀成分
的侵蚀。2011年，包括陶氏化学、PPG工业集团，以及路博润（Lubrizol
Corp.）在内的美国企业共向中国出售了总值4000万美元的涂料。总体来
说，在中美两国的涡轮叶片特种材料贸易中，主要表现为美国向中国出
口，2011年，美国共向中国销售了3.25亿美元的相关特种材料，而中国
向美国的出口额则仅为700万美元。③

五是风力涡轮塔贸易。风力涡轮塔体积庞大并且重量可观，为了降

---

① The PEW Charitable Trusts, *Advantage America*: *The U. S. – China Clean Energy Technology Trade Relationship in 2011*, p. 18, http://www.pewenvironment.org/uploadedFiles/PEG/Publications/Report/US – China – Report – FINAL. pdf.

② The PEW Charitable Trusts, *Advantage America*: *The U. S. – China Clean Energy Technology Trade Relationship in 2011*, p. 19, http://www.pewenvironment.org/uploadedFiles/PEG/Publications/Report/US – China – Report – FINAL. pdf.

③ The PEW Charitable Trusts, *Advantage America*: *The U. S. – China Clean Energy Technology Trade Relationship in 2011*, p. 19, http://www.pewenvironment.org/uploadedFiles/PEG/Publications/Report/US – China – Report – FINAL. pdf.

低运输成本，通常先制成薄钢板，通过轮船、火车和卡车等运输到风电项目所在的最终组装地后再焊接成管状。美国本土的风力涡轮塔制造企业主要集中在德州、艾奥瓦州、达科他州等中西部地区，由于跨越落基山脉需要高昂的运输成本，对于风电开发商来说，从中国进口风力涡轮塔在价格上更有吸引力。中美两国的风力涡轮塔贸易流主要表现为中国向美国出口，2011 年，中国向美国出口了总额 1.96 亿美元的风力涡轮塔。[1]

六是完整的风力涡轮贸易。由于体积庞大，所以中美之间完整的风力涡轮贸易量极少，2012 年，美国从中国进口了价值 2600 万美元、仅 20个左右完整的风力涡轮。[2] 由于目前全球风力涡轮供过于求，再加上美国本土产能过剩，未来中美两国间完整的风力涡轮贸易量预计将进一步减少。

第四节　碳市场交易

目前《京都议定书》框架下的碳市场交易主要有排放交易、清洁发展机制，以及联合履约三种方式，碳配额是全球碳交易市场的主要交易产品，欧盟碳交易体系是目前全球交易数量最多、实践最成功的碳排放交易市场。中国的碳市场交易主要由碳排放交易和 CDM 交易组成，并计划于2017 年启动总量管制及配额交易的全国统一的碳排放交易体系，允许"市场参与者在环境治理中发挥更大作用"。美国碳市场交易体系主要有芝加哥气候交易所、区域温室气体行动、西部气候倡议，以及加州总量控制与交易体系。目前，美国与包括中国在内的《京都议定书》发展中缔约国的清洁发展机制交易项目极其有限，并且中美两国之间几乎没有直接的碳排放交易。鉴于中美两国在世界碳排放总量中的可观比重，未来中美两国之间的碳交易存在一定的利益空间和潜力，随着两国气候政策的逐步推进和

---

[1] The PEW Charitable Trusts, *Advantage America：The U. S. - China Clean Energy Technology Trade Relationship in 2011*, p. 19, http：//www. pewenvironment. org/uploadedFiles/PEG/Publications/Report/US - China - Report - FINAL. pdf.

[2] The PEW Charitable Trusts, *Advantage America：The U. S. - China Clean Energy Technology Trade Relationship in 2011*, p. 20, http：//www. pewenvironment. org/uploadedFiles/PEG/Publications/Report/US - China - Report - FINAL. pdf.

碳排放交易机制的不断完善，中美之间碳交易合作的数量和范围有望得到一定程度增加。

一　全球碳市场交易

在《京都议定书》框架下，存在以下四种碳市场交易机制（见图4-17）。

一是排放交易（Emissions Trading，ET）。排放交易是《京都议定书》附件一缔约方（发达国家）之间进行的碳配额交易，即超额完成减排义务的附件一国家，将其超额完成的排放配额（Assigned Amount Units，AAU），以贸易方式转让给其他未完成减排义务的附件一国家，并同时从转让方的碳配额中扣减相应的转让额度。

二是清洁发展机制（Clean Development Mechanism，CDM）。清洁发展机制是《京都议定书》附件一缔约方（发达国家）与非附件一国家（发展中国家）之间进行的温室气体减排交易，即附件一国家通过提供资金和技术，在减排成本相对较低的发展中国家开展节能减排项目合作，项目实现的"核证减排量"（Certified Emission Reduction，CER）用于部分抵扣附件一国家在《京都议定书》的温室气体减排承诺，一分"核证减排量"相当于一吨二氧化碳。[1]

三是联合履约（Joint Implementation，JI）。联合履约是《京都议定书》附件一缔约方之间进行的减排信用交易，即附件一国家之间通过节能减排项目合作，通过联合履约监督委员会（JI Supervisory Committee，JISC）进行核证，核证"减排单位"（Emission Reduction Units，ERU）可以转让给其他附件一国家，或者从其他附件一国家获得核证的减排单位，并同时从转让方的碳配额中扣减相应额度。[2]

四是清除碳排放机制（Removal Units，RMU），即附件一国家为实现《京都议定书》的减排承诺，可以通过植树造林、建造公共绿地等碳汇活动抵消本国碳排放量。

清除碳排放机制已于2012年到期，目前《京都议定书》框架下的碳市场交易主要是排放交易、清洁发展机制，以及联合履约三种方式。其中，排放交易的交易产品是碳配额（AAU），清洁发展机制的交易产品是

---

[1] UNFCCC, *What is the CDM*, http：//cdm. unfccc. int/about/index. html.

[2] UNFCCC, *Guidelines for the Implementation of Article 6 of the Kyoto Protocol*, 30 March 2006, http：//unfccc. int/resource/docs/2005/cmp1/eng/08a02. pdf.

核证减排量（CER），联合履约的交易产品是核证减排单位（ERU）。目前，在全球碳交易市场中，碳配额是主要交易产品，占比为80%～85%左右，核证减排量的成交额占比约15%～20%，核证减排单位的成交额占比仅为1%左右。①

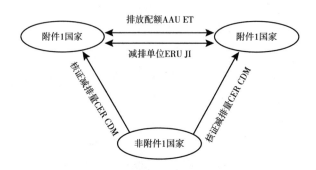

图4－17　《京都议定书》框架下三种主要碳交易机制：ET，CDM，JI

资料来源：UNEP。

全球碳市场自启动以来发展迅速，成交额自2005年的110亿美元达到2011年的最高峰1760亿美元。但是，受全球金融危机和欧债危机影响，2012年至今，全球碳市场成交额大幅下滑，2014年仅有494亿美元左右（见图4－18）。②

目前，全球的碳排放交易主要集中在欧洲。欧盟自2005年开始实施碳排放交易体系（EU ETS），共分为三个阶段（2005～2007年为第一个阶段；2008～2012年为第二个阶段；2013～2020年为第三个阶段），目前已进入第三个阶段，涵盖28个成员和欧洲经济区3个国家（挪威、冰岛、列支敦士登）、近14个行业、1.1万个工业气体排放实体。欧盟碳交易体系覆盖排放比例为45%左右，③ 是全球交易数量最多、实践最成功的碳排放交易市场。2013年，欧盟碳配额成交量87亿吨，成交金额360亿欧元（见图4－19）。④

除碳排放交易外，CDM交易也是全球碳交易市场的重要组成部分。

---

① 数据来源：World Bank。

② 数据来源：World Bank。

③ 碳交易体系覆盖比例是指纳入碳交易的碳排放量占该地区碳排放总量的比例。数据来源：World Bank。

④ 数据来源：Bloomberg New Energy Finance。

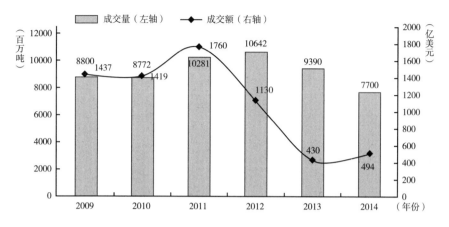

图 4 - 18 全球碳市场成交量与成交额（2009~2014 年）

数据来源：World Bank。

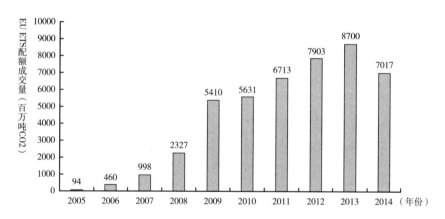

图 4 - 19 欧盟碳排放交易体系碳配额成交量（2005~2014 年）

资料来源：Bloomberg New Energy Finance。

2005~2012 年，全球 CDM 注册项目总数自 62 项增加到 3238 项；市场成交额从数十亿美元增加到 200 多亿美元。但是，2012 年以后，由于碳市场不景气和 CER 价格暴跌，CDM 注册和签发数量大幅减少，2013 年和 2014年，CDM 注册项目数分别仅为 296 项和 158 项。① 截至 2015 年 11 月底，

① UNFCCC，*CDM：Project Research*，http：//cdm. unfccc. int/Projects/projsearch. html.

全球已注册 CDM 项目 7682 项，① 项目主持国主要是中国、印度、巴西、越南、墨西哥等国，② 项目合作国主要是英国、瑞士、荷兰、瑞典、德国等欧盟国家和日本，③ 2015 年底全球已注册 CDM 项目的核证减排总量为 39.7 亿吨左右（见图 4 - 20）。④

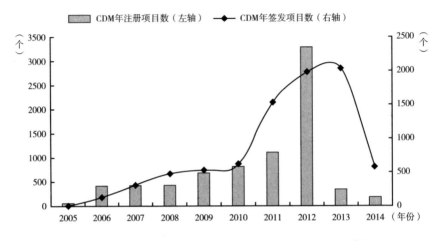

图 4 - 20　全球 CDM 注册、签发项目数（2005 ~ 2014 年）

数据来源：World Bank，UNFCCC。

与排放交易和清洁发展机制相比，联合履约数量相对较少，所占比例较低，仅占全球碳市场交易总额的 1% 左右。联合履约的主持国主要以欧盟成员国为主，此外，俄罗斯、乌克兰以及新西兰等国也有部分联合履约项目。⑤

---

① 在联合国清洁发展机制执行委员会（CDM Executive Board）正式注册的清洁发展机制项目除了"项目活动"（Project Activities）外，还有"项目活动计划"（Programme of Activities，PoA），由于 PoA 数量较少，本书未涉及。

② UNFCCC，*CDM Distribution of Registered Projects by Host Party*，November 30，2015，http：//cdm. unfccc. int/Statistics/Public/files/201511/proj_ reg_ byHost. pdf.

③ UNFCCC，*CDM Distribution of Registered Projects by Other Party*，November 30，2015，http：//cdm. unfccc. int/Statistics/Public/files/201511/proj_ reg_ byOther. pdf.

④ UNFCCC，*JI Project Activities*，November 30，2015，http：//cdm. unfccc. int/Statistics/Public/CDMinsights/index. html.

⑤ UNFCCC，*Project Overview*，November 30，2015，http：//ji. unfccc. int/JI _ Projects/ProjectInfo. html.

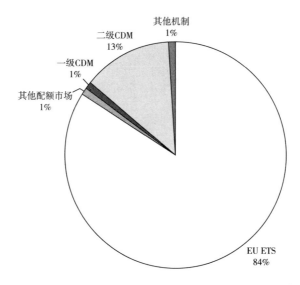

图 4 - 21　全球碳市场交易份额（2011 年）

数据来源：World Bank。

二　中国碳市场交易

（一）碳排放交易

2011 年 10 月，中国国家发展和改革委员会批准北京市、天津市、上海市、深圳市、重庆市、广东省，以及湖北省开展碳排放权交易试点，这些试点分别位于北京环境交易所、天津排放权交易所、上海环境能源交易所、深圳排放权交易所、重庆碳排放权交易中心、广州碳排放权交易所、湖北碳排放权交易中心。自 2013 年 6 月开始，中国 7 个试点省市相继启动碳排放交易。

中国国内首单碳排放配额交易于 2013 年 6 月 18 日在深圳排放权交易所完成，该交易的出让方是深圳能源集团股份有限公司、受让方为广东中石油国际事业有限公司/汉能控股集团有限公司，成交量 2 万吨，成交金额 58 万元人民币。此外，中国国内首单 CCER（中国核证自愿减排量）交易于 2013 年 11 月 28 日在北京环境交易所完成，成交量为 1 万吨，价格为每吨 16 元，减排量来自甘肃安西向阳风电项目，买方为东北中石油国际事业有限公司，卖方是中国国电集团龙源（北京）碳资产管理技术有限公司（见图 4 - 22）。

截至 2014 年底，北京、上海、天津、重庆、广东、深圳和湖北 7 个碳

排放权交易试点均发布了地方碳交易管理办法，共纳入控排企业和单位
1900 多家，分配碳排放配额约 12 亿吨。试点地区 2014 年和 2015 年履约率
分别达到 96% 和 98% 以上。截至 2015 年 8 月底，7 个试点省市累计交易地
方配额约 4024 万吨，成交额约 12 亿元人民币；累计拍卖配额约 1664 万
吨，成交额约 8 亿元人民币。[①]

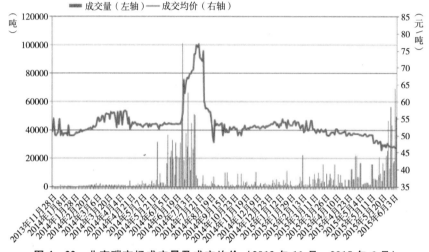

图 4-22 北京碳市场成交量及成交均价（2013 年 11 月~2015 年 6 月）

资料来源：北京市碳排放权电子交易平台：《北京碳市场成交额突破 2 亿元》，2015 年
6 月 8 日，http://www.bjets.com.cn/article/xxzx/rddt/201506/20150600000609.shtml。

在中国七个碳排放交易试点中，除深圳排放权交易所采取历史排放法[②]
分配碳配额外，其余六个碳排放交易试点均采取历史排放法和基准法[③]结

---

① 中国国家发展和改革委员会：《中国应对气候变化的政策与行动 2015 年度报告》，2015 年
11 月，http://www.china.com.cn/zhibo/zhuanti/ch - xinwen/2015 - 11/19/content _
37106833.htm；中国清洁发展机制基金：《解码碳交易试点：7 试点省市累计成交额近 13
亿》，http://www.cdmfund.org/Source _ down.aspx? m = 20130521171400200951&n =
20150414092735620175。

② 历史排放法的主要依据是企业历史碳排放量，一般选取企业之前三到五年的碳排放均值
确定碳配额。该方法假设企业碳排放将按照历史轨迹运行，对数据要求低，操作简单，
碳市场建设初期应用较多。历史排放法主要有两方面的弊端：（1）对此前节能减排成效
好的企业欠缺公平，不利于激励企业在未来进行更多的减排技术研发和引进；（2）不能
用于新成立企业和新增设施。中国国家电网能源研究院、英大传媒投资集团：《2014 中国
电力行业与碳交易研究》，2014 年 12 月 19 日。

③ 基准法主要采用企业每单位活动的某种指标标准确定碳配额，单位活动包括：产品吨数
（钢铁或水泥）、能耗（千瓦时电力），或者单位经济产出（行业附加值）等。（转下页注）

合的方法确定碳配额。从覆盖比例看，天津排放权交易所、北京环境交易所，以及上海环境能源交易所的碳交易覆盖比例较高，均在 50% 以上，主要集中在工业、电力和建筑行业。而湖北、重庆、深圳的碳交易覆盖比例相对较低，为 40% 左右，主要集中在工业和电力领域（见图 4-23）。

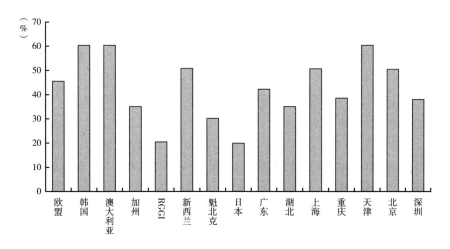

图 4-23　全球不同地区碳交易体系覆盖比例

资料来源：World Bank。

由于中国尚未推出碳排放强制交易，因此中国国内现有交易所均只有碳排放自愿交易，交易量十分有限，且几乎没有收益。除非在未来逐步过渡成为一个半强制或强制市场，否则，中国国内碳市场很难快速发展。2015 年 9 月 25 日，中国国家主席习近平访美期间，中美两国发表《中美元首气候变化联合声明》，中国承诺 2017 年启动总量管制及配额交易的全国碳排放交易体系，允许"市场参与者在环境治理中发挥更大作用"。计划于 2017 年启动的全国碳排放交易体系将覆盖钢铁、电力、化工、建材、

（接上页注③）基准线选择标准主要有：（1）"最佳实践"原则，将不同企业（设施）同种产品的单位产品碳排放进行排序，选取前 10% 左右作为基准线，每个企业（设施）获得的配额等于其产量乘以基准线值；（2）"最佳可获得技术"原则，依据企业（设施）可获得的最优技术确定单位产品（产值）基准线。基准线法较历史排放法复杂、所需数据较多、标准制定较难、导致成本效率较高。但是基准线法可以激励企业节能减排，也可应用于新进入的企业和设施。中国国家电网能源研究院、英大传媒投资集团：《2014 中国电力行业与碳交易研究》，2014 年 12 月 19 日。

造纸和有色金属等重点工业行业,[①] 在具体实施上，中国碳排放市场将依据中国目前 7 个地方省份的经验设计。2017 年中国统一碳排放交易体系启动后，预期碳配额交易将达到 30 亿吨~40 亿吨，超过欧盟现有 20 亿吨的碳配额交易。

（二）CDM 交易

截至 2016 年 8 月 23 日，中国国家发展和改革委员会已经批准清洁发展机制项目 5074 项,[②] 年减排量 7.8 亿吨二氧化碳当量左右。[③] 其中，新能源和可再生能源的清洁发展机制项目 3733 项,[④] 年减排量 4.59 亿吨二氧化碳当量左右。[⑤]

此外，自 2005~2015 年，中国在联合国清洁发展机制执行委员会（CDM Executive Board）已注册清洁发展机制项目 3764 项（其中能源相关 CDM 项目 3538 项），约占同期世界 CDM 已注册清洁发展机制项目总数（7686 项）的 49%，已注册项目总数位居世界第一。[⑥] 其中，英国、瑞士、荷兰、瑞典、西班牙等欧盟成员国，以及日本和加拿大是中国 CDM 项目的主要交易伙伴国（见图 4-24）。

除了企业交易外，在政府层面，2006 年 8 月，中国国务院批准成立发展中国家首个国家政府层面专门应对气候变化的基金——中国清洁发展机制基金，2007 年 11 月，中国清洁发展机制基金正式启动运行。2010 年 9 月 14 日，经国务院批准，中国财政部、国家发展和改革委员会等七部委联合颁布《中国清洁发展机制基金管理办法》，中国清洁发展机制基金业务由此全面展开。

中国清洁发展机制基金的资金主要源于四个部分：（1）通过清洁发展

---

① 《中美元首气候变化联合声明》，新华网，2015 年 9 月 25 日，http://news.xinhuanet.com/world/2015-09/26/c_1116685873.htm。

② 中国清洁发展机制网 CDM 项目数据库系统：《批准项目数按减排类型分布图表》，2016 年 8 月，http://cdm.ccchina.gov.cn/NewItemTable7.aspx。

③ 中国清洁发展机制网 CDM 项目数据库系统：《批准项目估计年减排量按减排类型分布图表》，2016 年 8 月，http://cdm.ccchina.gov.cn/NewItemTable8.aspx。

④ 中国清洁发展机制网 CDM 项目数据库系统：《批准项目数按减排类型分布图表》，2016 年 8 月，http://cdm.ccchina.gov.cn/NewItemTable7.aspx。

⑤ 中国清洁发展机制网 CDM 项目数据库系统：《批准项目估计年减排量按减排类型分布图表》，2016 年 8 月，http://cdm.ccchina.gov.cn/NewItemTable8.aspx。

⑥ UNFCCC, *CDM*: *Project Research*, http://cdm.unfccc.int/Projects/projsearch.html.

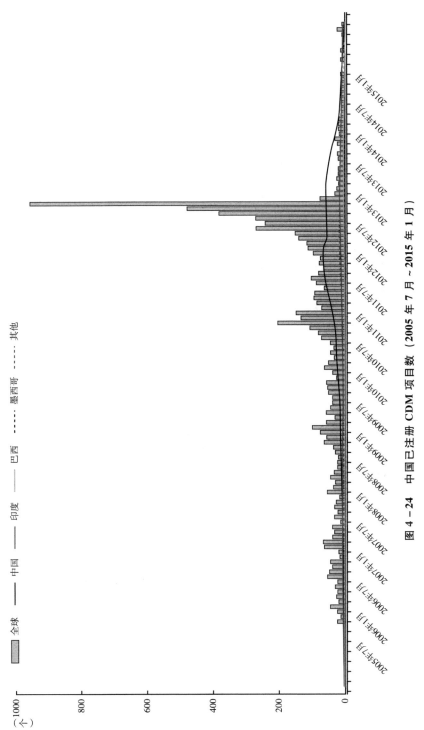

图 4 - 24　中国已注册 CDM 项目数（2005 年 7 月 ~ 2015 年 1 月）

资料来源：UNFCCC, *Trend of Projects Registered and Registering by Host Party*, December 2015, http：//cdm. unfccc. int/Statistics/Public/files/201512/reghpnum. pdf。

机制项目转让温室气体减排量所获得收入中属于国家所有的部分;① （2） 基金运营收入;（3） 国内外机构、组织和个人捐赠;（4） 其他来源。其中，CDM 项目国家收入是清洁基金目前首要的资金来源。② 截至 2012 年底，中国清洁发展机制基金已累计收取 CDM 项目国家收入约 121.5 亿元。

在资金使用方面，中国清洁发展机制基金主要有赠款和有偿使用两种方式：赠款主要用于支持有利于加强应对气候变化能力建设和提高公众应对气候变化意识的相关活动。截至 2012 年，中国清洁发展机制基金已累计安排 4.95 亿元赠款资金；有偿使用则主要通过股权投资、委托贷款、融资性担保，以及国家批准的其他方式，支持有利于产生应对气候变化效益的产业活动，自中国清洁发展机制基金开展委托贷款业务以来，清洁基金已审核通过 68 个项目，覆盖全国 18 个省（市），安排贷款资金达 39 亿元，带动相关社会资金 247 亿元左右。③

表 4－1　中国清洁发展机制基金委托贷款项目类型、数量及碳预算

清洁发展委托贷款支持的各地方项目类型、项目数和碳预算(万吨二氧化碳当量/年)					
类型 省份	可再生能源		节能和提高能效		新能源装备和材料制造	
	项目数（个）	减碳预算	项目数（个）	减碳预算	项目数（个）	碳减排潜能预算*
天　津			1	2.58		
河　北			1	22.57		
山　西			2	29.25		
黑龙江			3	9.88		

---

① 根据 2011 年 8 月 3 日中国国家发改委、科技部、外交部和财政部联合颁布的《清洁发展机制项目运行管理办法（修订）》（国家发展改革委等四部委令第 11 号）第三十六条规定：清洁发展机制项目因转让温室气体减排量所获得的收益归国家和项目实施机构所有，其他机构和个人不得参与减排量转让交易额的分成。国家与项目实施机构减排量转让交易额分配比例如下：（1） 氢氟碳化物（HFC）类项目，国家收取转让温室气体减排量转让交易额的 65%；（2） 己二酸生产中的氧化亚氮（N_2O）类项目，国家收取温室气体减排量转让交易额的 30%；（3） 硝酸等生产中的氧化亚氮（N_2O）项目，国家收取温室气体减排量转让交易额的 10%；（4） 全氟碳化物（PFC）类项目，国家收取温室气体减排量转让交易额的 5%；（5） 其他类型项目，国家收取温室气体减排量转让交易额的 2%。中国清洁发展机制基金：《国家收入收取政策》，http://www.cdmfund.org/about_us.aspx? m = 20120903131147793085。

② 中国清洁发展机制基金：《中国清洁发展机制基金管理办法》，2010 年 9 月 14 日。

③ 中国清洁发展机制基金：《基金概况》，http://www.cdmfund.org/about_us.aspx? m = 20121126141927200900。

续表

类　型 省　份	可再生能源		节能和提高能效		新能源装备和材料制造	
	项目数(个)	减碳预算	项目数(个)	减碳预算	项目数(个)	碳减排潜能预算*
江　苏					5	562.98
福　建	2	19.28				
江　西	2	8.73			2	296.45
山　东	1	16.99	2	23.59	1	28.75
河　南	1	66.01	1	4.25		
湖　北			1	7.48	1	3.88
湖　南	1	8.37			1	0.47
陕　西	1	5.5	1	31.11		
甘　肃	1	9.74				
合　计	9	134.62	12	130.71	10	892.53

清洁发展委托贷款支持的各地方项目类型、项目数和碳预算(万吨二氧化碳当量/年)

注：＊指新能源装备和材料制造类项目参与做出贡献的碳减排潜能预计量。

资料来源：中国清洁发展机制基金：《有偿使用项目减排温室气体情况》，http://www.cdmfund.org/about_ us.aspx？m＝20120903152246340156。

二　美国碳市场交易

美国并非《京都议定书》缔约国，1997 年 6 月 25 日美国参议院以 95 票对 0 票通过了《伯德·哈格尔决议》，要求美国政府不得签署任何"不同等对待发展中国家和工业化国家，有具体目标和时间限制的条约"。2001 年 3 月美国单方面退出《京都议定书》。小布什政府和奥巴马政府时期，美国继续拒绝加入《京都议定书》，因此，美国没有承担《京都议定书》规定的附件一国家（发达国家）的强制减排义务。

虽然不受《京都议定书》强制减排的限制，但美国部分州和企业自下而上建立了数个区域层面的碳交易体系，这些区域性的碳交易体系主要有：芝加哥气候交易所（Chicago Climate Exchange，CCX）、区域温室气体倡议（RGGI）、加州总量控制与交易体系，以及西部气候倡议（WCI）等。

（一）芝加哥气候交易所

芝加哥气候交易所是全球首个温室气体自愿减排交易平台。该交易所创建于 2000 年，自 2003 年开始正式运营。交易所实行会员制，包括美国电力公司、杜邦、福特、摩托罗拉等在内的 13 家公司是其创始会员，其后会员增加到 450 多家，来自航空、汽车、电力、环境、交通等数十个行业，其中也包括 5 家中国会员公司。

按照芝加哥气候交易所要求，交易所会员必须做出自愿但具有法律约束力的温室气体减排承诺，以自身 1998～2001 年的温室气体排放量为基准线，进行两个承诺期的逐年计划减排：第一个承诺期为 2003～2006 年，要求会员在基准线排放水平（1998～2001 年平均排放量）上每年减排 1%，到 2006 年比基准线排放量减少 4%。在第一个承诺期内，CCX 会员共实现减排 5340 万吨；第二个承诺期为 2007～2010 年，要求会员的碳减排比基准线排放水平（新会员为 2000 年的排放量）降低 6% 以上。

芝加哥气候交易所同时开展 6 种温室气体减排交易，根据会员的排放基准线和减排时间表签发减排配额，会员的实际减排量如果超出自身减排配额，可以将超额减排在气候交易所内进行交易或者储存；如果实际减排量少于减排配额，则需要通过气候交易所的交易平台购买碳金融工具合约（Carbon Financial Instrument，CFI），一单位 CFI 代表 100 吨二氧化碳当量。

芝加哥气候交易所有碳配额和碳抵消（碳抵消交易主要用于农业、森林、水资源管理，以及可再生能源部门）两种交易类型，此外，也接受清洁发展机制（CDM）项目。在 2003～2010 年的八年间，芝加哥气候交易所通过平台交易，共减少了 4.5 亿吨碳排放，与美国同时期的碳排放总量相比微不足道（仅在 2008 年，美国碳排放总量即达到 70 亿吨）。此外，到了 2010 年，由于受到政府气候变化政策的不确定、碳配额供需失衡、碳交易机制不完善等因素影响，CFI 价格自 2008 年的最高 7.4 美元暴跌至 10 美分左右，自愿交易的收益大幅度减少，许多买家退出市场，气候交易所的碳排放交易直线减少，最终在 2010 年 7 月，交易所的母公司被亚特兰大洲际交易所以 6.22 亿美元收购。芝加哥气候交易所的实践表明，如果没有强制性减排目标，自愿减排市场的作用非常有限，也难以持久。

（二）区域温室气体倡议

美国第一个以市场为基础的强制性减排交易体系是区域温室气体倡议（Regional Greenhouse Gas Initiative，RGGI）。2005 年 12 月，美国康涅狄格（Connecticut）、特拉华（Delaware）、缅因（Maine）、新罕布什尔（New

Hampshire)、新泽西（New Jersey）、纽约（New York）、佛蒙特（Vermont）7个州签订了区域温室气体倡议，形成了美国第一个以市场为基础的区域性强制"限额 – 交易"（cap-and-trade）温室气体排放交易体系，在之后的数年间，马里兰（Maryland）、马萨诸塞（Massachusetts）、罗得岛（Rhode Island）三州陆续加入。

RGGI 的碳交易覆盖比例处在世界较低水平，只有20%，[①]主要集中在电力行业。该体系将区域内2005年之后所有装机容量大于或等于25兆瓦，且化石燃料占比50%以上的发电企业列为排放单位，要求签约电力企业2018年的温室气体排放量比2009年减少10%。RGGI 为此提供了一个缓冲期，要求2014年前各州的排放上限保持不变，从2015年起至2018年的四年间每年减少碳排放2.5%，最终实现到2018年减排10%的目标。

RGGI 主要采取拍卖法[②]分配碳配额（RGGI Allowance，RGGAs），[③]根据各州的历史碳排放量，以及用电量、人口、预测的新排放源等因素，在签约各州分配碳配额。2015年 RGGI 调整后的碳配额总量为6683万吨左右，其中，纽约州、马里兰州、马萨诸塞州分别以2583万吨（占比39%）、1488万吨（占比22%）、1057万吨（占比16%）位居前三（见图4–25）。[④]

在碳配额分配的基础上，RGGI 允许签约各州自行采取措施限制发电企业的碳排放，发电企业可以通过 RGGI 平台对碳配额进行交易买卖。此外，RGGI 还允许减排企业购买某些项目产生的碳减排额[⑤]来抵消碳配额的不足，但其购买的碳抵消额一般不超过3.3%，[⑥]并且只限于美国本土，除非超过 RGGI 为防止市场失灵而设置的两个安全阈值。第一个安全阈值主要用来解决碳配额初次分配不足可能导致碳价过高的问题。RGGI 规定，

---

① 数据来源：World Bank。
② 拍卖法通过公开拍卖碳配额，由市场决定各企业所需配额量。拍卖法简单、公平、价格透明，并且可以增加政府收入。但拍卖法对企业负担较重，在碳交易市场发展初期较少采用。中国国家电网能源研究院、英大传媒投资集团：《2014中国电力行业与碳交易研究》，2014年12月19日。
③ 资料来源：World Bank。
④ RGGI, *2015 CO$_2$ Allowance Allocation*, December 7, 2015, http：//www. rggi. org/docs/CO2 AuctionsTrackingOffsets/Allocation/2015_ Allowance – Allocation. pdf.
⑤ 一吨二氧化碳当量构成一个碳减排额。
⑥ RGGI, *Overview of RGGI CO$_2$ budget trading program*, March 31, 2012, http：//www. rggi. org/docs/program_ summary.

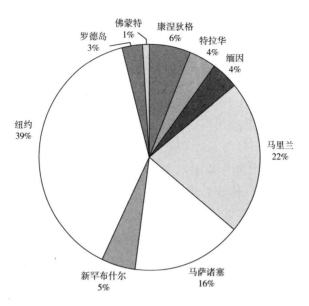

图 4 – 25　美国区域温室气体倡议（RGGI）各州碳配额（2015 年）

资料来源：RGGI, *Allowance Allocation*, http：//www. rggi. org/market/ tracking/allowance – allocation。

在碳减排某一履约期的前 14 个月中，如果碳配额市场价格的滚动平均值持续 12 个月超过安全阈值，则延长该履约期。第二个安全阈值主要解决碳配额交易市场供需结构有可能严重失衡的问题。RGGI 规定，如果市场的碳配额供给严重不足，连续两次触发第一个安全阈值，则允许从北美或者其他国际交易市场获得碳减排，并将其使用上限提高到 5% 甚至 20%。

（三）西部气候倡议

2007 年 2 月，美国西部的亚利桑那（Arizona）、加利福尼亚（California）、新墨西哥（New Mexico）、俄勒冈（Oregon）和华盛顿（Washington）五个州发起成立了区域性气候变化应对组织——西部气候倡议（Western Climate Initiative，WCI）。[①] 此后，加拿大不列颠哥伦比亚省（British Columbia）、美国犹他州（Utah）、加拿大马尼托巴省（Manitoba）、

---

① Western Climate Initiative, *Western Regional Climate Action Initiative*, February 26, 2007, http：//www. westernclimateinitiative. org/component/remository/general/WCI – Governors – Agreement/.

美国蒙大拿州（Montana）、加拿大魁北克省（Quebec）和安大略省
（Ontario）相继正式加入。①

西部气候倡议旨在通过地方政府的联合行动应对气候变化，降低温室
气体排放。西部气候倡议的减排目标是，到 2020 年区域内温室气体排放量
比 2005 年降低 15%。为实现这一目标，设定了三个减排承诺期：第一个
减排承诺期是 2012~2014 年，减排领域主要是电力；第二个减排承诺期是
2015~2017 年，此前未涵盖的交通燃料，以及住宅、商业及工业燃料被纳
入减排范围；② 第三个减排承诺期是 2018~2020 年，最终完成 15% 的减排
目标。

西部气候倡议采用区域"限额 - 交易"机制，要求区域成员必须自
2011 年起报告本地区上年度的碳排放量，同时制定 2020 年底前的碳预算，
WCI 在此基础上，根据需要通过拍卖或者无偿方式在各区域分配碳配额。
为了提高减排效力，西部气候倡议要求区域内各地方政府逐步提高碳配额
拍卖的比例，最初以拍卖方式分配的碳配额不低于 10%，到 2020 年则不
低于 25%，拍卖所产生的收益用于区域内能源效率的提高和低碳技术的创
新等。西部气候倡议的碳配额可以在二级市场交易，在某些情况下也可以
购买其他区域的碳减排，但不接受《京都议定书》机制下清洁发展机制
（CDM）的碳减排。③

（四）加州总量控制与交易体系

加州总量控制与交易体系的前身是 2001 年成立于美国的加州气候行动
注册处（California Climate Action Registry，CCAR），该机构由卡万塔能源
（Covanta Energy）等 23 个创始成员在美国加州创建，其后成员发展到 350
多家，包括企业、大学、政府机构、环保组织等，该平台通过气候行动注
册报告在线工具（Climate Action Registry Reporting Online Tool，CARROT），
鼓励成员自愿测量和自愿报告温室气体排放。CCAR 只是简单的碳排放自

---

① Western Climate Initiative, *Milestones：2007*, 2008, http：//www. westernclimateinitiative. org/
milestones.

② Western Climate Initiative, *Milestones：2015 - 2017：Second Compliance Period*, http：//
www. westernclimateinitiative. org/milestones.

③ Western Climate Initiative, *Program Design*, http：//www. wci - inc. org/program - design. php.

愿测量和报告平台，本身既不设定减排目标和任务，也不分配碳排放指标。① 2010 年 12 月，加州气候行动注册处正式关闭，其成员转移至涵盖区域更大的气候注册处（The Climate Registry，TCR），在其十年运行期间，加州气候行动注册处共接收了 863 份温室气体排放报告，对 9.7 亿吨左右的碳排放进行了计量、确认，以及公开报告。②

气候注册处成立于 2007 年，由数个美国州政府和加拿大省政府发起创立，迄今，其成员已经涵盖包括美国 41 个州、哥伦比亚行政区、加拿大 13 个省份、墨西哥 6 个州在内的北美大部分地区。③ 气候注册处主要进行温室气体排放清单的报告和核查，不涉及温室气体减排项目的登记和追踪。

在加州气候行动注册处前期经验的基础上，气候行动储备（Climate Action Reserve，CAR）于 2009 年成立，气候行动储备主要服务于北美碳市场，它是美国第一个依据自愿碳减排交易标准（Voluntary Carbon Standard，VCS）设立的温室气体减排体系，为北美地区的碳减排提供了一个透明、公开的交易平台。④ 目前气候行动储备的参与企业有 400 多家，碳交易覆盖比例 35% 左右，⑤ 主要集中在工业、交通运输、农业和林业四大领域。CAR 的减排单位为气候储备单位（Climate Reserve Tonnes，CRT），一单位 CRT 相当于一吨二氧化碳当量，CAR 综合使用历史排放法、基准法，以及拍卖法三种方法分配碳配额。自成立至今，通过气候行动储备平台进行的碳交易项目已经达到 461 项。⑥

三 中美两国之间的碳交易局限及未来合作潜力

中美两国均是世界最大的碳排放国家之一，中国目前是年度碳排放最大和碳排放速度增加最快的国家，而美国则是历史累计碳排放最大和人均

① California Climate Action Registry，*About – Overview*，http：//www.climateregistry.org/about.html.
② California Climate Action Registry，*Home – Achievements*，http：//www.climateregistry.org/.
③ The Climate Registry，*Our Members*，http：//www.theclimateregistry.org/our – members/list – of – members – profiles/.
④ 气候行动储备目前是气候注册处的姐妹机构，加州气候行动注册处是气候行动储备的隶属机构。
⑤ 数据来源：World Bank。
⑥ Climate Action Reserve，*Resources – Reserve Project List*，https：//thereserve2.apx.com/myModule/rpt/myrpt.asp.

碳排放第三大国家。因此，中美两国的碳减排政策和实践对于全球应对气候变暖，减少温室气体排放具有重要意义。

中国于 2002 年 8 月正式核准《京都议定书》，作为《京都议定书》非附件一的发展中国家履行自愿减排义务。目前，中国清洁发展机制的项目数量位居世界第一，是世界最大的清洁发展机制项目出让国。但是，美国已于 2001 年 3 月单方面退出《京都议定书》，并不受《京都议定书》规定的附件一国家（发达国家）的强制减排责任约束。此外，美国地方政府参与的区域碳减排体系很少接受《京都议定书》清洁发展机制的碳减排，因此，美国与包括中国在内的《京都议定书》发展中缔约国的清洁发展机制交易项目极其有限。

在碳排放交易方面，目前中美两国均实行《京都议定书》机制外的国内或者区域自愿减排交易，因此，中美两国之间几乎没有直接的碳排放交易。2015 年 9 月，中美两国发表《中美元首气候变化联合声明》，中国承诺 2017 年启动总量管制及配额交易的全国统一碳排放交易体系，允许"市场参与者在环境治理中发挥更大作用"。2017 年中国统一碳排放交易体系启动后，预期碳配额交易将达到 30 亿吨 ~ 40 亿吨。随着中美两国碳排放市场的扩大和整合，以及市场机制的加强，预期未来中美两国间的碳排放交易会得到一定程度发展。

正是基于未来中美两国碳排放合作的广阔空间和潜力，中美两国碳交易平台的合作已经初步展开。2009 年 6 月，北京环境交易所与纽约 - 泛欧证券交易集团 BlueNext 交易所①的战略合作正式签约，作为双方的合作内容之一，在北京环境交易所挂牌的清洁发展机制（CDM）项目将同时在 BlueNext 交易所的平台上发布，使中国 CDM 项目业主可以直接面对众多国际买家，该合作对于增加中国 CDM 业主的议价能力，降低 CDM 项目交易成本，创造 CDM 市场更大的流动性具有重要意义。

2009 年 9 月在美国纽约召开的首届中美低碳经济会议上，北京环境交易所与纽约 - 泛欧证券交易集团 BlueNext 交易所宣布开展合作，共同启动中国第一个自愿碳减排标准——熊猫标准的开发，熊猫标准按照国际一流规则开发，专注于中国以及其他国家大农业碳减排项目。三个月后，北京

----

① BlueNext 交易所是纽约 - 泛欧证券交易集团（NYSE Euronext）与法国国家银行（Caisse des Depots）合资成立的环境权益交易所，其交易品种包括二氧化碳排放权的现货和期货，是世界规模最大的二氧化碳排放权现货交易市场之一。

环境交易所与 BlueNext 交易所在丹麦首都哥本哈根，《联合国气候变化框架公约》缔约方第 15 次会议期间正式发布了中国首个自愿减排标准——熊猫标准 V1.0 版。①

此外，2009 年 9 月，天津排放权交易所宣布，美国芝加哥气候交易所与中油资产管理有限公司，以及中国人民银行金融研究所签署三方共同协议，② 成立中美低碳金融和发展研究中心，中心的重点研究内容之一，即中国面对日益严峻的环境挑战，如何试点大规模、基于市场机制的碳排放交易。

鉴于中美两国在世界碳排放总量中的可观比重，中美两国的碳排放政策及相关合作对于全球碳排放市场的发展具有重要影响，就碳市场本身来讲，中美两国之间的碳交易也存在一定的利益空间和潜力，未来随着中美两国气候政策的逐步推进和碳排放交易机制的不断完善，中美两国碳交易合作的数量和范围有望得到一定程度增加。

---

① 北京环境交易所：《关于我们 - 大事记 - 2009》，http：//www.cbeex.com.cn/article/gywm/dsj/zoog/。
② 天津排放权交易所由中油资产管理有限公司、天津产权交易中心和芝加哥气候交易所三方出资设立。其中，中油资产管理有限公司持股 53%，天津产权交易中心持股 22%，芝加哥气候交易所持股 25%。

第五章　中美应对气候变化和清洁能源合作的冲突和障碍及未来深化中美合作的政策建议

奥巴马政府曾经在多个场合强调，应对气候变化和发展清洁能源是当前中美双边关系的核心议题之一。奥巴马执政以来，美国高层官员访华期间，几乎所有相关人士都必谈能源和气候变化。应对气候变化和清洁能源发展议题，在中美两国关系中，已经超越简单的环保和经济范畴，上升到两国"政治经济"长期发展的战略高度，成为两国双边关系的支柱。① 在应对气候变化和清洁能源发展问题上，奥巴马政府一是要求中国承诺更高的温室气体减排责任和义务；二是全方位拓展中国的环境产品和清洁能源市场；三是对中国的环境和清洁能源产品进入美国市场进行重重审查和限制。

第一节　应对气候变化和温室气体减排领域的分歧

当前，美国是世界历史累计碳排放最大和人均碳排放第三大国家，中国则是世界年度碳排放最大和碳排放增速最快国家，中美两个碳排放大国的表现对于全球应对气候变化，减少碳排放的国际合作至关重要。但是，由于各自所处经济社会发展阶段不同，以及各自国情不同，中美两国在温室气体减排、应对全球气候变化相关议题上存在诸多分歧。

---

① 《中美元首气候变化联合声明》，新华网，2015 年 9 月 25 日，http://news.xinhuanet.com/world/2015 - 09/26/c_ 1116685873. htm；《中美元首气候变化联合声明》，新华网，2016 年 3 月 31 日，http://news.xinhuanet.com/world/2016 - 04/01/c_ 128854045. htm。

一　哥本哈根世界气候大会期间中美温室气体减排分歧

在 2009 年 12 月哥本哈根世界气候大会期间，中美两国分别作为世界碳排放最大的发展中国家和发达国家，在碳排放历史责任和现实责任区分、是否兼顾发达国家和发展中国家不同发展阶段、减排额度高低、减排标准确定、减排基准年选择、减排峰值年、减排原则、发达国家是否应该以及如何为发展中国家提供资金支持、选择实行"双轨"或者"单轨"、是否支持实施碳关税、仅仅达成政治共识或有强制约束力的国际协议等问题上均存在一定程度的意见分歧。

表 5 - 1　2009 年哥本哈根世界气候大会期间中美两国温室气体减排主要分歧

	中国	美国
排放责任	历史累计	当前排放
发展阶段	强调发展权利	不加区分
减排额度	40%～45%	17%
减排标准	强度限制	总量限制
减排基准年	2005 年	2005 年
减排峰值年	无	2020 年
减排原则	共同但有区别	区分发展中国家与最脆弱国家
资金技术支持发展中国家减排	要求提供	逃避责任
"双轨"/"单轨"	"双轨"	"单轨"
是否支持碳关税	反对	支持
政治共识/国际协议	国际协议	政治共识

（一）排放责任

中国认为，全球气候变暖是一个长期历史进程演变的最终结果，"气候变化主要是发达国家自工业革命以来大量排放二氧化碳等温室气体造成"的，[1] 因此，应该从历史的角度，按照历史累计碳排放总量的标准，来确定世界各国的碳排放责任和义务。中国作为世界最大的发展中国家，历史排放少、人均排放低，而美国等发达国家应该对其历史排放和当前的

---

[1]　中国国家发展和改革委员会编《中国应对气候变化国家方案》，2007 年 6 月，第 54 页，http://www.ccchina.gov.cn/WebSite/CCChina/UpFile/File189.pdf。

高人均排放负责，改变不可持续的生活方式，大幅度减少排放。① 美国作为世界上历史累计碳排放总量最大的国家，应该对全球气候变暖承担首要责任，并且作为对历史过度排放的补偿，目前应该承担更多的碳排放责任和义务。而美国则认为，中国不仅从 2006 年开始就已经取代美国成为世界年度碳排放最大的国家，而且是世界碳排放增加速度最快的国家，自 1995 年以来的全球碳排放增量中，中国占了一半以上的份额。美国据此认为，在应对全球气候变化议题上，中国应该承担更多责任，如果中国这个当前世界最大的温室气体排放国在国际上不承诺硬性的减排目标，任何应对全球气候变暖的国际协议都没有意义。

（二）发展阶段

中国政府认为，气候变化"既是环境问题，更是发展问题，同各国发展阶段、生活方式、人口规模、资源禀赋以及国际产业分工等因素密切相关"，"在应对气候变化过程中，必须充分考虑发展中国家的发展阶段和基本需求。不能要求发展中国家承担超越发展阶段、应负责任、实际能力的义务。发展中国家受发展水平所限，缺少资金和技术，缺乏应对气候变化的能力和手段，在经济全球化进程中处于国际产业链低端，承担着大量转移排放。发展中国家的首要任务仍是发展经济、消除贫困、改善民生。国际社会应该尊重发展中国家的诉求，把应对气候变化和促进发展中国家发展、提高发展中国家发展内在动力和可持续发展能力紧密结合起来"②。

以中国为代表的广大发展中国家目前大多数正处于工业化和城镇化发展阶段，从已经完成工业化和城市化进程的发达国家的历史经验看，这一阶段的发展（主要是城市基础设施建设）往往离不开高能耗产业的发展。由于处在不同的经济发展阶段（中国正处在工业化和城市化发展进程中，而美国的这一发展进程已经基本完成），中国的碳排放主要来自生产领域（重工业耗能），而美国的碳排放则主要来自消费领域（人口增长带来的交通、商业以及住宅耗能）。因此，应该充分考虑发展中国家的现实发展情

---

① 中国国家发展和改革委员会：《落实巴厘路线图——中国政府关于哥本哈根气候变化会议的立场》，2009 年 5 月 20 日，http：//www. sdpc. gov. cn/zcfb/zcfbqt/200905/t20090521_280387. html。

② 胡锦涛：《携手应对气候变化挑战——在联合国气候变化峰会开幕式上的讲话》，2009 年 9 月 22 日，http：//news. xinhuanet. com/world/2009－09/23/content_ 12098887. htm。

况，不能在应对气候变化的过程中损害发展中国家的发展权利。而美国则不认同这种意见，其认为，不论处于何种发展阶段，都应当承担相应的减排责任。

（三）限排额度

2009 年 12 月哥本哈根世界气候大会前夕，中国于 2009 年 11 月 26 日正式对外宣布了本国控制温室气体排放的行动目标，决定到 2020 年使单位国内生产总值二氧化碳排放比 2005 年下降 40% ~45%，[①] 非化石能源占一次能源消费比重达到 15% 左右。[②] 这些目标作为约束性指标纳入中国的国民经济和社会发展中长期规划，并制定了相应的国内统计、监测、考核办法，这意味着中国将承担世界所需减排总量的四分之一以上，之后十年中国每年需要为此新增投资 300 亿美元。

美国同样在哥本哈根会议前夕公布了本国的温室气体减排目标：提出到 2020 年，使本国温室气体排放总量比 2005 年减少 17%，到 2025 年减排 30%，2030 年减排 42%，2050 年减排 83%。[③] 上述目标与美国众议院通过的《美国清洁能源安全法案》（也称《气候法案》）规定的目标基本一致。这一法案规定，美国 2020 年要在 2005 年的基础上减排 17%，到 2050 年减排 83%。[④]

对于对方提出的排放额度目标，中美两国均存在异议。美国认为中国提出的 40% ~45% 的目标太低，希望中国能在降低碳排放密度方面设定一个更高的目标。美国认为，联合国政府间气候变化专门委员会（IPCC）要求到 2020 年，主要发展中国家的碳排放量比 "未采取任何减排措施的正

---

① 《到 2020 年中国单位国内生产总值二氧化碳排放比 2005 年下降 40% ~45%》，新华网，2009 年 11 月 26 日，http：//news. xinhuanet. com/politics/2009 － 11/26/content ＿ 12544442. htm。

② 胡锦涛：《携手应对气候变化挑战——在联合国气候变化峰会开幕式上的讲话》，2009 年 9 月 22 日，http：//news. xinhuanet. com/world/2009 －09/23/content＿ 12098887. htm。

③ The White House, *Press Gaggle by Press Secretary Robert Gibbs*；*Deputy National Security Advisor for International Economic Affairs Mike Froman*；*and Assistant to the President for Energy and Climate Carol Browner*, November 25, 2009, http：//www. whitehouse. gov/the － press － office/press － gaggle － press － secretary － robert － gibbs － deputy － national － security － advisor － internat.

④ U. S. Congress, *H. R. 2454 － American Clean Energy and Security Act of 2009*, https：// www. congress. gov/bill/111th － congress/house － bill/2454/text.

常水平"降低 20% ~ 30%，美国认为，中国所做的承诺未达到比"未采取任何减排措施的正常水平"降低 20% ~ 30% 的标准。而对于奥巴马政府提出的 17% 的目标，中国认为，该减排目标相比 1990 年只减排 2.1 亿吨二氧化碳当量，仅相当于在 1990 年基础上减少了 4.6% 左右，中国政府认为，"基于历史责任、公平原则、发展阶段的考虑，发达国家作为整体到 2020 年应在其 1990 年水平上至少减排 40%"[①]。

（四）限排标准

哥本哈根峰会前夕中美两国各自宣布的限排目标存在一个显著区别，即中国采用的是排放强度标准，而美国采用的则是排放总量标准。应该说，中美双方的做法均符合《联合国气候变化框架公约》及其《京都议定书》的要求和规定：发达国家要率先实现总量减排；而发展中国家则应采取措施，减缓和适应气候变化。中国温室气体排放总量是以其庞大的人口基数为背景的，采用排放强度标准，即每单位国内生产总值碳排放符合中国国情，但美国却认为，中国应该同样按照排放总量的标准制定限排目标。

（五）限排基准年

根据 2007 年 12 月"巴厘路线图"的规定，发达国家"到 2020 年应比 1990 年至少减排 40%"，减排目标应该以 1990 年为基准年。[②] 对于这一目标，中美双方均面临困难，经过双方协商，两国在哥本哈根气候大会上联合将 2005 年作为减排基准年，给温室气体减排以较为宽裕的时间。

（六）限排峰值年

中国由于人口基数庞大，经济发展水平相对较低，并且处于工业化、城镇化加快发展的重要阶段，控制温室气体排放面临着巨大压力，2002 ~

---

① 中国国家发展和改革委员会：《落实巴厘路线图——中国政府关于哥本哈根气候变化会议的立场》，2009 年 5 月 20 日，http：//www.sdpc.gov.cn/zcfb/zcfbqt/200905/t20090521_280387.html。

② UNFCCC, *Report of the Conference of the Parties on its thirteenth session，held in Bali from 3 to 15 December 2007，Addendum，Part Two：Action taken by the Conference of the Parties at its thirteenth session*，2007，http：//unfccc.int/resource/docs/2007/cop13/eng/06a01.pdf.

2005 年，中国的能耗增长速度开始超过经济增长速度。从本国国情出发，中国政府在哥本哈根世界气候大会上并未承诺本国的温室气体限排峰值年，美方则希望中国使温室气体实际排放量尽快由上升转为下降，并确定将 2020 年作为碳排放的峰值年。

（七）限排原则

根据《联合国气候变化框架公约》及其《京都议定书》所确立的"共同但有区别的责任"原则，发达国家与发展中国家在应对气候变化方面所承担的责任是不同的。当前的气候变化问题是发达国家在过去一二百年的时间里，在其工业化过程中长期排放二氧化碳累计造成的结果：从 1750 年到现在，大气中累计排放的二氧化碳有 80% 以上是发达国家排放的，这是气候变化问题的根本原因[①]。因此，发达国家应该对其历史排放和当前的高人均排放负责，要率先减排，并给发展中国家提供资金和技术支持；而发展中国家则在得到发达国家技术和资金支持的前提下，采取措施减缓或适应气候变化。

在此问题上，中美双方主要有以下三点分歧。

一是美国要求中国同样承担量化、强制性的减排责任。根据《联合国气候变化框架公约》及其《京都议定书》所确立的"共同但有区别的责任"原则，限排对于发达国家来说是强制性的国际责任，而对于发展中国家来说则是自愿的内部目标。但是，美国试图更改《京都议定书》中关于中国等发展中国家没有具体量化减排责任的规定，试图抹杀"共同但有区别的责任"原则，将中国等发展中国家和发达国家混为一谈，迫使包括中国在内的部分"先进的发展中国家"也承担量化、强制性的减排责任。

二是美国要求将中国与其他发展中国家区别对待。在 2009 年 12 月的哥本哈根世界气候大会期间，美国等发达国家要求将发展中国家进行分类，分为"先进的发展中国家"和"最脆弱国家"，要求中国和印度等发

---

① 就中美两国来说，在 1700 ~ 2000 年的三百年间，世界历史累计二氧化碳排放总量约 45310 百万吨，而美国同期二氧化碳排放总量约 12510 百万吨，占世界排放总量的 28% 左右，是世界历史累计二氧化碳排放量最大的国家（中国同期二氧化碳排放总量约 4071 百万吨，仅占同期世界历史累计排放总量的 9% 左右）。根据荷兰环境评估署的相关数据整理。PBL Netherlands Environmental Assessment Agency, http：//themasites. pbl. nl/images/co2_ emiss_ tcm61 – 36153. xls.

展中大国与发达国家一样承诺具体的减排目标。但中国政府则认为，"中国经济总量虽然已处于世界前列，但人均国内生产总值仍排在全球 100 位之后。中国人口占世界五分之一，城乡、区域、经济社会发展不平衡，实现现代化还有很长的路要走，中国仍是世界上最大的发展中国家"①。

三是美国要求中国的减缓行动同样接受"三可"监督。所谓"三可"，即可报告、可检测、可核实，要求中国在采取应对气候变化行动方面接受国际社会的监督。对此中国的态度是，中国至今仍是世界最大的发展中国家，作为发展中国家，中国得到发达国家资金和技术支持的减排行动可以接受"三可"监督，但是自主采取的减排行动不接受"三可"监督。中国从 1990 年到 2008 年间，单位 GDP 能耗降低了 77% 左右，② 这些都是自主减排行为，并没有得到发达国家的资金和技术支持，因此不接受"三可"监督。

（八）发达国家向发展中国家提供实质的应对气候变化的资金和技术支持

一是资金数量。《联合国气候变化框架公约》及其《京都议定书》规定，发达国家应以减让、优惠条件或者无偿向发展中国家转让先进的应对气候变化技术，要求发达国家向发展中国家提供资金以支付后者应对气候变化所需的费用。在哥本哈根世界气候大会上，发展中国家要求在 2020 年前每年从发达经济体得到 4000 亿美元用于应对气候变化，而发达国家仅同意提供 1000 亿欧元（约 1646 亿美元）的资金。中国政府提出，发达国家缔约方每年应至少拿出其 GDP 一定比例（如 0.5% ~ 1%）的资金用于给发展中国家应对气候变化提供资金支持。③ 哥本哈根会议前夕，在与德国、法国、英国、澳大利亚等西方发达国家协商之后，奥巴马政府宣布各国将在哥本哈根会议上建议到 2012 年前每年筹集 100 亿美元，用于支持发展中

---

① 胡锦涛：《携手应对气候变化挑战——在联合国气候变化峰会开幕式上的讲话》，2009 年 9 月 22 日，http：//news. xinhuanet. com/world/2009 – 09/23/content_ 12098887. htm。

② 1990 年，中国平均每万元国内生产总值消费 5. 32 吨标准煤，2008 年，平均每万元国内生产总值消费为 1. 22 吨标准煤。中国国家统计局能源统计司编《中国能源统计年鉴 2014》，中国统计出版社，2015，第 6 页。

③ 中国国家发展和改革委员会：《落实巴厘路线图——中国政府关于哥本哈根气候变化会议的立场》，2009 年 5 月 20 日，http：//www. sdpc. gov. cn/zcfb/zcfbqt/200905/t20090521_ 280387. html。

经济体的适应和减缓行动。

二是资金来源。美国等发达国家向发展中国家提供的用于温室气体减排的资金主要来源于发达国家政府的官方发展援助资金（ODA），这些资金的增加是以削减对发展中国家其他领域诸如教育、医疗等方面的援助为代价的。而以中国为代表的发展中国家则认为美国等"发达国家缔约方政府有义务为发展中经济体提供新的、额外的、充足的和可预期的应对气候变化资金"。①

三是资金管理机构。是将发达经济体援助发展中经济体应对气候变化的资金交由世界银行或者联合国开发计划署，或者全球环境基金管理，还是建立一个全新的应对气候变化的资金管理机构，也是在哥本哈根气候大会上以美国为代表的发达国家和以中国为代表的发展中国家之间存有分歧、有待解决的一个问题。此外，中国政府认为，"应该建立相应的监督和评估机制，该机制用于监督发达国家向发展中国家提供资金、技术和能力建设支持，并评估所提供支持是否充足"②。

四是技术援助。中国政府认为，"技术在应对气候变化中发挥着核心作用"，"发达国家应该按照《联合国气候变化公约》规定，切实履行向发展中国家提供资金和技术的承诺，提高发展中国家应对气候变化的能力"③。"应该建立政府主导、企业参与、市场运作的良性互动机制，让发展中国家用得上气候友好技术"。④ 但美国等发达国家在强烈要求中国等发展中国家承诺减排具体目标的同时，在资金和技术援助上却口惠而实不至，不愿向发展中国家提供实质性的技术援助。哥本哈根会议气候大会期间，中国国家发展改革委带了6个行业共42项技术，希望与包括美国等在内的发达国家就技术转让和技术合作进行协商，但是对方始终含糊其辞。

---

① 中国国家发展和改革委员会：《落实巴厘路线图——中国政府关于哥本哈根气候变化会议的立场》，2009 年 5 月 20 日，http://www.sdpc.gov.cn/zcfb/zcfbqt/200905/t20090521_280387.html。

② 中国国家发展和改革委员会：《落实巴厘路线图——中国政府关于哥本哈根气候变化会议的立场》，2009 年 5 月 20 日，http://www.sdpc.gov.cn/zcfb/zcfbqt/200905/t20090521_280387.html。

③ 中国国家发展和改革委员会编《中国应对气候变化国家方案》，2007 年 6 月，第 54～55 页，http://www.ccchina.gov.cn/WebSite/CCChina/UpFile/File189.pdf。

④ 胡锦涛：《携手应对气候变化挑战——在联合国气候变化峰会开幕上的讲话》，2009 年 9 月 22 日，http://news.xinhuanet.com/world/2009－09/23/content_12098887.htm。

（九）是否坚持"双轨制"

哥本哈根世界气候大会召开前夕，美国等发达国家表示要出台一个新协议，从而抛弃《京都议定书》。2009 年 9 月在泰国曼谷举行的谈判中，欧盟等发达经济体主张将在《联合国气候变化框架公约》和《京都议定书》框架下分别举行的谈判（即双轨谈判）合并成一条轨道，试图彻底抛弃给发达国家规定了具体减排目标的《京都议定书》，在《联合国气候变化框架公约》下重新谈判制定一项单一的法律文件。

但是，包括中国在内的发展中国家坚持要求实施"双轨制"。2009 年 11 月 28 日，中国、印度、巴西和南非与"七十七国集团"主席国苏丹的代表在北京发表声明，宣布与会各方就《联合国气候变化框架公约》和《京都议定书》双轨谈判中的有关重大问题形成了一致看法，坚持《京都议定书》应该继续有效，认为哥本哈根气候大会应该按照《联合国气候变化框架公约》《京都议定书》，以及《巴厘路线图》"共同但有区别义务"的原则，分别对公约和议定书做出决定。

哥本哈根世界气候大会前夕，中国政府发表声明，提出应该"坚持《联合国气候变化框架公约》和《京都议定书》基本框架，严格遵守巴厘路线图授权。[①] 中国政府认为，《京都议定书》工作组是落实"巴厘路线图"双轨谈判机制的重要一轨，"议定书确定了发达国家 2008~2012 年第一承诺期量化减排指标，并就确定发达国家在后续承诺期的减排指标做出了安排。议定书是一项长期有效的法律文件，并不因第一承诺期的结束而失效。确定发达国家第二承诺期进一步减排指标的工作组授权简单明确，就是要通过修改附件 B 确定发达国家第二承诺期的减排指标，绝非全面修改议定书"[②]。

（十）是否坚持"共同但有区别的责任"原则

美欧等发达国家之所以试图抛弃《京都议定书》，其实质是要逃避

---

① 中国国家发展和改革委员会：《落实巴厘路线图——中国政府关于哥本哈根气候变化会议的立场》，2009 年 5 月 20 日，http：//www.sdpc.gov.cn/zcfb/zcfbqt/200905/t20090521_280387.html.

② 中国国家发展和改革委员会：《落实巴厘路线图——中国政府关于哥本哈根气候变化会议的立场》，2009 年 5 月 20 日，http：//www.sdpc.gov.cn/zcfb/zcfbqt/200905/t20090521_280387.html。

《京都议定书》所规定的发达国家第二承诺期的强制减排责任，抛弃《京都议定书》发达国家和发展中国家温室气体减排"共同但有区别的责任"原则，[①] 试图在 2012 年以后为发展中国家设定具体的温室气体减排目标，要求发展中国家与发达国家一样，承担强制减排责任。

但以中国为代表的发展中国家认为，发达国家要对其历史排放和当前的高人均排放负责，应该在"双轨制"的框架下，继续坚持"共同但有区别的责任"原则。[②] 胡锦涛同志在 2009 年 9 月的联合国气候变化峰会上指出，"'共同但有区别的责任'原则凝聚了国际社会共识。坚持这一原则，对确保国际社会应对气候变化努力在正确轨道上前行至关重要。发达国家应该完成《京都议定书》确定的减排任务，继续承担中期大幅量化减排指标，并为发展中国家应对气候变化提供支持。发展中国家应该根据本国国情，在发达国家资金和技术转让支持下，努力适应气候变化，尽可能减缓温室气体排放"[③]。

（十一）达成宽松的政治共识或是具有强制约束力的国际协议

对于奥巴马政府来说，更倾向于在哥本哈根气候大会上达成宽松的政治共识而非具有强制约束力的国际协议。其中重要原因之一在于，奥巴马在哥本哈根气候大会上提出的 2020 年在 2005 年的基础上减排 17% 的目标，实质就是《美国清洁能源与安全法案》所提出的目标，但哥本哈根气候大会召开期间，《美国清洁能源与安全法案》虽然在 6 月份以微弱多数在众议院获得通过，但最终是否能够，以及何时能够在参议院通过还是未知数，在这一背景下，奥巴马不敢重蹈小布什政府先行国际承诺，继而因为国内反对而被动退出《京都议定书》的覆辙。

但对于中国来讲，则较倾向于在哥本哈根世界气候大会上达成具有强

---

① UNFCCC, *Kyoto Protocol to the United Nations Framework Convention on Climate Change*, 1998, http: //unfccc. int/resource/docs/convkp/kpeng. pdf.

② 中国国家发展和改革委员会：《落实巴厘路线图——中国政府关于哥本哈根气候变化会议的立场》，2009 年 5 月 20 日，http: //www. sdpc. gov. cn/zcfb/zcfbqt/200905/t20090521_280387. html.

③ 胡锦涛：《携手应对气候变化挑战——在联合国气候变化峰会开幕式上的讲话》，2009 年 9 月 22 日，http: //news. xinhuanet. com/world/2009 - 09/23/content_ 12098887. htm.

制法律约束力的国际协议，① 因为协议一旦达成，更有利于推动美国等发达国家履行强制性的减排义务和援助责任。

二　巴黎世界气候大会前后中美温室气体减排的妥协与合作

从 2009 年 12 月哥本哈根世界气候大会召开到 2015 年 12 月巴黎世界气候大会召开的六年间，就双边层面而言，中美两国主要通过中美气候变化工作组、中美战略与经济对话、中美气候变化联合声明等，多边层面上，主要通过二十国集团、亚太经合组织、蒙特利尔议定书、国际民航组织、国际海事组织、全球甲烷行动倡议等平台持续沟通，讨论分歧，推动两国温室气体减排合作不断取得进展。

（一）双边层面：中美气候变化工作组和中美元首气候变化联合声明

在 2009 年 12 月哥本哈根世界气候大会之后，中美两国将应对气候变化和温室气体减排合作纳入两国双边外交合作的重要议程，成为中美双边关系的支柱之一。2013 年 4 月 13 日，中美两国气候变化工作组成立，由中国国家发改委副主任谢振华和美国气候变化特使斯特恩担任组长，工作组每年向中美战略与经济对话汇报工作，并在两次中美战略与经济对话期间召开一次工作组会议。2013 年 7 月，工作组启动了强化政策对话和五个合作倡议，包括载重汽车和其他汽车减排、智能电网、碳捕获利用和封存、建筑和工业能效、温室气体数据收集和管理，此后，又增加了林业倡议，以及锅炉效率和燃料转换研究（见表 5 - 2）。

2014 年 2 月美国国务卿克里访问北京期间，中美双方就气候变化工作组行动倡议的实施计划达成共识，并同意在工作组机制下，通过强化政策对话开展合作，包括交流各自 2020 年后控制温室气体排放计划的有关信息。② 2014 年 7 月 8 日，中美气候变化工作组在北京举行了成果签约仪式，八对中美两国相关企业和研究机构签署了应对气候变化的合作文件，这些

① 中国国家发展和改革委员会：《落实巴厘路线图——中国政府关于哥本哈根气候变化会议的立场》，2009 年 5 月 20 日，http://www.sdpc.gov.cn/zcfb/zcfbqt/200905/t20090521_280387.html。

② 中国国家发展和改革委员会：《中美气候变化工作组提交第六轮中美战略与经济对话的报告》，2014 年 7 月 9 日，http://qhs.ndrc.gov.cn/gzdt/201407/W020140709709338381140.pdf。

合作项目的签约，标志着中美气候变化合作由两国政府层面向企业和研究机构层面的进一步推进。

表 5 - 2　中美气候变化工作组行动倡议及合作成果

行动倡议	合作内容	合作成果
载重汽车和其他汽车减排	提高载重汽车和其他汽车燃油效率标准/清洁燃料和汽车排放控制技术/推广高效清洁货运	美国计划开发中型和载重汽车 2018 年后新温室气体排放和燃料经济性标准；中国计划开发载重和轻型汽车 2020 年后新燃油效率标准/美国 2016 年底前实施新的超低硫汽油标准；中国 2017 年底前全国实施汽油和柴油的国五标准/支持中国的绿色货运倡议
智能电网	计划开展四个合作示范项目	费城、深圳前海、加州、天津生态城智能电网项目合作示范/美国贸发署组织赴美考察
碳捕获、利用与封存	确定中美企业和研究机构对口合作示范项目/能力建设、培训、信息交流等项目开发活动	华能清洁能源研究院与美国 Summit 电力集团；延长石油与西弗吉尼亚大学、怀俄明大学、美国空气化学品公司；山西国际能源集团与美国空气化学品公司；中石化胜利油田与美国斯伦贝谢公司、肯塔基大学
建筑和工业能效	合同能源管理合作/商用民用工业用建筑能效标准和测试/识别工业领域十佳能效技术和最佳实践	发布中美推动合同能源管理需求评估和机会分析白皮书/支持中国《农村住宅能效设计标准》实施；合作推广能效测量工具应用；美国"能源之星"与中国"节能环保产品认证"的互认/对部门或行业的"十佳"能效清单达成共识
收集和管理温室气体数据	分享温室气体报送系统知识和经验	美国支持中国发改委在发电、钢铁、水泥和玻璃、有色金属等部门温室气体报送系统的开发

　　2014 年 11 月 12 日美国总统奥巴马访华期间、2015 年 9 月 25 日中国国家主席习近平访美期间，以及 2016 年 3 月 31 日中美两国分别发表了三份中美气候联合声明，2015 年 9 月第一届中美气候智慧型/低碳城市峰会期间发表了《中美气候领导宣言》。此外，中国还在哥本哈根世界气候大会至巴黎世界气候大会的六年内，先后出台发布了《国家适应气候变化战略》《国家应对气候变化规划（2014～2020 年）》《强化应对气候变化行动——中国国家自主贡献》《中国应对气候变化的政策与行动年度报告》《中国气候公报》，美国也于 2013 年 6 月推出了《总统气候行动计划》，通过气候变化合作和联合声明，中美两国在应对气候变化和温室气体减排方

面不断推进合作、弥合分歧。

第一，减排额度方面。为实现 2020 年后 2℃ 以内全球温升目标，中美两国均提出了 2020 年后本国的温室气体减排目标。中国政府承诺，到 2030 年使单位国内生产总值二氧化碳排放比 2005 年下降 60% 到 65%；[①] 而美国政府则承诺到 2025 年实现在 2005 年基础上减排 26% ~ 28% 的全经济范围减排目标并将努力减排 28%，[②] 此外，通过"清洁电力计划"使本国电力行业二氧化碳排放到 2030 年比 2005 年减少 32%。[③]

第二，减排峰值年。中国政府首次承诺，使二氧化碳排放在 2030 年左右达到峰值并争取尽早达峰。[④]

第三，支持达成具有法律效力的国际协议。中国政府认为，世界气候协议"应是一项具有法律约束力的公约实施协议，可以采用核心协议加缔约方会议决定的形式。减缓、适应、资金、技术开发和转让、能力建设、行动和支持的透明度等要素应在核心协议中平衡体现，相关技术细节和程序规则可由缔约方会议决定加以明确"。[⑤] 中美两国均支持"2015 年联合国巴黎气候大会上达成在公约下适用于所有缔约方的一项议定书、其他法律文书或具有法律效力的议定成果"。[⑥]

第四，共同但有区别责任原则。中国政府认为，后 2020 年时期的世界气候协议应该继续遵循共同但有区别责任原则、公平原则、各自能力原则，充分考虑发达国家和发展中国家间不同的历史责任、国情、发展阶段和能力。[⑦] 但奥巴马政府认为，在 2020 年后的世界气候协议中，中国、印度、巴西等发展中国家应该与发达国家一样，承担具有同等法律效力的减

① 《强化应对气候变化行动——中国国家自主贡献》，中国中央政府门户网站，2015 年 6 月 30 日，http：//www. gov. cn/xinwen/2015 – 06/30/content_ 2887330. htm。

② 《中美气候变化联合声明》，新华网，2014 年 11 月 12 日，http：//news. xinhuanet. com/ energy/2014 – 11/13/c_ 127204771. htm。

③ U. S. Environmental Protection Agency, *Clean Power Plan Final Rule*, October 23, 2015, https：//www. gpo. gov/fdsys/pkg/FR – 2015 – 10 – 23/pdf/2015 – 22842. pdf.

④ 《强化应对气候变化行动——中国国家自主贡献》，中国中央政府门户网站，2015 年 6 月 30 日，http：//www. gov. cn/xinwen/2015 – 06/30/content_ 2887330. htm。

⑤ 《强化应对气候变化行动——中国国家自主贡献》，中国中央政府门户网站，2015 年 6 月 30 日，http：//www. gov. cn/xinwen/2015 – 06/30/content_ 2887330. htm。

⑥ 《中美气候变化联合声明》，新华网，2014 年 11 月 12 日，http：//news. xinhuanet. com/ energy/2014 – 11/13/c_ 127204771. htm。

⑦ 《强化应对气候变化行动——中国国家自主贡献》，中国中央政府门户网站，2015 年 6 月 30 日，http：//www. gov. cn/xinwen/2015 – 06/30/content_ 2887330. htm。

排责任。① 对此，中美两国采取折中意见，在 2015 年 6 月的《中美元首气候变化联合声明》中指出，世界气候协议"应该体现共同但有区别责任和各自能力原则，考虑到各国不同国情。双方进一步认为应以恰当方式在协议相关要素中体现'有区别'，中美两国欢迎彼此及其他缔约方所通报国家自主贡献中提出的强化行动"②。

第五，透明度体系。中国政府认为，发达国家应该"根据公约要求及京都议定书相关规则，通过现有的报告和审评体系，增加其减排行动的透明度，明确增强发达国家提供资金、技术和能力建设支持的透明度及相关审评的规则。发展中国家在发达国家资金、技术和能力建设的支持下，通过现有的透明度安排，以非侵入性、非惩罚性、尊重国家主权的方式，增加其强化行动透明度"③。在这一问题上，中美两国最终以折中的方式达成一致：通过恰当方式对减排行动和对发展中国家的减排支持进行报告和审评，以促进成果的有效实施，同时，考虑到发展中国家的减排能力，为发展中国家提供灵活性。④

第六，通过资金技术支持发展中国家减排。

其一是资金数量。中美两国政府一致同意，发达国家承诺到 2020 年每年联合动员 1000 亿美元，用以解决发展中国家的应对气候变化需要。美国重申将向绿色气候基金捐资 30 亿美元的许诺；中国宣布拿出 200 亿元人民币建立"中国气候变化南南合作基金"，支持其他发展中国家应对气候变化，⑤ 从 2015 年开始在既有基础上把每年支持气候变化南南合作资金翻一番，截至 2015 年，中国已经提供 600 万美元资金用于支持应对气候变化南南合作。⑥

---

① U. S. Executive Office of the President, *The President's Climate Action Plan*, June 2013, https://www.whitehouse.gov/sites/default/files/image/president27sclimateactionplan.pdf.

② 《中美元首气候变化联合声明》，新华网，2015 年 9 月 25 日，http://news.xinhuanet.com/world/2015 - 09/26/c_ 1116685873.htm。

③ 《强化应对气候变化行动——中国国家自主贡献》，2015 年 6 月 30 日，http://www.gov.cn/xinwen/2015 - 06/30/content_ 2887330.htm。

④ 《中美元首气候变化联合声明》，新华网，2015 年 9 月 25 日，http://news.xinhuanet.com/world/2015 - 09/26/c_ 1116685873.htm。

⑤ 《中美元首气候变化联合声明》，新华网，2015 年 9 月 25 日，http://news.xinhuanet.com/world/2015 - 09/26/c_ 1116685873.htm。

⑥ 中国国家发展和改革委员会：《中国应对气候变化的政策与行动 2015 年度报告》，2015 年 11 月，http://www.china.com.cn/zhibo/zhuanti/ch - xinwen/2015 - 11/19/content _ 37106833.htm。

关于 2020 年后的资金支持，中美双方一致同意，2020 年后发达国家应该"继续提供强有力的资金支持帮助发展中国家建设低碳和气候适应型社会"。① 中国政府提出，发达国家应该按照公约要求，在 2020 年后为发展中国家的强化行动提供新的、额外的、充足的、可预测和持续的资金支持。应该明确发达国家 2020～2030 年提供资金支持的量化目标和实施路线图，提供资金的规模应在 2020 年开始每年 1000 亿美元的基础上逐年扩大。②

其二是资金来源。中国政府提出，发达国家支持发展中国家应对气候变化的资金应主要来源于公共资金。③ 奥巴马政府提出，除了之前公共资金来源，应该动员更多的私人投资参与到发展中国家的碳减排和应对气候变化基础设施建设中。④ 最终，中美两国政府达成折中意见，认为支持发展中国家应对气候变化和温室气体减排的资金可以有各种不同的来源，其中既有公共来源也有私营部门来源，既有双边来源也有多边来源，包括替代性资金来源。⑤

其三是资金管理机构。中国政府认为，应该强化绿色气候基金作为气候公约资金机制主要运营实体的地位，绿色气候基金应该在公约缔约方会议授权和指导下开展工作，对公约缔约方会议负责。⑥

其四是技术援助。中国政府认为，发达国家"应该向发展中国家转让气候友好型技术，帮助其发展绿色经济"，⑦ 发达国家应该向发展中国家提供资金、技术和能力建设，为发展中国家争取可持续发展的公平

---

① 《中美元首气候变化联合声明》，新华网，2015 年 9 月 25 日，http：//news. xinhuanet. com/world/2015－09/26/c_ 1116685873. htm。

② 《强化应对气候变化行动——中国国家自主贡献》，中国中央人民政府门户网站，2015 年 6 月 30 日，http：//www. gov. cn/xinwen/2015－06/30/content_ 2887330. htm。

③ 《强化应对气候变化行动——中国国家自主贡献》，中国中央人民政府门户网站，2015 年 6 月 30 日，http：//www. gov. cn/xinwen/2015－06/30/content_ 2887330. htm。

④ U. S. Executive Office of the President, *The President's Climate Action Plan*, June 2013, https：//www. whitehouse. gov/sites/default/files/image/president27sclimateactionplan. pdf.

⑤ 《中美元首气候变化联合声明》，新华网，2015 年 9 月 25 日，http：//news. xinhuanet. com/world/2015－09/26/c_ 1116685873. htm。

⑥ 《强化应对气候变化行动——中国国家自主贡献》，中国中央人民政府门户网站，2015 年 6 月 30 日，http：//www. gov. cn/xinwen/2015－06/30/content_ 2887330. htm。

⑦ 习近平：《携手构建合作共赢、公平合理的气候变化治理机制——在气候变化巴黎大会开幕式上的讲话》，2015 年 11 月 30 日，http：//news. xinhuanet. com/world/2015－12/01/c_ 1117309642. htm。

机会，争取更多的资金、技术和能力建设的支持，促进南北合作。发达国家应该根据发展中国家技术需求，切实向发展中国家转让技术，为发展中国家技术研发应用提供支持。加强现有技术机制在妥善处理知识产权问题、评估技术转让绩效等方面的职能，增强技术机制与资金机制的联系，包括在绿色气候基金下设立支持技术开发与转让的窗口。①

此外，作为发展中国家的一员，中国政府宣布，将认真落实气候变化领域南南合作政策承诺，支持发展中国家特别是最不发达国家、内陆发展中国家、小岛屿发展中国家应对气候变化挑战，向发展中国家赠送低碳节能产品，组织气候变化培训班，加强对发展中国家的援助。自 2014 年以来，国家发展和改革委员会会同外交部、商务部等部门，与马尔代夫、玻利维亚、汤加、萨摩亚、斐济、安提瓜和巴布达、加纳、巴巴多斯、缅甸、巴基斯坦等 10 个国家签署了合作应对气候变化谅解备忘录；此外，中国政府还根据发展中国家的特殊需求扩大赠送产品种类，向玻利维亚提供了急需的气象监测预报预警设备。自 2014 年以来，中国政府与亚洲、非洲、拉丁美洲等地区近 100 个发展中国家，在紧急救灾、卫星气象监测、清洁能源开发等领域开展务实合作，实施了 100 多项技术合作、紧急救灾等应对气候变化类项目；在华举办了 130 多期应对气候变化与绿色发展培训班，为发展中国家培训近 3500 名应对气候变化领域的官员、专家学者和技术人员。② 此外，中国还将于 2016 年启动在发展中国家开展 10 个低碳示范区、100 个减缓和适应气候变化项目，以及 1000 个应对气候变化培训名额的合作项目，继续推进清洁能源、防灾减灾、生态保护、气候适应型农业、低碳智慧型城市建设等领域的国际合作，并帮助发展中国家提高应对气候变化的融资能力。③

---

① 《强化应对气候变化行动——中国国家自主贡献》，中国中央人民政府门户网站，2015 年 6 月 30 日，http：//www. gov. cn/xinwen/2015 – 06/30/content_ 2887330. htm。

② 中国国家发展和改革委员会：《中国应对气候变化的政策与行动 2015 年度报告》，2015 年 11 月，http：//www. china. com. cn/zhibo/zhuanti/ch – xinwen/2015 – 11/19/content_ 37106833. htm。

③ 习近平：《携手构建合作共赢、公平合理的气候变化治理机制——在气候变化巴黎大会开幕式上的讲话》，2015 年 11 月 30 日，http：//news. xinhuanet. com/world/2015 – 12/01/c_ 1117309642. htm。

（二）多边层面

除了双边合作外，中美两国还通过联合国气候变化框架公约下的绿色气候基金、适应基金、技术执行委员会，以及二十国集团、亚太经合组织、东亚领导人会议、蒙特利尔议定书、全球甲烷行动倡议、国际民航组织、国际海事组织、世界贸易组织、联合国贸发会议、世界银行、亚洲开发银行、全球环境基金、经济大国能源与气候论坛、[①] 清洁能源部长会议、美国－亚太全面能源伙伴关系、[②] R20 国际区域气候行动组织、东亚低碳增长伙伴计划、全球清洁炉灶联盟、农业温室气体全球研究联盟、气候与清洁空气联盟等多边平台积极进行对话协商，推进气候变化相关问题的解决。

在 2016 年 3 月的《中美元首气候变化联合声明》中，中美两国元首承诺，2016 年中美双方将共同并与其他国家一道努力在相关多边场合取得积极成果：包括《蒙特利尔议定书》下符合"迪拜路径规划"的氢氟碳化物修正案和国际民航组织大会应对国际航空温室气体排放的全球市场措施。为加快清洁能源创新和应用，双方将共同努力落实巴黎会议上宣布的"创新使命"倡议各项目标，并推进清洁能源部长级会议工作。中美两国元首将共同参加 2016 年在杭州举行的二十国集团峰会，号召二十国集团成员国建设性开展能源和气候变化国际合作，积极推动二十国集团峰会在气候和清洁能源方面取得强有力成果。此外，中美两国元首还承诺采取具体步骤，落实 2015 年 9 月中美联合气候声明中关于运用公共资源优先资助、并鼓励逐步采用低碳技术的承诺。自联合声明发表以来，美国在经济合作与发展组织框架下成功推动制定了第一套利用出口信贷支持燃煤电厂的多边标准。[③]

---

① 2009 年 3 月 28 日，美国总统奥巴马宣布发起成立"经济大国能源与气候论坛"，该论坛参与国包括美国、中国、欧盟、印度、日本、巴西、俄罗斯等 17 个国家和组织，这些国家和组织的温室气体排放量占到全球温室气体排放总量的 75%。U. S. Department of State, *Major Economies Forum on Energy and Climate*, http：//www. state. gov/e/oes/climate/mem/index. htm.

② 通过美国－亚太全面能源伙伴关系，美国已经提供了 60 亿美元的出口信贷和政府资助用于推动亚太地区的清洁能源发展。U. S. Executive Office of the President, *The President's Climate Action Plan*, June 2013, https：//www. whitehouse. gov/sites/default/files/image/president27sclimateactionplan. pdf.

③ 《中美元首气候变化联合声明》，新华网，2016 年 3 月 31 日，http：//news. xinhuanet. com/world/2016－04/01/c_ 128854045. htm.

此外，中国政府还与亚洲开发银行签署《气候变化合作谅解备忘录》，共同组织召开"城市适应气候变化国际研讨会"。与联合国环境规划署签署应对气候变化南南合作方面加强合作的谅解备忘录。与世界银行共同启动了全球环境基金"通过国际合作促进中国清洁绿色低碳城市发展"项目。中国政府还宣布，将继续加强"基础四国""立场相近发展中国家"等磋商机制，与发展中国家加强对话沟通，开展务实合作。努力加强"基础四国"和"立场相近发展中国家"沟通协调，维护发展中国家团结和共同利益，主办或参加"基础四国"部长级会议，主办"立场相近发展中国家"北京会议，并积极参加"立场相近发展中国家"协调会。继续加强与小岛国、最不发达国家和非洲集团的沟通协调，与发展中国家开展联合研究，积极维护发展中国家利益。①

三 未来美国在温室气体减排领域对华施压的可能性

在 2020 年后的国际气候机制安排议题上，中美两国尚存在一些原则分歧，美方有可能在以下几点对中国施压。

第一，要求中方同意以"全球减排"取代"发达国家减排"。这个争论的实质是在气候变化问题上，发达国家与发展中国家的责任和义务划分问题。《京都议定书》设计的是一个中长期的规划，2020 年前要求发达国家承担的减排、限排义务只是其规划的第一步，一旦发达国家基本实现控排指标，势必启动下一步，届时包括中国、印度、巴西等在内的温室气体排放量大的一些发展中国家很可能首当其冲，成为国际社会一致要求严格承担减排任务的对象。在后《京都议定书》时代，美国不会忽略掉中国已是第一大温室气体排放国的事实，势必要求中国同样也承担应对气候变化的国际义务，要求中国制定具体、可测的减排目标和行动计划，并且还有可能要求将中国的目标和行动纳入可确认、具有法律约束力的国际机制中，② 从而使中国应对气候变化的国际责任"硬化"和"具体化"。

---

① 中国国家发展和改革委员会：《中国应对气候变化的政策与行动 2015 年度报告》，2015 年 11 月，http：//www. china. com. cn/zhibo/zhuanti/ch – xinwen/2015 – 11/19/content _ 37106833. htm。

② U. S. Executive Office of the President, *The President's Climate Action Plan*, June 2013, https：//www. whitehouse. gov/sites/default/files/image/president27sclimateactionplan. pdf.

但中国政府认为，"发达国家和发展中国家的历史责任、发展阶段、应对能力都不同，共同但有区别的责任原则不仅没有过时，而且应该得到遵守"，在应对全球气候变化时，"应该充分考虑和尊重各国特别是发展中国家在国内政策、能力建设、经济结构方面的差异，不搞一刀切"。① 发达国家应该切实履行大幅度率先减排，作为负责任的发展中国家，中国将主动承担与自身国情、发展阶段、应负责任和实际能力相符的国际义务，采取不断强化的减缓和适应行动，为保护全球气候作出积极贡献。②

第二，要求中方同意在发展中国家内部同样实行"共同但有区别的责任"。美方有可能要求中方同意，在后京都时代的国际气候治理机制安排下，按照温室气体排放总量、经济发展水平、现实能力等指标对发展中国家进行分类。通过此举，美方意在使中国、印度、巴西等碳排放较高的发展中国家，以及新加坡等发展水平较高的发展中国家承担更多的减排责任。

但中国政府认为，中国目前是全球最大的发展中国家，人均 GDP 仅相当于全球平均水平的 70%，尚未完成工业化、城镇化进程，面临发展经济、改善民生、保护环境和应对气候变化的巨大压力，发展中不协调、不平衡、不可持续的问题仍然存在，改变传统的粗放型发展方式迫在眉睫。③ "应对气候变化不应该妨碍发展中国家消除贫困、提高人民生活水平的合理需求，要照顾发展中国家的特殊困难"。④

第三，要求中方同意以"预期总量碳排放和碳预算分配"取代"累计

① 习近平：《携手构建合作共赢、公平合理的气候变化治理机制——在气候变化巴黎大会开幕式上的讲话》，2015 年 11 月 30 日，http：//news. xinhuanet. com/world/2015 - 12/01/c_ 1117309642. htm。

② 中国国家发展和改革委员会：《国家应对气候变化规划（2014—2020 年）》，2014 年 9 月，http：//www. sdpc. gov. cn/zcfb/zcfbtz/201411/W020141104584717807138. pdf；《强化应对气候变化行动——中国国家自主贡献》，中国中央政府门户网站，2015 年 6 月 30 日，http：//www. gov. cn/xinwen/2015 - 06/30/content_ 2887330. htm。

③ 中国国家发展和改革委员会：《中国应对气候变化的政策与行动 2015 年度报告》，2015 年 11 月，http：//www. china. com. cn/zhibo/zhuanti/ch - xinwen/2015 - 11/19/content _ 37106833. htm。

④ 习近平：《携手构建合作共赢、公平合理的气候变化治理机制——在气候变化巴黎大会开幕式上的讲话》，2015 年 11 月 30 日，http：//news. xinhuanet. com/world/2015 - 12/01/c_ 1117309642. htm。

人均碳排放和碳预算分配"。在碳排放的额度制定方面，奥巴马政府认为，虽然发达国家应对历史累计碳排放承担主要责任，但是，未来预期碳排放的主要来源是发展中国家，因此以中国为代表的发展中国家也应当承担起相应义务，以"未来的预期碳排放"代替"历史累计碳排放"作为碳预算分配的标准。

但中国政府认为，作为发展中国家，中国目前还处在快速工业化、城镇化过程中，与这一经济发展伴随的是碳排放总量的快速增加，每个工业化国家发展过程中均经历过碳排放快速增加的特定时间段，是经济发展过程的一个必然规律。此外，中国是人口总数超过13亿的人口大国，考虑到本国经济发展阶段和人口大国的特殊国情，中国政府坚持根据"历史累计人均碳排放"作为碳预算的分配标准。中国政府认为，发达国家应该根据其历史责任，承诺到2030年有力度的全经济范围绝对量减排目标，而发展中国家则在可持续发展框架下，在发达国家资金、技术和能力建设支持下，采取多样化的强化减缓行动。①

第四，要求中国、巴西、印度等新兴经济体承担同等出资义务。近些年随着中国、巴西、印度等新兴经济体的快速发展，包括美国、欧盟在内的发达经济体感觉其与新兴经济体经济竞争力差距不断缩小。为保持领先地位，美国等发达国家的占优策略必然要求新兴经济体承担与其同等的义务，以维持领先优势，在气候变化问题上即体现为要求中国等新兴经济体承担同等的减排及出资义务。奥巴马政府在各种场合一再强调要在巴黎协定中建立统一的、适用于所有国家的气候治理体系，而不顾"共区原则"事实上是全球南北差距的现实体现。

此外，近年来由于美国等发达经济体整体经济陷入衰退，受到金融危机影响难以提出进一步的资金承诺目标，在中国承诺南南气候合作基金后，美国试图将南南合作纳入联合国气候公约体系，对其进行相应的管理、报告和核证。在巴黎世界气候大会上，由于美国等发达国家在气候融资上未能提出任何量化的资金目标，只能一味向以中国为代表的发展中国家施压，以动员更多资金参与为由试图转移注意力。②

而中国政府认为，发达国家对发展中国家的气候援助资金仅是将既有

---

① 《强化应对气候变化行动——中国国家自主贡献》，中国中央政府门户网站，2015年6月30日，http://www.gov.cn/xinwen/2015-06/30/content_2887330.htm。

② 腾飞：《巴黎谈判中方代表亲述大国博弈内幕》，2015年12月19日。

的官方发展援助打上气候变化的标签重新包装，并没有为发展中国家提供新的、额外的资金支持。美国向全球气候基金承诺的 30 亿美元迟迟没有到位，反而借越南向全球气候基金捐款一百万美元为由向中国等发展中大国施压。未来发达大国和新兴经济体在气候资金上的出资义务和责任区分仍将是以美国为代表的发达经济体与以中国为代表的新兴经济体的主要分歧之一。

第二节　可持续环境产品和清洁能源产品市场领域的冲突

中国当前已经成为世界最大的可再生能源生产国和消费国，是世界最大的风能、太阳能以及水电市场，美国商务部国际贸易署将中国列为短期（2015～2016 年）第三大、中期（2015～2020 年）第二大美国可再生能源出口市场。美国政府通过商务部国际贸易署、贸易发展署、国际发展署、进出口银行等机构全方位帮助美国相关企业拓展中国的环境和清洁能源市场。但是，在大力进入中国环境产品和清洁能源市场的同时，美国政府却通过反倾销反补贴调查，以及尝试实施碳关税等对中国的环境和清洁能源产品和服务进入美国市场进行重重限制。

一　全方位拓展中国的环境和清洁能源市场

奥巴马执政以来，美方高层对华数次访问期间，均提出要求中国对美开放环境产品和清洁能源市场，希望在新能源汽车、节能建筑、碳捕获和储存、生物能源、核电等领域与中方进行更多合作，为美国清洁能源企业进入中国市场创造条件。奥巴马政府通过在国内建立"清洁能源发展基金"、为本国风能和太阳能产业提供生产税收抵免和投资税收抵免，为插电式电动汽车提供税收抵免等措施提高本国清洁能源企业的国际竞争力。[1]

在帮助美国相关企业拓展中国的环境和清洁能源市场方面，美国商务部国际贸易署、贸易发展署、国际发展署、进出口银行、环保部、能源部、国务院海外私人投资公司、小企业署、国际贸易委员会、贸易代表办

---

[1]　The PEW Charitable Trusts, *Who's Winning the Clean Energy Race? 2013*, April 2014, p. 50, http://www.pewtrusts.org/~/media/assets/2014/04/01/clenwhoswinningthecleanenergy race2013pdf.pdf.

公室等均发挥了重要作用。

首先，美国商务部国际贸易署每年对美国前十大可再生能源出口市场进行研究和评估，为美国对华清洁能源出口企业提供重要的行业出口信息。根据美国商务部国际贸易署评估，由于中国庞大人口对电力的大量需求、减排环保的巨大压力，以及中国政府高层对清洁能源投资的大力支持，中国目前已经成为世界最大的可再生能源生产国和消费国，是世界最大的风能、太阳能和水电市场，到 2020 年，中国将占到除美国之外世界可再生能源装机容量的 40% 左右。① 美国商务部国际贸易署将中国列为短期（2015～2016 年）第三大、中期（2015～2020 年）第二大美国可再生能源出口市场。②

美国商务部国际贸易署指出，根据国际能源署和彭博新能源财经的估算，如果要完成到 2030 年可再生能源比重达到 20%、单位国内生产总值二氧化碳排放比 2005 年下降 60% 到 65% 的承诺，③ 中国在 2030 年前需要新增 1 万亿瓦清洁能源装机容量，④ 其中，需要 4000 亿瓦水电、5000 亿瓦风电，以及 3000 亿瓦太阳能电力。⑤

虽然从中短期看，中国是规模巨大的清洁能源市场，但是，由于中国国有企业对电力部门的高度垄断，中国政府对电力批发价格和零售价格的直接控制，中国清洁能源产业密集重组，以及中国知识产权保护欠缺等原因，导致美国企业在中国清洁能源市场的竞争力欠缺，仅仅占据中国清洁能源产品不到 2% 的进口市场份额。

为了提高美国企业对华清洁能源贸易份额，美国商务部国际能源署建议，由于中美两国距离较远，美国对华出口清洁能源产品运输成本较高，

---

① U. S. Department of Commerce – International Trade Administration, *2015 ITA Renewable Energy Top Markets Report：A Market Assessment Tool for U. S. Exporters*，July 2015，p. 23，http：// trade. gov/topmarkets/pdf/Renewable_ Energy_ Top_ Markets_ Report. pdf.

② U. S. Department of Commerce – International Trade Administration, *2015 ITA Renewable Energy Top Markets Report：A Market Assessment Tool for U. S. Exporters*，July 2015，p. 3，http：// trade. gov/topmarkets/pdf/Renewable_ Energy_ Top_ Markets_ Report. pdf.

③ 《强化应对气候变化行动——中国国家自主贡献》，中国中央政府门户网站，2015 年 6 月 30 日，http：//www. gov. cn/xinwen/2015 – 06/30/content_ 2887330. htm.

④ Bloomberg New Energy Finance, *Power Demand Means MYM65 Billion a Year Task for China's State Grid*，December 4，2014.

⑤ Bloomberg New Energy Finance, *Latest China Revolution Seeks Great Leap for Clean Energy*，November 21，2014.

美国相关企业应该选择对华出口高附加值的清洁能源产品。此外，美国清洁能源出口企业还应该对中国不同地区和省份的清洁能源产品需求进行细分：资源丰富的西部地区，主要包括新疆、青海、甘肃等，是中国可再生能源项目建设的主要地区；东部和南部的制造业中心，是中国清洁能源产品零部件制造和贸易的主要地区；而能源传输能力有限的北部地区，则是中国未来分布式能源发展的重点地区。

针对不同的清洁能源对华出口领域，美国商务部国际能源署也为美国出口企业提供了具体建议。

（一）太阳能

美国商务部国际能源署指出，中国是全球太阳能产品的最大消费国，2020 年前中国每年将新增 270 亿瓦太阳能装机容量。[①] 此外，中国还是全球太阳能产品的最大生产国，其太阳能产品不但供应本国市场，还占据全球光伏电池和组件 70% 的市场份额。[②] 中国政府 2016 年开始实施新的光伏发电上网标杆电价政策，并对利用建筑物屋顶及附属场所建设的分布式光伏发电项目实施新的鼓励政策，[③] 这些都将促进中国光伏发电，尤其是分布式光伏市场的投资和发展，将给包括美国企业在内的国外光伏企业提供新的贸易机会，美国商务部国际能源署据此将中国列为短期（2015～2016年）第七大、中期（2015～2020 年）第三大美国太阳能产品出口市场。[④]

（二）风电

鉴于中国风电庞大的市场规模和史无前例的大规模投资，美国商务部国际能源署将中国列为短期（2015～2016 年）第二大、中期（2015～2020

---

① Bloomberg New Energy Finance, *H2 2014 China Market Outlook*, 28 August 2014.

② Climatescope, *Climatescope 2015：China Report*, http：//global － climatescope. org/en/download/reports/countries/climatescope － 2015 － cn － en. pdf.

③ 中国国家发展和改革委员会：《国家发展改革委关于完善陆上风电光伏发电上网标杆电价政策的通知》，2015 年 12 月 24 日，http：//www. sdpc. gov. cn/gzdt/201512/t20151224_768582. html；中国国家发展和改革委员会：《全国光伏发电上网标杆电价表》，http：//www. sdpc. gov. cn/gzdt/201512/W020151224503873128822. pdf。

④ U. S. Department of Commerce － International Trade Administration, *2015 ITA Renewable Energy Top Markets Report：A Market Assessment Tool for U. S. Exporters*, July 2015, p. 58, http：//trade. gov/topmarkets/pdf/Renewable_ Energy_ Top_ Markets_ Report. pdf.

年）第一大美国风电出口市场。[①] 美国商务部国际能源署认为，中国虽然具备完整的风电供给产业链，但仍然需要从国外进口，或从国外授权使用风电生产关键零部件，再加上中国政府开始鼓励中小规模风电站建设，增强本国风电技术和安全标准，进一步降低陆上风电上网标杆电价，[②] 这些都将为美国风电企业具有高附加值的先进技术产品提供更多出口机会。

（三）水电

美国商务部国际能源署指出，中国是全球潜在水电资源最丰富的国家、预期水电装机容量将达到 800 亿瓦。[③] 由于中国政府一直鼓励本国的水电基础设施投资，与其他清洁能源项目相比，在中国投资水电项目更容易获得政府批准。中国的水电项目大部分位于东南部的云南和四川，尽管本土企业在水电市场占支配地位，但美国相关企业可以利用自身优势，对华销售水电控制系统、环境咨询服务，以及项目技术服务等。[④] 在美国商务部国际能源署的美国可再生能源出口市场排名中，中国的水电市场在短期（2015～2016 年）和中期（2015～2020 年）分别位列第 19 位和第 15 位。[⑤]

除了商务部国际能源署外，美国贸易发展署（U. S. Trade and Development Agency）在推动美国环境和清洁能源产品对华出口方面也做了大量具体工作。美国贸易发展署前身是美国国际开发合作署贸易和发展规划办公室（TDP），主要致力于通过向发展中国家和中等收入国家的建设项目提供可行性研究和技术援助等方面的资助，促进受资助方在同等条件下

[①] U. S. Department of Commerce – International Trade Administration, *2015 ITA Renewable Energy Top Markets Report: A Market Assessment Tool for U. S. Exporters*, July 2015, p. 57, http://trade. gov/topmarkets/pdf/Renewable_ Energy_ Top_ Markets_ Report. pdf.

[②] 中国国家发展和改革委员会：《国家发展改革委关于完善陆上风电光伏发电上网标杆电价政策的通知》，2015 年 12 月 24 日，http://www. sdpc. gov. cn/gzdt/201512/t20151224_ 768582. html；中国国家发展和改革委员会：《全国陆上风力发电上网标杆电价表》，http://www. sdpc. gov. cn/gzdt/201512/W020151224503873121373. pdf。

[③] Bloomberg New Energy Finance, *The Future of China's Power Sector*, August 27, 2013, p. 10.

[④] U. S. Department of Commerce – International Trade Administration, *2015 ITA Renewable Energy Top Markets Report: A Market Assessment Tool for U. S. Exporters*, July 2015, pp. 24 – 25, http://trade. gov/topmarkets/pdf/Renewable_ Energy_ Top_ Markets_ Report. pdf.

[⑤] U. S. Department of Commerce – International Trade Administration, *2015 ITA Renewable Energy Top Markets Report: A Market Assessment Tool for U. S. Exporters*, July 2015, p. 59, http://trade. gov/topmarkets/pdf/Renewable_ Energy_ Top_ Markets_ Report. pdf.

优先购买美国设备和技术，以帮助美国企业提高出口竞争力。同时，美国贸易发展署也向对象国提供政策研究资助，以期影响和改变受资助国家对美国产品的市场准入环境，间接支持美国产品和服务出口。

美国贸易发展署对华合作始于 1981 年。1985 年 11 月，中国对外经贸部与美国国际开发合作署贸易和发展规划办公室分别代表两国政府签订了框架工作协议。协议确定中国对外经贸部和美国贸发署分别作为两国政府的归口管理机关，负责指导协调贸发署项目资助协议的签署和执行。1981～1989 年间，中美双方共签署了涵盖 66 个项目、总金额 2237万美元的资助协议，中方在项目实施阶段购买了价值 3.11 亿美元的美国设备和技术。但在 1989 年美国单方面暂停了贸易发展署对华合作计划。①

2001 年 1 月 13 日，美国时任总统克林顿宣布恢复美国贸易发展署对华资助计划。2001 年 7 月 31 日，中国对外经贸部和美国贸发署分别代表两国政府再次签订《中华人民共和国与美利坚合众国政府框架工作协议》，② 美国贸发署对华经济资助活动重新启动。2001 年至今，美国贸易发展署对中国投入近 7800 万美元，用于支持商业研讨会、技术援助、可行性研究报告、定向考察访问，以及培训等，迄今已经带动了美国近 157 亿美元的对华商品和服务出口。③ 目前，美国贸易发展署中国项目有四个优先领域，其中，清洁能源和环保（空气和水污染防治）是其中两个重点方向。④

美国贸易发展署对华援助初期多是政府机构计划和执行的公共事业项目，但近些年私营企业逐渐占据其对华援助的较大比重。如果中国企业有优先项目，考虑使用美国的产品或服务，可以向美国贸易发展署提交项目建议，并同时与中国商务部联系，得到其对项目的认可。美国贸易发展署

---

① 中国商务部：《中国与美国 TDA 合作背景简介》，2002 年 8 月 22 日，http：//mds. mofcom. gov. cn/aarticle/Nocategory/200208/20020800038106. html。

② 中国商务部：《中华人民共和国政府（通过对外贸易经济合作部）与美利坚合众国政府（通过美国贸易发展署）框架工作协议》，2001 年 7 月 31 日，http：//mds. mofcom. gov. cn/aarticle/Nocategory/200208/20020800038111. html。

③ 美国贸易发展署：《中国项目介绍》，美国贸易发展署东亚地区项目协调万小磊提供。

④ 清洁能源、环保、交通，以及医疗是美国贸易发展署中国项目四个优先领域。U. S. Trade and Development Agency, *Region - East Asia - China*, https：//www. ustda. gov/program/regions/east - asia.

批准出资可行性研究报告后，其将与中方项目业主（受赠方）签署赠款协议，之后，受赠方再与其选择做可研报告的美国公司签订合同，美国合同商按照与受赠方签订的合同工作，如果中国受赠方对其工作满意，美国贸易发展署将按照双方合同约定直接支付美国合同商。

自 2001 年 7 月重启对华资助至今，美国贸易发展署在中国已经资助了44 个能源项目、49 个环保项目，此外，还资助了数个绿色建筑、绿色航空、绿色港口项目。

表 5-3　美国贸易发展署对华资助能源和环保项目（2001~2016 年）

年度	能源	环保	绿色建筑/绿色航空/绿色港口/绿色交通
2016			绿色建筑施工赴美考察；中美航空论坛
2015	中美绿色基础设施和智慧城市赴美考察；大数据管理系统可研报告和试点；中美应对气候变化工作组商务研讨会；燃气锅炉低氮燃烧技术试点；智能电网赴美考察；碳捕获和封存赴美考察；中美页岩气培训项目二期		绿色港口通信试点
2014	智能电网赴美考察；绿色数据中心示范；页岩气赴美考察	省州合作赴美考察团；水泥生产脱硝技术可行性研究；HFC 减排控制技术援助；空气质量管理赴美考察	
2013	中美智能电网技术交流；电力配电数据集成、管理和可视化试点；中美页岩气培训项目一期；第四届中美生态城市市长培训交流	空气质量管理技术援助；地下水考察试点	重载商用车燃油经济性赴美考察；民航节能和减排；绿色港口技术赴美考察
2012	燃料电池在通信行业应用的试点；智能电网变电站通信系统试点；智能电网研讨会；清洁能源交流（第二期）	脱硝技术可行性研究；地下水污染控制和土壤修复赴美考察；汞排放控制技术考察团	

续表

年度	能源	环保	绿色建筑/绿色航空/绿色港口/绿色交通
2011	分布式能源热电联产赴美考察;民航总局节能和减排培训;新能源电网接入赴美考察;智能电网需求响应可行性研究	绿色水泥考察团;山东环境应急响应系统	绿色建筑标准赴美考察团;中美航空论坛
2010	智能电网标准发展技术援助;智能电表标准技术援助;分布式能源热电联供试点;清洁能源交流(第一期);碳排放限制改进流程(CLIP)	一体化实时水监测系统;清洁水合作	建筑能效与城市可持续发展赴美考察团;上海公交车改造;可持续机场发展定向考察访问团
2009	煤矿瓦斯发电;800兆瓦IGCC发电		铁道部赴美考察团;中美航空论坛
2008		沈阳小型锅炉减排示范;山东烟气脱硝(DeNOx);电厂排放监测和控制技术定向考察;地震余震预测和泥石流监测技术援助	
2007		长江流域非点源污染控制和决策支持系统;水利部水监测信息技术定向考察	
2006		山西在线监测可行性研究报告;北京雨水回用系统;山东水质改善;山东烟气脱硫可行性研究报告	
2005	中石油管线保护;中国南方电网应急管理系统技术援助;大连双岛湾炼厂/石化	固废管理定向考察团;广东珠江三角洲城市环境	
2004	沈阳多联供;煤藏/层气电厂	上海污水处理可研报告;浙江北仑电厂脱硝试点;防洪抗旱技术援助;杭州危险废弃物处置中心;苏州危险废弃物处置中心;全国危险废弃物处置技术援助	

续表

年度	能源	环保	绿色建筑/绿色航空/绿色港口/绿色交通
2003	宁夏二甲醚；中石油煤层气定向访问团	上海医疗垃圾集中处理；北京堆肥可行性研究；河北省城市供水；北京污泥管理；北京首创股份有限公司的污水处理	
2002	上海市电力可靠性分析；中石油地下储气库；地热泵（GHP）；上海电力定向访问团	上海城市环保项目技术援助；防治沙漠化；江苏环境监测；上海市固废技术援助；亚洲地区空气污染控制技术大会；天津废物处理可研报告；常州污水处理	
2001	中美天然气学院；神华集团煤直接液化；西气东输管道	上海环境监测；山东环境监测；中石油在线自动监测系统；重庆污水处理厂；自动水监测技术定向考察访问团	

资料来源：美国贸易发展署：《中国项目介绍》，美国贸易发展署东亚地区项目协调万小磊提供。

　　除了美国商务部国际贸易署和美国贸易发展署之外，美国国际发展署和进出口银行在帮助美国企业拓展中国环境和清洁能源市场过程中同样发挥了重要作用。

　　美国国际发展署（U. S. Agency for International Development，USAID）成立于 1961 年，美国时任总统肯尼迪签署对外援助法案，使之成为法律，并以总统行政命令的形式设立美国国际发展署，1961 年 11 月 3 日，美国国际发展署正式成立。美国国际发展署于 2008 年在北京设立办公室，2015 年 9 月中国国家主席习近平访美期间，美国国际发展署与中国商务部签署了《关于中美发展合作及建立交流沟通机制谅解备忘录》，[①] 其中，温室气体减排及其相关清洁能源合作是美国国际发展署对华援助的重要领域之一，[②] 在过去的十余年间，美国国际发展署通过美国能源部对华提供了一

---

① 美国驻北京大使馆：《美国国际发展署》，http：//chinese. usembassy – china. org. cn/usaid. html。

② U. S. Agency for International Development，*Where we work – China*，https：//www.usaid. gov/ china.

定数量的能源领域发展援助。①

美国进出口银行自 1994 年即设立了"环境出口项目"（Environmental Exports Program），2007 年又设立了"可再生能源和环境出口办公室",② 主要为美国可再生能源设备、能效技术、废水处理、降低空气污染技术、水管理服务，以及其他环境相关产品和服务出口提供短期周转资金、出口信贷保险、中期保险、中长期贷款担保、项目和结构融资，以及长期直接贷款等金融服务。在此基础上，"环境出口项目"还特别为符合条件的美国可再生能源和水出口交易提供长达 18 年的融资偿还期限，所有具备资格的环境产品出口交易（包括可再生能源和水项目）在建设期间均可以将利息计提本金，可以获得最高 30% 的当地费用融资。1994 年至今，"环境出口项目"已经为美国环境和可再生能源产品出口交易提供了 30 多亿美元融资。③

除了双边协商与合作外，美国还通过世界贸易组织、亚太经合组织，以及 G20 等多边平台积极推动美国环境和清洁能源产品对华出口。

2011 年，第 21 届亚太经合组织达成一致意见，到 2015 年将 54 种环境产品关税降低到 5% 或者更低水平，参与国家的环境产品贸易占到全球环境产品贸易的 90%，大约达到每年 4810 亿美元的贸易规模。奥巴马政府指出，在亚太经合组织达成协议的基础上，美国将在世界贸易组织框架内发起全球环境产品，以及包括太阳能、风能、水能、地热能等清洁能源技术的自由贸易协商，此外，还将推动世界贸易组织计划继续进行服务贸易协议协商，争取达成环境服务的自由贸易。④

自 2001 年 12 月中国加入世界贸易组织至今，美国共向世界贸易组织提交了 17 项针对中国的贸易争端仲裁，这些贸易争端涉及反倾销反补贴、市场准入、知识产权保护等,⑤ 其中，2010 年 12 月，美国向世界贸易组织

① U. S. Agency for International Development, *Results & Data – China*（*P. R. C.*），https：// explorer. usaid. gov/query.

② U. S. Export – Import Bank, *Key Industries – Renewable Energy*，http：//www. exim. gov/learning – resources/key – industries.

③ U. S. Export – Import Bank, *Environmental Export Financing：Good News for U. S. Exporters*，http：//www. exim. gov/about/special – initiatives/environment.

④ U. S. Executive Office of the President, *The President's Climate Action Plan*，June 2013，pp. 19 – 20，https：//www. whitehouse. gov/sites/default/files/image/president27sclimateactionplan. pdf.

⑤ World Trade Organization, *Dispute Settlement：China*，https：//www. wto. org/english/tratop_ e/dispu_ e/dispu_ maps_ e. htm？country_ selected = CHN&sense = e.

提交了中国向本国风电设备制造企业提供政府补贴、资助，以及奖励的申请争端仲裁，美国提出，中国财政部 2008 年 8 月颁布的《风力发电设备产业化专项资金管理暂行办法》依据本国风电设备制造企业使用国内产品和进口产品的不同，分别给予不同的政府补贴、资助，以及奖励，① 这一措施违反了世界贸易组织的《补贴与反补贴协议》（SCM Agreement）、《关税与贸易总协定》（GATT 1994），以及《加入议定书》（Protocol of Accession）。② 借助此类多边平台的协商和仲裁，美国政府进一步为本国企业扩大在华环境和清洁能源市场份额创造条件、提供保障。

二　对中国的环境和清洁能源产品和服务进入美国市场进行限制

与美国政府一样，为了促进本国环境和清洁能源产品的生产、投资和出口，提升本国清洁能源企业的国际竞争力，中国政府实施了一系列清洁能源鼓励和刺激政策，包括对太阳能、风能、生物质能实行固定上网电价补贴，为本国清洁能源产业提供税收优惠和金融贷款支持，对屋顶及附属建筑物光伏项目提供财政补贴等。③ 但是，美国政府认为，中国的清洁能源补贴和鼓励政策使美国相关企业遭受不公平贸易竞争，此外，美国政府还认为部分中国环境和清洁能源产品以低于国内销售价格或者低于生产成本价格进入美国市场，损害了美国相关企业利益，为了保护本国环境和清洁能源生产企业权益，美国政府对中国对美清洁能源出口产品发起了数次反补贴反倾销调查。

---

① 根据《风力发电设备产业化专项资金管理暂行办法》规定，产业化资金支持对象为中国境内从事风力发电设备（包括整机和叶片、齿轮箱、发电机、变流器及轴承等零部件）生产制造的中资及中资控股企业。申请产业化资金补助的企业必须符合如下条件：1. 风电机组配套的叶片、齿轮箱、发电机由中资或中资控股企业制造，鼓励采用中资或中资控股企业制造的变流器和轴承；2. 风电机组在国内完成生产、安装、调试。中国财政部：《风力发电设备产业化专项资金管理暂行办法》，2008 年 8 月 11 日，http://www.mof.gov.cn/zhengwuxinxi/zhengcefabu/2008zcfb/200808/t20080822_66469.htm。

② World Trade Organization, *CHINA – MEASURES CONCERNING WIND POWER EQUIPMENT Request for Consultations by the United States*, January 6, 2011, https://docs.wto.org/dol2fe/Pages/FE_Search/DDFDocuments/101977/Q/G/SCM/D86 – 1.pdf.

③ The PEW Charitable Trusts, *Who's Winning the Clean Energy Race? 2013*, April 2014, p. 37, http://www.pewtrusts.org/~/media/assets/2014/04/01/clenwhoswinningthecleanenergyrace2013pdf; Climatescope, *Climatescope 2015: China Report*, p. 99, http://global-climatescope.org/en/download/reports/countries/climatescope – 2015 – cn – en.pdf.

美国反补贴反倾销调查主要由美国商务部国际贸易署执法和监督部门（Enforcement and Compliance）以及美国国际贸易委员会（U. S. International Trade Commission）负责。美国企业提出调查申请后，商务部执法和监督部门对进口产品厂商和所在国政府进行调查，确定是否存在倾销和不公平政府补贴行为，并确定倾销或补贴的具体数额。而美国国际贸易委员会在综合考虑包括美国本国产业的产量、消费、市场份额、雇员数量，以及利润等相关经济因素的基础上，确定本国产业是否因为倾销或补贴产品进口导致利益受到损害。如果美国商务部和国际贸易委员会均确定进口产品存在倾销或不公平补贴情况，商务部则指示美国国土安全部海关及边境保护局（U. S. Customs and Border Protection）对进入美国市场的倾销或补贴产品征收反倾销反补贴关税，其税额按照进口商品价值的一定比例确定，与倾销边际或补贴边际①相当，以此抵消倾销或补贴进口产品对本国相关产业和企业的损害。②

在之前数十年间，美国商务部和国际贸易委员会对中国清洁能源产品发起了多次反倾销反补贴调查。

2010 年 9 月 9 日，美国钢铁工人联合会对中国清洁能源的相关政策措施提出 301 调查申请，指控中方在清洁能源领域共 70 项政策措施，主要包括五类：一是限制外国公司获得关键原材料（如稀土和其他矿物质）；二是以出口实绩或当地含量为条件的禁止性补贴；三是对进口货物和外国企业的歧视性做法，包括对风力、太阳能工厂实施国产化率要求，对国内风力公司实施优待，排除承揽减排项目的外国公司使用碳权，对国有企业供应商实施国产化率要求等；四是强制要求外国投资者转让技术；五是为发展绿色科技提供扭曲贸易的国内补贴。美国钢铁工人联合会称，上述政策和措施违反世贸组织相关规定，提请美贸易代表办公室将这些政策和措施诉诸世贸组织。③ 2010 年 10 月 15 日，美国贸易代表办公室宣布对中国相关清洁能源政策发起 301 调查。2010 年 12 月 22 日，美国贸易代表办公室

---

① 产品本国销售价格（或成本）与出口销售价格之差为倾销边际；产品补贴前价格与补贴后价格之差为补贴边际。

② U. S. Department of Commerce – International Trade Administration – Enforcement and Compliance, *An Introduction to U. S. Trade Remedies*, http: //enforcement. trade. gov/intro/index. html.

③ 中国商务部公平贸易局：《美国对华清洁能源 301 调查情况》，2011 年 5 月 5 日，http: //gpj. mofcom. gov. cn/article/cx/cu/201105/20110507544365. shtml。

宣布该调查的最终决定，称中国《风力发电设备产业化专项资金管理暂行办法》中的补贴内容涉嫌违反世贸组织《补贴与反补贴措施协定》规定的禁止性补贴条款，并向世贸组织申请解决争端。

此外，2012年10月，美国商务部和国际贸易委员会对中国向美国出口的发电风塔发起了反倾销反补贴调查（701 - TA - 486；731 - TA - 1195 - 1196）。申请发起此次调查的公司和机构有美国风塔贸易联盟（Wind Tower Trade Coalition）、西门子能源公司（Siemens Energy, Inc.）和西门子发电（Siemens Power Generation）、中船澄西船舶修造有限公司（Chengxi Shipyard Co., Ltd.）、天顺风能（苏州）有限公司［Titan Wind Energy（Suzhou）Co., Ltd.］、维斯塔斯风力技术公司（Vestas - American Wind Technology, Inc.）、中国机电产品进出口商会（Chinese Chamber of Commerce for Import and Export of Machinery and Electronic Products）、重山风力技术公司（CS Wind Tech Co.）等。①

2013年3月，美国对中国向美国出口的多晶硅光伏电池及其组件发起反倾销反补贴调查（701 - TA - 481；731 - TA - 1190）。申请发起此次调查的公司和机构有太阳能世界工业（美国）公司（Solar World Industries America Inc.）、无锡尚德太阳能电力有限公司（Wuxi Suntech Power Co.）、天合光能（美国）公司［Trina Solar（US）Inc.］、中国机电产品进出口商会（Chinese Chamber of Commerce for Import and Export of Machinery and Electronic Products）、英利绿色能源（美国）公司（Yingli Green Energy Americas, Inc.）、加拿大太阳能公司（Canadian Solar, Inc.）、Ameresco公司（Ameresco, Inc.）、江西赛维LDK太阳能高科技（南昌）有限公司（LDK Solar Hi - Tech Nanchang Co.）、江西赛维LDK太阳能高科技（苏州）有限公司（LDK Solar Hi - Tech Suzhou Co.）、江西赛维LDK太阳能高科技（美国）公司（LDK Solar Tech USA, Inc.）等。②

2014年11月，美国对中国向美国出口的多晶硅光伏产品发起反倾销

---

① U. S. International Trade Commission, *Utility Scale Wind Towers from China and Vietnam – AMENDED ADMINISTRATIVE PROTECTIVE ORDER SERVICE LIST*, October 26, 2012, https：//www. usitc. gov/secretary/fed_ reg_ notices/service_ lists/documents/701 – ta – 486f. pdf.

② U. S. International Trade Commission, *Crystalline Silicon Photovoltaic Cells and Modules from China – AMENDED ADMINISTRATIVE PROTECTIVE ORDER SERVICE LIST*, March 13, 2013, https：//www. usitc. gov/secretary/fed_ reg_ notices/service_ lists/documents/701 – ta – 481pof. pdf.

反补贴调查（701 - TA - 511；731 - TA - 1246 - 1247）。申请发起此次调查的公司和机构有太阳能世界工业（美国）公司（Solar World Industries America Inc.）、中国机电产品进出口商会（Chinese Chamber of Commerce for Import and Export of Machinery and Electronic Products）、SunEdison（SunEdison, Inc.）、苏尼瓦公司（Suniva, Inc.）、台湾太阳光电产业协会（Taiwan Photovoltaic Industry Association）、苏州 - 阳能科技有限公司（Asun Energy Co., Ltd）、天合光能（美国）公司［Trina Solar（US）Inc.］、腾科太阳能技术公司（Tenk Solar, Inc.）、京瓷太阳能公司（Kyocera Solar, Inc.）、韩华 QCELLS（美国）公司（Hanwha QCELLS USA, Inc.）等。①

根据美国商务部要求，2012～2016 年，美国海关及边境保护局对中国出口美国的光伏电池及其组件相关产品共采取了 7 次反倾销反补贴措施，②对中国出口美国的风塔相关产品采取了 2 次反倾销反补贴措施。③

针对美国对华清洁能源产品的反倾销反补贴调查，中国数次向世界贸易组织提请解决争端。2012 年 5 月 25 日，中国驻世界贸易组织代表向世贸组织要求就 2011 年 11 月 16 日美国对中国多晶硅光伏电池发起的反补贴调查（调查编号 C - 570 - 980）、2012 年 1 月 24 日对中国发电风塔发起的反倾销调查（调查编号 C - 570 - 982）进行审议。④ 2012 年 9 月 17 日，中

---

① U. S. International Trade Commission, *Crystalline Silicon Photovoltaic Products from China and Taiwan Calcium Hypochlorite from China and Taiwan - AMENDED PUBLIC SERVICE LIST*, November 24, 2014, https：//www. usitc. gov/secretary/fed _ reg _ notices/service _ lists/documents//701 - ta - 511f2. pdf.

② 调查编号分别为 C - 570 - 980、C - 557 - 989、A - 570 - 979、A - 122 - 993、A - 583 - 853、C - 570 - 011、A - 570 - 010。U. S. Customs and Border Protection, *Antidumping and Countervailing Duties - China Photovoltaic Cells and Modules*, http：//adcvd. cbp. dhs. gov/adcvdweb/ad_ cvd_ msgs/search? utf8 = % E2% 9C% 93&page = 1&filter _ cat = ALL&filter_ type = ALL&search = china + Photovoltaic + Cells + and + Modules + clean + energy&per_ page = 50.

③ 调查编号分别为 C - 570 - 982、A - 570 - 981。U. S. Customs and Border Protection, *Antidumping and Countervailing Duties - China Wind Tower*, http：//adcvd. cbp. dhs. gov/adcvdweb/ad_ cvd_ msgs/search? utf8 = % E2% 9C% 93&page = 1&filter_ cat = ALL&filter_ type = ALL&search = china + wind + tower&per_ page = 50.

④ World Trade Organization, *UNITED STATES - COUNTERVAILING DUTY MEASURES ON CERTAIN PRODUCTS FROM CHINA - Request for Consultations by China*, May 30, 2012, https：//docs. wto. org/dol2fe/Pages/FE_ Search/FE_ S_ S006. aspx? Query = （@ Symbol = % 20wt/ds437/ * ）&Language = ENGLISH&Context = FomerScriptedSearch&language UIChanged = true#.

国驻世界贸易组织代表向世贸组织要求就 2012 年 8 月 2 日美国对中国发电风塔发起的 Preliminary 反倾销调查（调查编号 A - 570 - 983）进行审议。①

　　除了对中国出口美国市场的清洁能源产品进行反倾销反补贴调查外，美国还尝试实施碳关税，对包括中国在内的发展中国家环境和清洁能源产品进入美国市场进行限制。2009 年 6 月 26 日，美国众议院以 219 票对 212 票通过《美国清洁能源与安全法案》，该法案"碳关税"条款规定，如果美国没有加入相关的国际多边协议，自 2020 年起，美国总统将有权对来自未采取措施减排温室气体国家的钢铁、水泥、玻璃、纸张等进口产品采取"边境调节"措施，即可以对这些产品征收关税。② 该条款是《美国清洁能源与安全法案》在众议院投票前一天被临时补充进去的，目的是争取美国国内制造业地区议员的支持，美国部分国会议员要求把向中国等发展中国家对美出口产品征收碳关税作为美国同意减排的先决条件。以哈里·里德为首的十名共和党参议员称，如果不把碳关税条款纳入法案，他们将坚决抵制《清洁能源与安全法案》在参议院获得通过。对此，中国政府认为，在国际社会还未就减排责任达成一致意见的情况下，碳关税只是发达国家限制发展中国家的借口，这种环境保护掩盖下的贸易保护行为将会严重损害全球贸易。虽然《清洁能源与安全法案》最终并未在美国参议院获得通过，但未来美国有可能再次发起碳关税相关讨论和提案，对包括中国在内的发展中国家相关产品进入美国市场实施限制和提高准入门槛。

第三节　未来深化中美应对气候变化和清洁能源合作的政策建议

　　在合作应对气候变化和发展清洁能源方面，中美两国对对方均抱有矛盾心理，既希望加深合作，又担心本国清洁能源企业利益受损。美国政府可能通过国际机制和国际舆论压力，将气候变化和清洁能源议题与政治问

---

① World Trade Organization, *UNITED STATES - COUNTERVAILING AND ANTI - DUMPING DUTY MEASURES ON CERTAIN PRODUCTS FROM CHINA - Request for Consultations by China*, September 20, 2012, https：//docs. wto. org/dol2fe/Pages/FE ＿ Search/FE ＿ S ＿ S006. aspx? Query ＝（＠ Symbol ＝% 20wt/ds449/＊）&Language ＝ ENGLISH&Context ＝ FomerScriptedSearch&languageUIChanged ＝ true#.

② U. S. Congress, *H. R.* 2454 - *American Clean Energy and Security Act of* 2009, https：// www. congress. gov/bill/111th - congress/house - bill/2454/text.

题挂钩等方式要求中国在应对气候变化过程中承诺更高的减排目标，承担更多的国际责任和义务。中国应该从自身国情出发，认清所处的经济发展阶段、人口规模、资源禀赋等，坚持自己的应对气候变化和清洁能源发展政策。在与美国的协商互动中，中国政府可以将"以技术换减排承诺"和以"经济技术合作换清洁能源市场"作为重点。

一　美国在气候变化和清洁能源领域对华施压的战略考虑和主要渠道

中美两国目前是世界上最大的温室气体排放国，又是具有重要影响的两大国际政治经济体。在应对气候变化、争取未来低碳经济发展的主动权方面，奥巴马政府的对华态度是矛盾的：一方面希望在应对气候变化问题上争取中国的合作，要求在低碳经济发展进程中进入中国广阔的新能源市场和环境产品市场；另一方面又对中国抱有疑虑，希望中国接受更高标准、具有国际强制约束力的减排指标。奥巴马政府认为，在对本国企业实施强制性碳排放限制的情况下，如果中国对本国的相关制造企业不实施相同标准，会使美国企业的生产制造成本相对上升，从而损害本国企业的国际竞争力，使本国企业在世界低碳经济竞争中被边缘化。[①]

站在中国的角度看，其对美国同样存在矛盾心理：一方面希望在应对气候变化和发展清洁能源领域与美国合作，获得美国先进的清洁能源技术；另一方面又担心美国以应对气候变化为借口，要求中国在国际上承诺强制性的碳排放目标、并且担心美国通过对中国相关企业设置贸易壁垒、征收"碳关税"等措施，对中国清洁能源和环境产品生产企业进入美国和国际市场进行限制，损害中国企业在国际低碳经济市场中的竞争力。

总体来说，美国在应对气候变化和清洁能源领域争取中国的支持与合作，既有经济利益方面的考虑，也有对未来国际体系转型的战略考虑（见表5-4）。

[①]　在这一问题上，相关学者认为，只有那些能源消耗成本占生产成本比重较大的产业，比如铝、钢材、水泥、玻璃和造纸企业，才会把碳排放成本的高低作为选择生产地点的重要考虑因素，而对于一般生产制造企业来说，更为重要的考虑因素则是能否获得熟练的劳动力以及当地管理法规的可预期性，碳排放成本并不能成为其选择厂址的首要考虑因素。Kenneth Lieberthal & David Sandalow, *Overcoming Obstacles to U. S. – China Cooperation on Climate Change*, January 2009.

表 5 - 4　奥巴马政府的应对气候变化和清洁能源发展政策目标

经济利益层面		国际政治层面	
短期目标	长期目标	短期目标	长期目标
增加就业/经济复苏	领导世界低碳经济	世界气候大会取得阶段成果	领导国际气候治理

经济利益因素。奥巴马政府的短期目标是通过清洁能源替代和提高能源效率进行经济转型，以此带动美国经济复苏和发展，解决本国劳动人口就业，拉动 GDP，实现经济复苏。清洁能源的开发、生产、储存、输出和销售环节可以为美国创造数百万个新的绿色就业岗位，有效缓解经济危机背景下美国严重的失业问题。而从长期考虑，奥巴马政府则希望通过应对气候变化巩固本国在环境产品方面的技术优势，在国际清洁能源市场中占有更多份额，垄断环境容量划分，在未来世界低碳经济发展中保持美国的领导地位。

国际政治因素。奥巴马政府的短期目标是在巴黎世界气候大会上得到中国的支持，使后 2020 年代世界碳减排机制协商取得一定的阶段成果。此外，由于世界各国及国际组织对气候变化议题的日益重视，应对气候变化已经成为国际政治的重要议题，奥巴马政府也希望通过国际气候变化谈判争取中国的合作和支持，使美国在未来国际政治事务中，尤其在国际气候治理议程中发挥领导作用。

美国国内因素。美国国内也存在一些客观因素推动奥巴马政府加快与中国在环保和清洁能源议题上的合作。首先，美国民主党有重视环保的传统。与小布什政府时期不同，奥巴马政府希望美国从国际气候治理的旁观者成为领导者。其次，美国经济发展水平相对较高，选民对环境和气候问题关注度较高，议员、政党，以及政府会顺应民意。最后，近些年随着中国经济实力的增强和国际影响力的上升，美国国内要求中国承担更多碳减排责任的声音日益增多，面对来自国内部分国会议员和企业界的压力，奥巴马政府也不得不要求中国在温室气体减排方面承担更多的国际义务。

总体来说，奥巴马政府主要通过几个渠道在应对气候变化和清洁能源发展议题上对华施压。

第一，通过国际机制。在 2009 年哥本哈根世界气候大会、2015 年巴黎世界气候大会期间，奥巴马政府均提出中国作为新兴经济体的发展中大国，在国际气候治理的后京都机制安排中，应该与发达国家一样，承诺具有国际强制约束力的减排目标和责任，并且提出包括中国在内的新兴经济体应该对最不发达国家、内陆发展中国家、小岛屿发展中国家的应对气候变化行动承担一定的技术援助和资金援助义务。除了联合国平台的世界气候大会外，二十国集团、亚太经合组织、国际民航组织、国际海事组织、世界贸易组织、清洁能源部长会议、美国－亚太全面能源伙伴关系等也成为美国政府在应对气候变化和发展清洁能源领域向中国施压的重要渠道。

第二，利用国际舆论压力。自 1979 年瑞士日内瓦第一次世界气候大会召开至今，国际社会对于全球气候变暖及其对人类社会的严重影响已经日益形成共识，联合国 IPCC 迄今已经发布五次《气候变化评估报告》，2015 年 12 月在法国巴黎召开的世界气候大会上，共有 195 个国家通过了全球应对气候变化的《巴黎协定》（*Paris Agreement*）。在当今应对气候变化、减缓全球气候变暖已经成为国际社会一致的主流呼声时，作为当前世界碳排放总量最大的国家，中国如果不采取积极行动就有可能在国际舆论上处于较为被动的局面。

第三，奥巴马政府不会弱化推动世界气候治理进程的立场，甚至会提高姿态，增强其"国际环境旗手"形象。但在实际政治意愿上，则有可能有所倒退，至少有延迟国际气候治理进程的心理准备，以中国等发展中大国承诺强制碳减排义务为借口推卸责任，以经济不景气为借口不承担或者少承担对发展中国家应对气候变化的资金支持和技术援助。

第四，受经济衰退影响，美国的减排份额、对发展中国家的技术援助和资金支持会因政府的政策策略、私营企业的保守经营而拖延，出于成本和竞争力考虑，美国企业有可能会降低温室气体减排力度，甚至有可能出现大的倒退，而美国政府也有可能在实际行动中放缓应对气候变化的进程。此外，美国政府即便已经确定明确的减排目标，也不可能过早摊牌，而会根据谈判进程和中国的出牌情况，逐步调整美国的具体目标和措施。

第五，将气候变化和能源议题与政治问题挂钩也是美国政府对华施压的可能渠道之一。人权、涉台、涉藏、涉疆问题都有可能被美国政府在特定时期作为在气候变化和能源议题上与中国讨价还价的筹码。

二　未来深化中美合作的政策建议

当前全球气候变化挑战下同时孕育着历史机遇，历史上每一次能源革命都在一定程度上引发了全球经济格局的变迁，作为化石能源的煤炭、石油和天然气对于近现代美欧等发达经济体的快速发展至关重要。而在当前的新能源发展领域，各个国家基本处于同一起跑线，以发展低碳经济为目标的清洁能源革命很有可能成为未来全球经济竞争的制高点。

国际能源署预计，如果要使全球气候变化符合 IPCC 的标准，即全球二氧化碳排放量到 2050 年减少一半，则在 2010～2050 年，全球用于应对气候变化和清洁能源领域的投资需要 45 万亿美元，全世界需要在接下来的 40 余年间每年在 55 座以化石燃料为动力的发电厂使用碳捕获和储存技术，每年建造 32 座核电厂、1.75 万个大的风力涡轮机、2.15 亿平方米的太阳能电池板，每年生产 2000 万辆电动车或氢燃料电池汽车。[①]

面对未来数年清洁能源和环境产品发展的巨大市场和难得机遇，中国如果能够在太阳能、风能、生物质能、电动汽车，以及清洁煤等领域有所领先的话，其在未来的世界新能源经济中将会占据重要的一席之地。从这种角度来看，积极应对气候变化既是对自身负责，同时也是中国把握低碳经济发展机遇的表现。

在与美国的协商互动中，中国政府可以重点考虑实行"以技术援助换减排承诺"和以"技术合作换清洁能源市场"的方针，推动缩小中美两国的技术差距，不断提高中国低碳经济发展的国际竞争力。

（一）应对气候变化和碳减排合作

第一，将国际承诺与国内行动区分开。一方面，从国家战略和国际形象角度出发，在对外交流和谈判中，中国应该持积极主动态度，表明与世界其他国家进行合作的决心，强调中国之前已经完成以及未来将要达到的目标和政策行动，这样中国在外交上将会占据更多主动性，也有助于树立"负责任的大国"形象；但另一方面，应该将国际承诺与国内行动区分开，使国内行动的限排标准和时间表先于国际承诺，首先在国内积极推动经济结构转型，发展低碳经济，为本国企业在未来承担国际强制性的减排责任

① IEA, *Energy Technology Perspectives 2008: Fact Sheet - The Blue Scenario*, June, 2008, http://www.iea.org/Textbase/techno/etp/fact_sheet_ETP2008.pdf.

争取较长的准备时间，以增强中国企业在未来世界低碳经济中的国际竞争力。

第二，坚持既有的减排路线即坚持"双轨"原则。所谓坚持"双轨"原则即是坚持《联合国气候变化框架公约》和《京都议定书》的有效性。"双轨"原则对中国的有利之处在于：其一，它严格规定了发达国家的中期减排责任：2020 年要在 1990 年的基础上减排 25% 到 40%；其二，它规定了发达国家与发展中国家"共同但有区别的责任"：发达国家有率先进行总量减排的责任，而对中国等发展中国家则没有强制约束力的硬性规定，仅要求发展中国家在得到发达国家资金和技术支持的前提下，适应和减缓气候变化；其三，它将中国、印度、巴西、南非等发展中大国整体列入发展中国家，并未要求中国等发展中大国承担与发达国家同样的减排义务和责任。

不过，在坚持"双轨"原则的基础上可以根据实际情况做出适当妥协，例如响应美国减排目标的要求等。美国与中国国情不同，其减排目标需要经过国会参众两院批准，而美国国会议员则代表了国内不同利益集团的立场，因此，美国最终减排目标是政府与国会、国内各个利益集团之间的妥协产物，美国政府并没有完全决定权。考虑到美国国情，中国政府应该从现实情况出发，考虑在坚持核心原则的前提下对美国的减排行动做出适当妥协。

第三，坚持强度限制的减排标准、适当强调人均碳排放的减排标准。根据有关机构测算，目前中国 GDP 每增长一个百分点，能源消耗就要增长 0.8 到 1 个百分点，即使调整产业结构增加清洁能源份额，这一数据也不会低于 0.5%。所以，如果从减排总量控制，中国经济甚至可能出现负增长。除了总量减排外，强度减排同样也会对中国经济发展造成一定影响，虽然中国政府已经提出调整经济结构的中长期目标，但经济结构存在刚性和惯性，不可能在短时期内彻底转变，即便局部调整也需要一定时间。此外，中国经济发展目前正处在快速城市化和工业化背景下碳强度相对较高阶段，能源消耗主要以高碳为主，这个特征在短期内并不容易扭转和改变。

除了采用以单位 GDP 计算的碳排放强度标准外，中国政府可以适当强调人均碳排放的减排标准。虽然中国以单位 GDP 计算的碳排放高于美国，2013 年，中美两国的碳强度分别为 2.98 二氧化碳总量/吨油当量和 2.34 二氧化碳总量/吨油当量（2013 年世界平均碳强度为 2.38 二氧化碳总量/

吨油当量）①，但是，由于中国具有 13 亿人的庞大人口基数，中国的人均碳排放远远低于美国，2014 年中国人均二氧化碳排放 7.6 吨、美国人均二氧化碳排放 16.5 吨，中国人均二氧化碳排放不到美国一半。②

第四，强调"以技术援助换减排承诺"的方针。根据《联合国气候变化框架公约》和《京都议定书》的相关规定：发达国家有义务向发展中国家提供资金和技术援助，帮助发展中国家适应和减缓气候变化。美国作为当今全球科技、创新实力最强的国家，在低碳技术发展方面同样处于世界领先水平，中国虽然近些年经济实力大大增强，但与美国相比，在低碳技术创新和应用方面仍然存在一定差距，因此，在与美国的应对气候变化协商与合作中，中国政府应该强调"以技术援助换减排承诺"的方针，敦促美国作为世界最大的发达国家，在低碳技术发展方面，向中国提供更多的技术援助，进行更多低碳领域的技术合作，使中美两国共同提高适应和减缓气候变化的能力。

第五，加强气候变化科学和政策方面的研究、发布和交流。目前气候科研已成为世界各国争夺气候变化话语权的重要依据。气候谈判的依据是科学研究，国际气候谈判涉及科学事实、政策措施、发展战略、制度安排、国际政治等各方面复杂问题，因此，中国在气候变化领域需要有自己的智囊团队，为中国谈判的进展提供坚实的基础和强大的科学与技术支持。气候科研可以帮助中国在新的游戏规则建立过程中争取必要话语权，使应对气候变化的国际努力能够朝着真正有助于遏制全球气候变化、真正有助于实现实质性减排的方向发展，而不让它异化为发达国家牟取或操控经济利益和政治利益的手段，在国际舞台上，也让中国更有能力参与到制度设计、规则制定的过程当中，为中国争取更大的发言权和未来低碳经济发展的主动权。③

---

① IEA, *Key World Energy Statistics 2015*, pp. 49, 57, https：//www. iea. org/publications/freepublications/publication/KeyWorld_ Statistics_ 2015. pdf.

② Jos G. J. Olivier, Greet Janssens - Maenhout, Marilena Muntean, Jeroen A. H. W. Peters, *Trends in Global CO$_2$ Emissions*：*2015 Report*, The Hague：PBL Netherlands Environmental Assessment Agency；Ispra：Joint Research Centre, p. 31, http：//www. pbl. nl/sites/default/files/cms/publicaties/pbl - 2015 - trends - in - global - co2 - emisions_ 2015 - report_ 01803. pdf.

③ 中国积极参与联合国政府间气候变化专门委员会（IPCC）评估报告的撰写，在 IPCC 第四份科学评估报告中，共有 28 位主要作者来自中国。

（二）清洁能源发展合作

第一，加强对本国清洁能源发展的政策支持力度，增强本国清洁能源企业的国际竞争力。清洁能源作为相对新兴的产业，其在发展的早期阶段离不开政府政策的引导和支持，在与包括美国在内的国外清洁能源企业进行竞争和合作时，首先需要通过政策支持，加快本国清洁能源企业发展速度，提升技术创新能力，争取在国际竞争与合作中，占据一定的先发优势。

在世界范围内，美国是较早注意到清洁能源产业发展的巨大潜力并提供大量政策支持的国家。早在1978年，美国政府即开始陆续颁布实施清洁能源发展相关政策，在2001年之前，美国政府已经出台了38项清洁能源发展政策措施。而在2002～2009年的八年时间美国则密集出台了53项清洁能源发展引导和支持政策，可以说，政府的政策引导和鼓励为美国清洁能源的初期发展提供了重要支持（见图5-1）。①

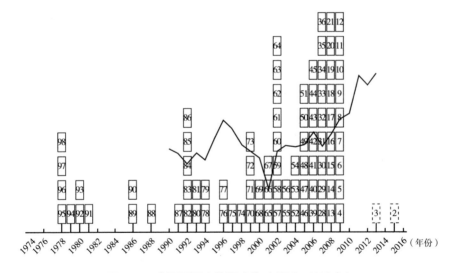

图 5 - 1　美国可再生能源政策（1974～2015 年）

资料来源：IEA/IRENA, *Joint Policies and Measures Database：Global Renewable Energy - United States Statistics*, http：//www. iea. org/policiesandmeasures/renewableenergy/? country = United States。

---

① IEA/IRENA, *Joint Policies and Measures Database：Global Renewable Energy - United States Statistics*, http：//www. iea. org/policiesandmeasures/renewableenergy/? country = United States.

　　与美国相比，中国清洁能源产业起步较晚，对于清洁能源产业发展的政策规划和支持自1996年开始少量出台，但政策引导和鼓励力度非常有限，在1996~2005年的十年间，仅出台了五项主要的清洁能源政策措施。直到2006年之后，中国政府才开始大量出台清洁能源引导和支持政策，2006~2015年的十年间是中国政府清洁能源政策措施密集出台时期，在此十年间，中国政府共颁布实施了90项清洁能源发展政策措施，这些政策措施有力地促进了中国清洁能源产业的快速发展（见图5-2）。①

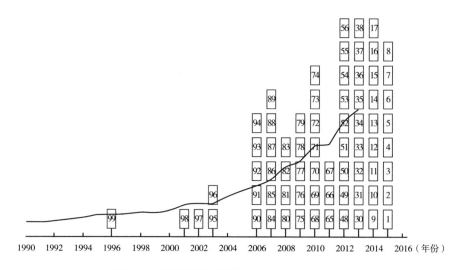

图5-2　中国可再生能源政策（1990~2015年）

　　资料来源：IEA/IRENA, *Joint Policies and Measures Database*：*Global Renewable Energy - China Statistics*, http：//www. iea. org/policiesandmeasures/renewableenergy/? country = China。

　　第二，认清中美两国在清洁能源领域各自优势和劣势，以及利益诉求差异，采取有针对性的措施实现取长补短、诉求对接。在清洁能源发展领域，中美两国各有优势和不足。首先，对于美国来说，其是全球较早发展清洁能源产业的国家之一，也是全球清洁能源前沿技术的主要领跑国家，相对中国来说，美国在清洁能源技术研发方面具有突出优势。其次，美国金融体制相对灵活、金融创新动力强大，在清洁能源发展领域同样如此，目前全球清洁能源较为创新的融资、投资方式大部分源自美国的投融资创

---

① IEA/IRENA, *Joint Policies and Measures Database*：*Global Renewable Energy - China Statistics*, http：//www. iea. org/policiesandmeasures/renewableenergy/? country = China.

新，这为美国清洁能源产业的发展源源不断地输送重要血液。再次，美国知识产权和专利权法律相对成熟和健全，对清洁能源前沿技术的保护相对到位，有利于企业投入更多的资源进行清洁能源技术创新。最后，在推动本国清洁能源企业出口产品和服务过程中，美国政府机构参与更多、行动力度更大。在帮助美国相关企业拓展中国环境和清洁能源市场方面，美国商务部国际贸易署、贸易发展署、国际发展署、进出口银行、环保部、能源部、国务院海外私人投资公司、小企业署、国际贸易委员会、贸易代表办公室等均发挥了重要作用。

相比美国，中国在清洁能源技术研发、知识产权和专利保护、投融资方式创新，以及政府具体政策和行为支持方面有待提升。但是与美国相比，中国的清洁能源产业发展也有自身优势：首先，劳动力成本相对较低，使本国清洁能源产品和服务有一定的价格优势；其次，清洁能源前沿技术吸收和升级能力较强、速度较快，在最近数年，中国清洁能源企业在吸收国外前沿技术的基础上，还加大了核心技术自主创新能力，已经在一些清洁能源领域掌握和创造出世界核心技术；再次，中国清洁能源市场规模庞大、未来市场潜力巨大，鉴于中国庞大的人口规模、产业规模，以及幅员辽阔且自然条件各异的国土，不论当前还是未来，中国均是全球最重要、规模最大的清洁能源市场之一；最后，随着经济十余年的快速发展，中国在清洁能源领域的投资资金更充裕、投资意愿更为强烈。相对美国，由于政策所限以及其他原因，中国目前大量的居民储蓄和企业资金并不能找到很丰富的投资渠道和投资项目，而清洁能源产业是被中国政府列入战略新兴产业的重要领域之一，在政府的产业政策鼓励下，会有更多的投资资金愿意进入清洁能源这一产业。

总体来说，在清洁能源产业领域，中美之间的利益诉求已经发生了一定程度的转变，之前数年，中国用庞大的市场换取美国的前沿技术，如今，两国都需要开拓对方国家的市场，而中国也已掌握了一些清洁能源前沿技术，美国在向中国输出清洁能源前沿技术的同时也需要中国的某些核心技术。面对这一转变，就需要采取竞合战略，通过合资、参股等形式建立起不同形式的竞合关系，实现优势互补、诉求对接，并避免过度竞争、恶意竞争对企业资源的损耗。

第三，鼓励更多私营企业参与，重视发挥市场配置资源作用。中国可以在中美两国清洁能源技术合作的既有机制和框架下，通过政府的政策引导，鼓励更多的私营企业参与，在未来更多通过市场机制提升中美两国在政府和企业两个层面的清洁能源合作水平，充分发挥市场配置资源的有效作用。政府可以为清洁能源企业发展提供相关的制度保障，通过税收减免、财政补贴、贷款担保和贷款优惠等具体政策措施形成相应的激励机制，从而鼓励大规模私人投资的积极参与，鼓励清洁能源技术的商业化。

在鼓励私营企业积极参与的同时，在政策支持方面，应该注意更多发挥市场机制作用，促进行政手段与市场机制的有效结合。例如，在对清洁能源产业进行政府财政补贴时，应该更多考虑将之前对清洁能源企业的补贴，转变为清洁能源产品消费者的补贴，由消费者对清洁能源产品和企业进行评价，将产品的选择决定权由企业转移到消费者手中，通过市场机制更好地实现清洁能源企业和产业的优胜劣汰，从而推动国家整体清洁能源产业的科技创新和管理创新。

第四，在发展低碳技术方面，中国政府可以考虑将技术合作与进一步开放清洁能源市场挂钩。以近期中美双方可以实现共赢的技术合作为突破点，比如混合动力汽车和纯电动车技术，碳捕获和储存技术[①]，智能电网技术，以及核电技术等推动中美双方在清洁能源技术方面的合作，有效引进、消化、吸收美国先进的低碳和气候友好技术。

纵观世界历次科技革命，技术水平的提升无一不与能源的替代和更迭相伴随。从蒸汽机代替煤炭、石油替代蒸汽动力，到目前的核能等清洁能源代替化石能源的趋势，能源领域的变革推动了整个社会进步。鉴于目前中国的科技研发实力水平，政府应该进一步鼓励创新，提高科研质量，在应对气候变化和发展清洁能源过程中，加强可再生能源、先进核能、碳捕获与储存、节能、提高能效等低碳和零碳技术的研发和产业化投入；对于已有的先进技术，应当向着降低成本、多元化应用，以及推动大规模商业化应用的方向努力。中美清洁能源联合研究中心已经于 2009 年 7 月正式启动，这不仅为中美两国共同解决节能减排难题提供了现实支持，而且为未来两国在清洁能源技术共享等领域的合作奠定了互信基础。鉴于目前中美

---

① 中美两国分别是世界上第一大和第二大煤炭储藏国、生产国和消费国，美国的煤炭储量 2586 亿吨，占世界煤炭总储量的 26%；中国的煤炭储量 1262 亿吨，占世界煤炭总储量的 13%。鉴于中美两国在未来若干年内对煤炭的严重依赖，清洁煤技术一直是两国清洁能源领域合作的重点之一。U. S. Energy Information Administration, *International Energy Statistics – coal reserves*, http：//www. eia. gov/cfapps/ipdbproject/IEDIndex3. cfm？tid＝1&pid＝7&aid＝6.

两国清洁能源领域合作的实际情况，中国政府可以考虑将获得美方相关的核心技术作为进一步放开中国清洁能源市场和环境产品市场的关键。

第五，对于碳关税问题，可以考虑在未来实施以订单换取碳排放指标的政策。征收碳关税在未来有可能成为世界贸易组织的贸易规则，在这种背景下，中国应该为用外贸订单换取碳排放指标做好政策方面的准备。根据有关数据，中国目前为发达国家生产商品所产生的碳排放，占中国碳排放总量的30%，其中，为美国生产商品所产生的碳排放，占到中国碳排放总量的7%到14%。如果碳关税在未来成为世界贸易组织规则，那么在生产这些出口商品的同时，应该要求国外企业提供订单，并提供相应数额的碳排放指标，以抵减中国本国的碳排放额度。

第六，积极参与世界清洁能源和环境产品贸易规则制定和谈判，加强与美国相关政府部门的沟通协调。目前世界清洁能源和环境产品贸易规则制定、谈判、争端协商多数通过世界贸易组织、亚太经合组织，以及 G20 等多边平台进行。在这种情况下，中国政府应该积极参与以上多边平台关于清洁能源和环境产品贸易规则的制定和谈判，为本国清洁能源和环境产品争取公平有利的国际贸易规则和争端解决机制。除了积极参与多边平台协商外，中国商务部相关部门还应该与美国商务部国际贸易署执法和监督部门，以及美国国际贸易委员会等机构加强对接和高效沟通，减少两国针对对方清洁能源和环境产品设置的贸易壁垒，及时解决两国间清洁能源和环境产品的贸易争端。

第七，美国特朗普政府就任后于 2017 年 1 月 21 日正式发布了"美国第一能源计划"（An America First Energy Plan）。[①] "美国第一能源计划"作为特朗普执政期间美国未来国家能源政策的总纲领，将对美国国内能源和环境产业的发展带来深远影响，并会对世界能源发展、全球应对气候变化行动，以及中美清洁能源合作带来不同程度的影响。"美国第一能源计划"既继承了奥巴马政府能源政策中关于加大本土能源和页岩油气开发、大力发展清洁煤技术以及将能源与环境保护政策相结合的部分，也明确提出取消奥巴马政府"气候行动计划"，以及建立同海湾盟国积极的能源关系以服务美国反恐战略的举措。

---

① The White House, "An American First Energy Plan", https：//www. whitehouse. gov/america - first - energy.

　　"美国第一能源计划"预期将为未来中美清洁能源合作带来一些不确定性因素：一方面，可能会促进中美两国在环境保护和清洁煤领域的合作，另一方面，"美国第一能源计划"虽然没有明确阐明特朗普政府的清洁能源政策，但从其取消"气候行动计划"、鼓励本土油气资源开发和振兴煤炭产业的举措可知，未来美国油气资源和煤炭等传统化石能源的价格将随产量的大幅提升而长期低位运行，有可能会对美国的清洁能源技术研发投资和产业投资形成挤出效应，也会因此影响中美两国在清洁能源领域的合作，延缓中美两国现有清洁能源合作项目的实施进程，不利于中国清洁能源产业的可持续性发展。为此，中国政府需要出台相关政策措施鼓励清洁能源的技术研发，进一步加强清洁能源技术的自主创新力度，推动清洁能源生产成本的下降；因地制宜鼓励清洁能源的本土化应用，开拓本国清洁能源市场；此外，应该拓展清洁能源合作范围，进一步增强与欧盟等清洁能源先进国家的合作。

　　此外，出于保护本国清洁能源企业发展，以及增加本土清洁能源产业就业岗位的考虑，相对奥巴马政府，特朗普政府有可能会进一步加大对本国清洁能源企业的保护力度，未来中美两国在可持续环境产品贸易和清洁能源产品贸易领域将有出现更多摩擦的可能。面对该形势，中国政府一方面可以通过世界贸易组织等渠道采取积极的反制措施，维护中国清洁能源企业的合法权益；另一方面，中国清洁能源企业则要努力开拓包括欧洲以及金砖国家等新兴市场在内的，更加多元化的清洁能源市场。此外，中国政府和企业还可以在"一带一路"战略框架下，持续推动与"一带一路"沿线国家在清洁能源领域开展深入合作，从而在一定程度上减弱美国特朗普政府新能源政策对中美清洁能源合作可能造成的消极影响。

参考文献

Aiden M. Harris ed. , *Clean energy: resources, production, and developments* (Hauppauge, N. Y. : Nova Science Publishers, 2011) .

Arvizu, D. , T. Bruckner, H. Chum, O. Edenhofer, S. Estefen, A. Faaij, M. Fischedick, G. Hansen, G. Hiriart, O. Hohmeyer, K. G. T. Hollands, J. Huckerby, S. Kadner, A. Killingtveit, A. Kumar, A. Lewis, O. Lucon, P. Matschoss, L. Maurice, M. Mirza, C. Mitchell, W. Moomaw, J. Moreira, L. J. Nilsson, J. Nyboer, R. Pichs – Madruga, J. Sathaye, J. Sawin, R. Schaeffer, T. Schei, S. Schlomer, K. Seyboth, R. Sims, G. Sinden, Y. Sokona, C. von Stechow, J. Steckel, A. Verbruggen, R. Wiser, F. Yamba, T. Zwickel, *2011: Technical Summary, in IPCC Special Report on Renewable Energy Sources and Climate Change Mitigation* [O. Edenhofer, R. Pichs – Madruga, Y. Sokona, K. Seyboth, P. Matschoss, S. Kadner, T. Zwickel, P. Eickemeier, G. Hansen, S. Schlomer, C. von Stechow (eds.)]. Cambridge University Press, Cambridge, United Kingdom and New York, NY, USA.

Asian Development Bank, *2014 Clean Energy Investments: Project Summaries* (Mandaluyong City, Metro Manila, Philippines: Asian Development Bank, 2015) .

Bernice Lee, Ilian Iliev and Felix Preston, *Who Owns Our Low Carbon Future?: Intellectual Property and Energy Technologies* (London: Chatham House, 2009) .

Bert Metz, Lambert Kuijpers, Susan Solomon, Stephen O. Andersen, Ogunlade Davidson, José Pons, David de Jager, Tahl Kestin, Martin Manning, and Leo Meyer eds. , *IPCC/TEAP Special Report: Safeguarding the Ozone Layer and the Global Climate System* (Cambridge: Cambridge University Press, 2005), http://www. ipcc. ch/pdf/special – reports/sroc/sroc _ full. pdf.

Bert Metz, Ogunlade Davidson, Jan – Willem Martens, Sascha Van Rooijen and Laura Van Wie Mcgrory eds. , *Methodological and Technological Issues in Technology Transfer* (Cambridge: Cambridge University Press, 2000), http: //www. ipcc. ch/pdf/special – reports/spm/srtt – en. pdf.

Bill Biden, *Progress Report: The Transformation to a Clean Energy Economy*, December 15, 2009, http: //www. whitehouse. gov/administration/vice – president – biden/reports/progress – report – transformation – clean – energy – economy#sh5 caption.

Bindoff, N. L. , J. Willebrand, V. Artale, A, Cazenave, J. Gregory, S. Gulev, K. Hanawa, C. Le Quéré, S. Levitus, Y. Nojiri, C. K. Shum, L. D. Talley and A. Unnikrishnan, " 2007: Observations: Oceanic Climate Change and Sea Level," *in Climate Change 2007: The Physical Science Basis. Contribution of Working Group I to the Fourth Assessment Report of the Intergovernmental Panel on Climate Change* [Solomon, S. , D. Qin, M. Manning, Z. Chen, M. Marquis, K. B. Averyt, M. Tignor and H. L. Miller (eds.)]. Cambridge University Press, Cambridge, United Kingdom and New York, NY, USA.

Bloomberg New Energy Finance, *H2 2014 China Market Outlook*, 28 August 2014.

Bloomberg New Energy Finance, *Latest China Revolution Seeks Great Leap for Clean Energy*, November 21, 2014.

Bloomberg New Energy Finance, *Power Demand Means MYM65 Billion a Year Task for China's State Grid*, December 4, 2014.

Bloomberg New Energy Finance, *The Future of China's Power Sector*, August 27, 2013.

Bob Johnstone, *Switching to Solar: What We Can Learn From Germany's Success in Harnessing Clean Energy* (Amherst, N. Y. : Prometheus Books, 2010) .

California Climate Action Registry, *About – Overview*, http: //www. climateregistry. org/about. html.

California Climate Action Registry, *Home – Achievements*, http: //www.

climateregistry. org/……?

Charanjit Rai and Lloyd A. Spielman eds. , *Air Pollution Control and Clean Energy* (New York: American Institute of Chemical Engineers, 1976).

China Energy Group, Lawrence Berkley National Laboratory, *China Energy Databook 8. 0*, https://china. lbl. gov/node/1608/download/5180941ae25cb0 d4d6bc275ba669a23f.

China Energy Group, Lawrence Berkley National Laboratory, *Key China Energy Statistics 2014*, http://eetd. lbl. gov/sites/all/files/key_ china_ energy_ stattistics_ 2014_ online. final_ . pdf.

Church, J. A. , P. U. Clark, A. Cazenave, J. M. Gregory, S. Jevrejeva, A. Levermann, M. A. Merrifield, G. A. Milne, R. S. Nerem, P. D. Nunn, A. J. Payne, W. T. Pfeffer, D. Stammer and A. S. Unnikrishnan, "2013: Sea Level Change," in *Climate Change 2013: The Physical Science Basis. Contribution of Working Group I to the FifthAssessment Report of the Intergovernmental Panel on Climate Change* [Stocker, T. F. , D. Qin, G. – K. Plattner, M. Tignor, S. K. Allen, J. Boschung, A. Nauels, Y. Xia, V. Bex and P. M. Midgley (eds.)]. Cambridge University Press, Cambridge, United Kingdom and New York, NY, USA.

Climate Action Reserve, *Resources – Reserve Project List*, https://thereserve2. apx. com/myModule/rpt/myrpt. asp.

Climatescope, *Climatescope 2015: China Report*, http://global – climatescope. org/en/download/reports/countries/climatescope – 2015 – cn – en. pdf.

Damien Lockie, *Clean energy law in Australia* (Chatswood, N. S. W. : LexisNexis, 2012).

David Hart and Ausilio Bauen, *Fuel Cells: Clean Power, Clean Transport, Clean Future* (London: Financial Times Energy, 1998).

ECOPARTNERSHIPS, *Six New U. S. – China Ecopartnerships Announced During S&ED 2015*, June 25, 2015, https://ecopartnerships. lbl. gov/news/ six – new – us – china – ecopartnerships – announced – during – sed – 2015.

Field, C. B. , V. Barros, T. F. Stocker, D. Qin, D. J. Dokken, K. L. Ebi, M. D. Mastrandrea, K. J. Mach, G. – K. Plattner, S. K. Allen, M. Tignor, and P. M. Midgley eds. , *Managing the Risks of Extreme Events and Disasters to*

Advance Climate Change Adaptation （Cambridge： Cambridge University Press， 2012），http：//www. ipcc. ch/pdf/special - reports/srex/SREX _ Full _ Report. pdf.

Forster， P. ， V. Ramaswamy， P. Artaxo， T. Berntsen， R. Betts， D. W. Fahey， J. Haywood， J. Lean， D. C. Lowe， G. Myhre， J. Nganga， R. Prinn， G. Raga， M. Schulz and R. Van Dorland， "2007： Changes in Atmospheric Constituents and in Radiative Forcing," *in Climate Change 2007： The Physical Science Basis. Contribution of Working Group I to the Fourth Assessment Report of the Intergovernmental Panel on ClimateChange* [Solomon， S. ， D. Qin， M. Manning， Z. Chen， M. Marquis， K. B. Averyt， M. Tignor and H. L. Miller （eds. ）]. Cambridge University Press， Cambridge， United Kingdom and New York， NY， USA.

Frankfurt School - UNEP Center， *Global Trends in Renewable Energy Investment 2016*， http：//fs - unepcentre. org/sites/default/files/publications/ globaltrendsinrenewableenergyinvestment2016lowres_ 0. pdf.

Gail Gibbons， *Clean energy* （New York： Holiday House， 2014）.

Gordon Kelly， *The oil sands： Canada's path to clean energy?* （Calgary： Kingsley Pub. ， 2009）.

Green Button， http：//www. greenbuttondata. org/greenadopt. html.

Hartmann， D. L. ， A. M. G. Klein Tank， M. Rusticucci， L. V. Alexander， S. Br. nnimann， Y. Charabi， F. J. Dentener， E. J. Dlugokencky， D. R. Easterling， A. Kaplan， B. J. Soden， P. W. Thorne， M. Wild and P. M. Zhai， "2013： Observations： Atmosphere and Surface," *in Climate Change 2013： The Physical Science Basis. Contribution of Working Group I to the Fifth Assessment Report of the Intergovernmental Panel on Climate Change* [Stocker， T. F. ， D. Qin， G. - K. Plattner， M. Tignor， S. K. Allen， J. Boschung， A. Nauels， Y. Xia， V. Bex and P. M. Midgley （eds. ）]. Cambridge University Press， Cambridge， United Kingdom and New York， NY， USA.

IEA/IRENA， *Joint Policies and Measures Database： Global Renewable Energy*， http：//www. iea. org/policiesandmeasures/renewableenergy/.

IEA/IRENA， *Joint Policies and Measures Database： Global Renewable Energy - China Statistics*， http：//www. iea. org/policiesandmeasures/renewableenergy/？

country = China.

IEA/IRENA, *Joint Policies and Measures Database*: *Global Renewable Energy -United States Statistics*, http://www.iea.org/policiesandmeasures/renewablee nergy/? country = United States.

IEA, *Key World Energy Statistics 2012*, http://www.iea.org/publications/freepublications/publication/kwes.pdf.

IEA, *Key World Energy Statistics 2016*, http://www.iea.org/publications/freepublications/publication/KeyWorld2016.pdf.

IEA, *Energy Technology Perspectives 2008*: *Fact Sheet - The Blue Scenario*, June, 2008, http://www.iea.org/Textbase/techno/etp/fact_ sheet_ ETP2008.pdf.

IPCC, *Assessment Reports*, http://www.ipcc.ch/publications_ and_ data/publications_ and_ data_ reports.shtml.

IPCC, *Climate Change 2007*: *Synthesis Report. Contribution of Working Groups I, II and III to the Fourth Assessment Report of the Intergovernmental Panel on Climate Change* [Core Writing Team, Pachauri, R. K and Reisinger, A. (eds.)]. IPCC, Geneva, Switzerland.

IPCC, *Climate Change 2014*: *Synthesis Report. Contribution of Working Groups I, II and III to the Fifth Assessment Report of theIntergovernmental Panel on Climate Change* [Core Writing Team, R. K. Pachauri and L. A. Meyer (eds.)]. IPCC, Geneva, Switzerland.

IPCC, *Summary for Policymakers. In*: *Climate Change 2014*: *Mitigation of Climate Change. Contribution of Working Group III to the Fifth Assessment Report of the Intergovernmental Panel on Climate Change* [Edenhofer, O., R. Pichs - Madruga, Y. Sokona, E. Farahani, S. Kadner, K. Seyboth, A. Adler, I. Baum, S. Brunner, P. Eickemeier, B. Kriemann, J. Savolainen, S. Schl. mer, C. von Stechow, T. Zwickel and J. C. Minx (eds.)]. Cambridge University Press, Cambridge, United Kingdom and New York, NY, USA.

IPCC, *Summary for Policymakers. In*: *IPCC Special Report on Renewable Energy Sources and Climate Change Mitigation* [O. Edenhofer, R. Pichs - Madruga, Y. Sokona, K. Seyboth, P. Matschoss, S. Kadner, T. Zwickel, P. Eickemeier, G. Hansen, S. Schlomer, C. von Stechow (eds.)] (Cambridge University Press, Cambridge, United Kingdom and New York, NY, USA).

IPCC, *Summary for Policymakers*: *Emissions Scenarios. A Special Report of Working Group Ⅲ of the Intergovernmental Panel on Climate Change*, 2000, http://www. ipcc. ch/pdf/special - reports/spm/sres - en. pdf.

Jay Inslee and Bracken Hendricks, *Apollo's fire*: *igniting America's clean - energy economy* (Washington, DC: Island Press, 2008).

Joseph M Shuster, *Beyond fossil fuels*: *the roadmap to energy independence by 2040* (Edina, MN: Beaver's Pond Press, 2008).

Jos G. J. Olivier, Greet Janssens - Maenhout, Marilena Muntean, Jeroen A. H. W. Peters, *Trends in Global CO_2 Emissions*: *2016 Report* (The Hague: PBL Netherlands Environmental Assessment Agency; Ispra: Joint ResearchCentre), http://www. pbl. nl/sites/default/files/cms/publicaties/pbl - 2016 - trends - in - global - co2 - emissions - 2016 - report - 2315. pdf.

Kelly Sims Gallagher, *The globalization of clean energy technology*: *lessons from China* (Cambridge Massachusetts: The MIT Press, 2014).

Kenneth Lieberthal & David Sandalow, *Overcoming Obstacles to U. S. - China Cooperation on Climate Change*, January 2009.

Klaus H. Hemsath, *Clean Energy For Centuries*: *Stopping Global Warming and Climate Change* (Denver, Colo.: Outskirts Press, 2009).

Lemke, P., J. Ren, R. B. Alley, I. Allison, J. Carrasco, G. Flato, Y. Fujii, G. Kaser, P. Mote, R. H. Thomas and T. Zhang, "2007: Observations: Changes in Snow, Ice and Frozen Ground," in *Climate Change 2007*: *The Physical Science Basis. Contribution of Working Group I to the Fourth Assessment Report of the Intergovernmental Panel on Climate Change* [Solomon, S., D. Qin, M. Manning, Z. Chen, M. Marquis, K. B. Averyt, M. Tignor and H. L. Miller (eds.)]. Cambridge University Press, Cambridge, United Kingdom and New York, NY, USA.

Leonardo Massai, *European Climate and Clean Energy Law and Policy* (Washington, DC: Earthscan, 2012).

Le Treut, H., R. Somerville, U. Cubasch, Y. Ding, C. Mauritzen, A. Mokssit, T. Peterson and M. Prather, "2007: Historical Overview of Climate Change," in *Climate Change 2007*: *The Physical Science Basis. Contribution of Working Group I to the Fourth Assessment Report of the Intergovernmental Panel on*

Climate Change [Solomon, S., D. Qin, M. Manning, Z. Chen, M. Marquis, K. B. Averyt, M. Tignor and H. L. Miller (eds.)]. Cambridge University Press, Cambridge, United Kingdom and New York, NY, USA.

Luke Mills, *Global Trends in Clean Energy Investment*, Bloomberg New Energy Finance, October 6, 2015, http://about. newenergyfinance. com/content/uploads/sites/4/2015/10/2015 – 10 – 08 – Clean – Energy – Investment – Q3 – 2015 – factpack. pdf.

Maxwell Lutzand Janet H. Eldridge eds., *Global Clean Energy Cooperation: Opportunities and Benefits for the United States* (New York: Nova Science Publishers, Inc., 2012).

Metz, B., O. Davidson, H. C. de Coninck, M. Loos, and L. A. Meyer eds., *IPCC Special Report on Carbon Dioxide Capture and Storage* (Cambridge, New York: Cambridge University Press, 2005), http://www. ipcc. ch/pdf/special – reports/srccs/srccs_ wholereport. pdf.

Michele Auriemma ed., *Employment Effects of Transition to A Hydrogen Economy in the U. S.* (New York: Nova Science Publishers, 2010).

M. K. Bhatty et al. eds., *International Symposium – Workshop on Renewable Energy Sources, 18 – 22 March 1983, Lahore, Pakistan* (Lahore: Pakistan Council of Scientific and Industrial Research, 1983).

Moomaw, W., F. Yamba, M. Kamimoto, L. Maurice, J. Nyboer, K. Urama, T. Weir, "2011: Introduction," *in IPCC Special Report on Renewable Energy Sources and Climate Change Mitigation* [O. Edenhofer, R. Pichs – Madruga, Y. Sokona, K. Seyboth, P. Matschoss, S. Kadner, T. Zwickel, P. Eickemeier, G. Hansen, S. Schlomer, C. von Stechow (eds.)], (Cambridge University Press, Cambridge, United Kingdom and New York, NY, USA).

Myhre, G., D. Shindell, F. – M. Breon, W. Collins, J. Fuglestvedt, J. Huang, D. Koch, J. – F. Lamarque, D. Lee, B. Mendoza, T. Nakajima, A. Robock, G. Stephens, T. Takemura and H. Zhang, "2013: Anthropogenic and Natural Radiative Forcing," *in Climate Change 2013: The Physical Science Basis. Contribution of Working Group I to the Fifth Assessment Report of the Intergovernmental Panel on Climate Change* [Stocker, T. F., D. Qin, G. –

K. Plattner, M. Tignor, S. K. Allen, J. Boschung, A. Nauels, Y. Xia, V. Bex and P. M. Midgley（eds.）］. Cambridge University Press, Cambridge, United Kingdom and New York, NY, USA.

National Renewable Energy Laboratory, U. S. Department of Energy, *SunShot Vision Study*, Febtruary 2012, http：//energy. gov/sites/prod/files/2014/01/f7/47927. pdf.

Nebojsa Nakicenovic and Rob Swart eds. , *Emissions Scenarios*（Cambridge：Cambridge University Press, 2000）, http：//www. ipcc. ch/ipccreports/sres/emission/emissions_ scenarios. pdf.

Nicobar Group & U. S. Department of Commerce, *China's Nuclear Industry in 2015：Moving Forward*, April 24, 2015, http：//www. export. gov/china/build/groups/public/@ eg_ cn/documents/webcontent/eg_ cn_ 067072. pdf.

OECD, *Policy guidance for investment in clean energy infrastructure：expanding access to clean energy for green growth and development*（Paris：OECD, 2015）.

Office of Energy Efficiency & Renewalbe Energy, Department of Energy, *Sunshot Initiative Mission*, http：//energy. gov/eere/sunshot/sunshot – initiative – mission.

Ottmar Edenhofer, Ramon Pichs Madruga, Youba Sokona et al. eds. , *Renewable Energy Sources and Climate Change Mitigation：Special Report of the IntergovernmentalPanel on Climate Change*（New York：Cambridge University Press, 2012）, http：//www. ipcc. ch/pdf/special – reports/srren/SRREN _ Full_ Report. pdf.

PBL Netherlands Environmental Assessment Agency, Trends in Globalco2 Emissions 2016 Report, http：//www. pbl. nl/sites/default/files/cms/publicaties/pbl – 2016 – trends – in – global – co2 – emisions – 2016 – report – 2315. pdf.

Peter J. Cook, *Clean Energy, Climate and Carbon*（Collingwood, Vic. ：CSIRO Pub. ; Leiden, Netherlands：CRC Press, 2012）.

Pew Center on Global Climate Change & Asia Society Center on U. S. – China Relations, *Common Challenge, Collaborative Response – A Roadmap for U. S. – China Cooperation on Energy and Climate Change*, January 2009, http：//www. pewclimate. org/US – China.

PEW Charitable Trusts, *Advantage America：The U. S. – China Clean Energy*

Technology Trade Relationship in 2011, http：//www. pewenvironment. org/ uploadedFiles/PEG/Publications/Report/US – China – Report – FINAL. pdf.

PEW Charitable Trusts, *Who's Winning the Clean Energy Race? 2013*, April 2014, http：//www. pewtrusts. org/ ~/media/assets/2014/04/01/clenwhoswinning thecleanenergyrace2013pdf. pdf.

Pieter Tans, NOAA/ESRL（www. esrl. noaa. gov/gmd/ccgg/trends/）and Ralph Keeling, Scripps Institution of Oceanography（scrippsco2. ucsd. edu/）, http：//www. esrl. noaa. gov/gmd/webdata/ccgg/trends/co2_ data_ mlo. pdf.

Qiang Xu and Tetsuhiko Kobayashi eds. , *Advanced materials for clean energy* （Boca Raton：CRC Press, Taylor & Francis Group, 2015）.

Rachel Cleetus, Steven Clemmer, David Friedman, *Climate 2030：A National Blueprint for A Clean Energy Economy*（Cambridge, MA：Union of Concerned Scientists, 2009）.

Ralph E. Lapp, *The Nuclear Controversy*（Greenwich, Conn. ：Fact System, 1975）.

REN21（Renewable Energy Policy Network for the 21st Century）, *Renewables 2015：Global Status Report*, http：//www. ren21. net/wp – content/ uploads/2015/07/REN12 – GSR2015_ Onlinebook_ low1. pdf.

REN21（Renewable Energy Policy Network for the 21st Century）, *Renewables 2016：Global Status Report.* http：//fs – unepcentre. org/sites/default/ files/publications/globaltrendsinrenewableenergyinvestment2016lowres_ 0. pdf.

RGGI, *Allowance Allocation*, http：//www. rggi. org/market/tracking/ allowance – allocation.

RGGI, *2015 CO_2 Allowance Allocation*, December 7, 2015, http：// www. rggi. org/docs/CO2AuctionsTrackingOffsets/Allocation/2015 _ Allowance – Allocation. pdf.

RGGI, *Overview of RGGI CO_2 budget trading program*, March 31, 2012, http：//www. rggi. org/docs/program_ summary.

Richard Heinberg and David Fridley, *Our Renewable Future：Laying the Path for 100% Clean Energy*（Washington, DC：Island Press, 2016）.

Rita Pandey et al. , *The National Clean Energy Fund of India*（New York： Springer, 2014）.

Robert U. Ayres and Edward H. Ayres, *Crossing the Energy Divide*: *Moving From Fossil Fuel Dependence to A Clean – Energy Future*, Upper Saddle River (N. J. : Wharton School Pub. , 2010) .

Rogner, H. – H. , D. Zhou, R. Bradley. P. Crabbé, O. Edenhofer, B. Hare (Australia), L. Kuijpers, M. Yamaguchi, "2007: Introduction," *in Climate Change 2007*: *Mitigation. Contribution of Working Group III to the Fourth Assessment Report of the Intergovernmental Panel on Climate Change* [B. Metz, O. R. Davidson, P. R. Bosch, R. Dave, L. A. Meyer (eds.)], Cambridge University Press, Cambridge, United Kingdom and New York, NY, USA.

Schlomer, C. von Stechow (eds.), *IPCC Special on Rerewable Bnergy Sources and Climcrte Change Mitigation*, Cambridge University Press, Cambridge, United Kingdom and New York, NY, USA.

Solar Energy Technologies Office, U. S. Department of Energy, *SunShot Initiative 2014 Portfolio*, August 2014, http://energy. gov/sites/prod/files/2014/08/f18/2014_ SunShot_ Initiative_ Portfolio8. 13. 14. pdf.

Song – Jiu Deng ed. , *Heat Transfer Enhancement and Energy Conservation* (New York: Hemisphere Pub. Corp. , 1990) .

Sonke Kreft, David Eckstein, and Inga melchior, *Global Climate Risk Index 2017 – Who Suffers Most From Extreme Weather Events? Weather – related Loss Events in 2015 and 1996 to 2015*, November 2016, http://germanwatch. org/en/download/16411. pdf.

The Climate Registry, *Our Members*, http://www. theclimateregistry. org/our – members/list – of – members – profiles/.

The White House, "An American First Energy Plan", https://www. whitehouse. gov/america – first – energy.

The White House, *Blueprint for A Secure Energy Future*, March 30, 2011, http://www. whitehouse. gov/sites/default/files/blueprint_ secure_ energy_ future. pdf.

The White House, *Blueprint for A Secure Energy Future*: *Progress Report*, March 30, 2012, http://www. whitehouse. gov/sites/default/files/email – files/the_ blueprint_ for_ a_ secure_ energy_ future_ oneyear_ progress_ report. pdf.

The White House, *FACT SHEET*: *Administration Announces New Workforce and Economic Revitalization Resources for Communities through POWER Initiative*, October 15, 2015, https://www.whitehouse.gov/the-press-office/2015/10/15/fact-sheet-administration-announces-new-workforce-and-economic.

The White House, *Fact Sheet*: *U. S.-China Clean Energy Research Center*, November 17, 2009, http://www.energy.gov/news/documents/U.S.-China_Fact_Sheet_CERC.pdf.

The White House, *Fact Sheet*: *U. S.-China Cooperation on 21st Century Coal*, November 17, 2009, http://www.energy.gov/news/documents/US-China_Fact_Sheet_Coal.pdf.

The White House, *FACT SHEET*: *President Obama Announces Commitments and Executive Actions to Advance Solar Deployment and Energy Efficiency*, May 9, 2014, https://www.whitehouse.gov/the-press-office/2014/05/09/fact-sheet-president-obama-announces-commitments-and-executive-actions-a.

The White House, *FACT SHEET*: *The Partnerships for Opportunity and Workforce and Economic Revitalization (POWER) Initiative*, March 27, 2015, https://www.whitehouse.gov/the-press-office/2015/03/27/fact-sheet-partnerships-opportunity-and-workforce-and-economic-revitaliz.

The White House, *Inaugural Address by President Barack Obama*, January 21, 2013, https://www.whitehouse.gov/the-press-office/2013/01/21/inaugural-address-president-barack-obama.

The White House, *Investing in Coal Communities, Workers, and Technology*: *The POWER + Plan*, https://www.whitehouse.gov/sites/default/files/omb/budget/fy2016/assets/fact_sheets/investing-in-coal-communities-workers-and-technology-the-power-plan.pdf.

The White House, Press Gaggle by Press Secretary Robert Gibbs; Deputy National Security Advisor for International Economic Affairs Mike Froman; and Assistant to the President for Energy and Climate Carol Browner, November 25, 2009, http://www.whitehouse.gov/the-press-office/press-gaggle-press-secretary-robert-gibbs-deputy-national-security-advisor-internat.

The White House, *Remarks by the President in State of Union Address United States Capitol, Washington, D. C.*, January 25, 2011, http：//www. whitehouse. gov/the - press - office/2011/01/25/remarks - president - state - union - address.

The White House, *The All - of - the - Above Energy Strategy*, https：// www. whitehouse. gov/energy/securing - american - energy.

Thomas and T. Zhang, "2007：Observations：Changes in Snow, Ice and Frozen Ground," *in Climate Change 2007：The Physical Science Basis. Contribution of Working Group I to the Fourth Assessment Report of the Intergovernmental Panel on Climate Change* [Solomon, S., D. Qin, M. Manning, Z. Chen, M. Marquis, K. B. Averyt, M. Tignor and H. L. Miller（eds.）]. Cambridge University Press, Cambridge, United Kingdom and New York, NY, USA.

T. Nejat Veziroglu ed., *Alternative Energy Sources I - VIII*（Washington： Hemisphere Pub. Corp., 1978 - 1989）.

T. Nejat Veziroglu ed., *Hydrogen Energy：Proceedings of the Hydrogen Economy Miami Energy Conference*（New York：Plenum Press, 1975）.

T. Nejat Veziroglu ed., *Solar Cooling and Heating：Architectural Engineering and Legal Aspects*（Washington：Hemisphere Pub. Corp., 1978）.

T. Nejat Veziroglu ed., *Solar Energy：International Progress：Proceedings of the International Symposium - Workshop on Solar Energy, 16 - 22 June 1978*, Cairo, Egypt（New York：Pergamon Press, 1980）.

T. Nejat Veziroglu, Zhu Yajie, Bao Deyou eds., *Hydrogen Systems： Papers Presented at the International Symposium on Hydrogen Systems, 7 - 11 May 1985, Beijing, China*（Beijing：China Academic Publishers；Elmsford, N. Y., U. S. A.：Pergamon Press, 1986）.

Tobin Smith and Jim Woods, *Billion Dollar Green：Profit From the Eco Revolution*（Hoboken, N. J.：John Wiley & Sons, 2009）.

Trenberth, K. E., P. D. Jones, P. Ambenje, R. Bojariu, D. Easterling, A. Klein Tank, D. Parker, F. Rahimzadeh, J. A. Renwick, M. Rusticucci, B. Soden and P. Zhai, "2007：Observations：Surface and Atmospheric Climate Change," *in Climate Change 2007：The Physical Science Basis. Contribution of Working Group I to the Fourth Assessment Report of the Intergovernmental*

Panel on Climate Change [Solomon, S. D. Qin, M. Manning, Z. Chen, M. Marquis, K. B. Averyt, M. Tignor and H. L. Miller (eds.)]. Cambridge University Press, Cambridge, United Kingdom and New York, NY, USA.

UN comtrade, http://comtrade. un. org/.

UNFCCC, *CDM Distribution of Registered Projects by Host Party*, November 30, 2015, http://cdm. unfccc. int/Statistics/Public/files/201511/proj_ reg_ byHost. pdf.

UNFCCC, *CDM*: *Project Research*, http://cdm. unfccc. int/Projects/ projsearch. html.

UNFCCC, *Distribution of Registered Projects by Host Party*, November 30, 2015, http://cdm. unfccc. int/Statistics/Public/files/201511/proj _ reg _ byHost. pdf.

UNFCCC, *Doha Climate Gateway*, 2012, http://unfccc. int/key _ steps/doha_ climate_ gateway/items/7389. php#Specific_ Outcomes.

UNFCCC, *Guidelines for the Implementation of Article 6 of the Kyoto Protocol*, 30 March 2006, http://unfccc. int/resource/docs/2005/cmp1/eng/08a02. pdf.

UNFCCC, *Kyoto Protocol to the United Nations Framework Convention on Climate Change*, 1998, http://unfccc. int/resource/docs/convkp/kpeng. pdf.

UNFCCC, *JI Project Activities*, November 30, 2015, http://cdm. unfccc. int/Statistics/Public/CDMinsights/index. html.

UNFCCC, *Paris Agreement*, December 2015, http://unfccc. int/files/ home/application/pdf/paris_ agreement. pdf.

UNFCCC, *Report of the Conference of the Parties on its Sixteenth Session*, *held in Cancun from 29 November to 10 December 2010. Addendum. Part Two*: *Action taken by the Conference of the Parties at its sixteenth session*, 2010, http://unfccc. int/ meetings/cancun_ nov_ 2010/items/6005. php.

UNFCCC, *Report of the Conference of the Parties on its Thirteenth Session*, *held in Bali from 3 to 15 December 2007. Addendum. Part Two*: *Action taken by the Conference of the Parties at its thirteenth session*, 2007, http://unfccc. int/ resource/docs/2007/cop13/eng/06a01. pdf.

UNFCCC, *Report of the Conference of the Parties serving as the meeting of the Parties to the Kyoto Protocol on its Seventh Session*, *held in Durban from 28 November to*

11 December 2011. Addendum. Part Two: *Action taken by the Conference of the Parties at its sixteenth session*, 2011, http：//unfccc. int/meetings/durban _ nov _ 2011/meeting/6245/php/view/decisions. php.

UNFCCC, *Project Overview*, November 30, 2015, http：//ji. unfccc. int/JI_ Projects/ProjectInfo. html.

UNFCCC, *Trend of Projects Registered and Registering by Host Party*, December 2015, http：//cdm. unfccc. int/Statistics/Public/files/201512/reghpnum. pdf.

UNFCCC, *United Nations Framework Convention on Climate Change*, 1992, http：//unfccc. int/files/essential _ background/convention/background/application/pdf/convention_ text_ with_ annexes_ english_ for_ posting. pdf.

UNFCCC, *Warsaw Outcomes*, November 2013, http：//unfccc. int/meetings/warsaw_ nov_ 2013/meeting/7649/php/view/decisions. php.

UNFCCC, *What is the CDM*, http：//cdm. unfccc. int/about/index. html.

U. S. Agency for International Development, *Results & Data – China (P. R. C.)*, https：//explorer. usaid. gov/query.

U. S. Agency for International Development, *Where We Work – China*, https：//www. usaid. gov/china.

U. S. AID, *U. S. – China Partnership for Climate Action*, August 2011, http：//photos. state. gov/libraries/china/240500/pdf/US – China% 20PCA% 20Fact% 20Sheet. pdf.

U. S. Census Bureau, *Monthly Population Estimates for the United States*: *April 1, 2010 to December 1, 2016*, https：//www. census. gov/popest/data/national/totals/2015/index. html.

U. S. Census Bureau, *Population Estimates*: *Historical Estimates Data*, http：//www. census. gov/popest/data/national/totals/1990s/tables/nat – total. txt.

U. S. – China Clean Energy Research Center, *US – China Clean Energy Research Center (CERe) Joint Work Plan for Research Projects on Building Energy Efficiency*, http：//www. us – china – cerc. org/pdfs/US/CERC – Buildings_ JWP_ english_ OCR_ 18_ Jan_ 2011. pdf.

U. S. – China Clean Energy Research Center, *U. S. – China Clean Energy Research Center Joint Work Plan for Research on Clean Coal Including Carbon Capture and Storage*, http：//www. us – china – cerc. org/pdfs/US/CERC – Coal_ JWP_ english_ OCR_ 18_ Jan_ 2011. pdf.

U. S. – China Clean Energy Research Center, *U. S. – China Clean Energy Research Center Joint Work Plan for Collaborative Research on Clean Vehicles*, http：// www. us – china – cerc. org/pdfs/US/CERC – Vehicles_ JWP_ english_ OCR_ 18_ Jan_ 2011. pdf.

U. S – China Clean Energy Research Center, *U. S. – China CERC Fact Sheet*, December 4, 2014, http：//www. us – china – cerc. org/pdfs/US – China – CERC – Fact – Sheet – Bilingual – v13 – – 4 – Dec – 2014. pdf.

U. S – China Clean Energy Research Center, *U. S. – China Clean Energy Research Center：Recent Achievements*, July 2014, http：//www. us – china – cerc. org/pdfs/June_ 2014_ Steering_ Committee_ Meeting/CERC_ booklet_ FINAL. pdf.

U. S. Climate Change Science Program, *Analyses of the Effects of Global Change on Human Health and Welfare and Human Systems*（U. S. Climate Change Science Program Synthesis and Assessment Product 4. 6）, May 2008, http：// www. climatescience. gov/Library/sap/sap4 – 6/finalreport/sap 4 – 6 – brochure – FAQ. pdf.

U. S. Climate Change Science Program, The Effects of Climate Change on Agriculture, Land Resources, Water Resources, and Biodiversity in the United States；U. S. Climate Change Science Program Synthesis and Assessment Product 4. 3, http：//www. climatescience. gov/Library/sap/sap4 – 3/finalreport/ Synthesis_ SAP_ 4. 3. pdf.

U. S. Climate Change Science Program, *Weather and Climate Extremes in a Changing Climate*（U. S. Climate Change Science Program Synthesis and Assessment Product 3. 3）.

U. S. Congress, *American Recovery and Reinvestment Act of 2009*, September 30, 2009.

U. S. Congress, *H. R. 2454 – American Clean Energy and Security Act of 2009*, https：//www. congress. gov/bill/111th – congress/house – bill/2454/ text.

U. S. Customs and Border Protection, *Antidumping and Countervailing Duties –*

China Photovoltaic Cells and Modules, http：//adcvd. cbp. dhs. gov/adcvdweb/ad_ cvd_ msgs/search？utf8 =% E2% 9C% 93&page = 1&filter_ cat = ALL& filter_ type = ALL&search = china + Photovoltaic + Cells + and + Modules + clean + energy&per_ page = 50.

U. S. Customs and Border Protection, *Antidumping and Countervailing Duties - China Wind Tower*, http：//adcvd. cbp. dhs. gov/adcvdweb/ad_ cvd_ msgs/search？utf8 =% E2% 9C% 93&page = 1&filter_ cat = ALL&filter_ type = ALL&search = china + wind + tower&per_ page = 50.

U. S. Department of Commerce - International Trade Administration, *2015 ITA Renewable Energy Top Markets Report：A Market Assessment Tool for U. S. Exporters*, July 2015, http：//trade. gov/topmarkets/pdf/Renewable_ Energy_ Top_ Markets_ Report. pdf.

U. S. Department of Commerce - International Trade Administration, *Civil Nuclear Top Markets for U. S. Exports 2014 - 2015：An Assessment Tool for Focusing U. S. Government Resources*, December 2014, http：//www. export. gov/build/groups/public/@ eg_ main/@ civnuc/documents/webcontent/eg_ main_ 081331. pdf.

U. S. Department of Commerce - International Trade Administation - Enforcement and Compliance, *An Introduction to U. S. Trade Remedies*, http：//enforcement. trade. gov/intro/index. html.

U. S. Department of Commerce - International Trade Administration - TradeStats Express, *2015 Imports from China of HS Total All Merchandise*, http：//tse. export. gov/tse/ChartDisplay. aspx.

U. S. Department of Commerce - International Trade Administration - TradeStats Express, *2015 Exports to China of HS Total All Merchandise*, http：//tse. export. gov/tse/ChartDisplay. aspx.

U. S. Department of Commerce - International Trade Administration - TradeStats Express, *2015 Balances with China for HS Total All Merchandise*, http：//tse. export. gov/tse/ChartDisplay. aspx.

U. S. Department of Energy, *Agreement Between the Government of the United States of America and the Government of the People's Republic of China on Cooperation in Science and Technology*, January 31, 1979, http：//www. energy. gov/sites/

prod/files/pi_ iec_ local/098b7ef980003cff_ 4. pdf.

U. S. Department of Energy, *Agreement to Extend and Amend the Agreement Between the Government of the United States of America and the Government of the People's Republic of China on Cooperation in Science and Technology*, May 22, 1991, http：//www. us － china － cerc. org/pdfs/US ＿ China ＿ Scientific ＿ Technological_ 22_ May_ 1991. pdf.

U. S. Department of Energy, *Memorandum of Understanding Between The Department of Agriculture and The Department of Energy and The National Development and Reform Commission of the People's Republic of China On Cooperation in the Development of Biofuels*, December 10, 2007, http：//www1. eere. energy. gov/international/pdfs/chinamou. pdf.

U. S. Department of Energy － Office of International Affairs, *IEC Documents：China*, http：//www. energy. gov/ia/iec － documents? field_ iec_ foreign_ party_ country_ tid［0］= 813741&field_ iec_ technologies_ tid = All& field_ iec_ sponsoring_ office_ value = All&field_ iec_ effective_ date_ value ［value］［year］= &field_ iec_ end_ date_ value［value］［year］= &keys = &order = field_ iec_ effective_ date&sort = asc.

U. S. Department of Energy － Office of Energy Efficiency & Renewable Energy, *U. S. － China Energy Efficiency Forum Agenda*, http：//www. energy. gov/eere/about － us/us － china － energy － efficiency － forum － agenda.

U. S. Department of Energy － Office of Energy Efficiency & Renewable Energy, *4th U. S. － China Energy Efficiency Forum*, September 25, 2013, http：//www. energy. gov/eere/4th － us － china － energy － efficiency － forum.

U. S. Department of Energy － Office of Energy Efficiency & Renewable Energy, *Win － Win Opportunities at the Sixth Annual U. S. － China Energy Efficiency Forum* , October 30, 2015, http：//www. energy. gov/eere/articles/win － win － opportunities － sixth － annual － us － china － energy － efficiency － forum.

U. S. Department of State, *Energy Efficiency Action Plan*, November 15, 2009, http：//www. state. gov/e/oes/eqt/tenyearframework/141875. htm.

U. S. Department of State, *Fact Sheet：Secretary Clinton Supports Expansion of U. S. － China EcoPartnerships Program*, May 11, 2011, http：//www. state. gov/r/pa/prs/ps/2011/05/163178. htm.

U. S. Department of State, *Major Economies Forum on Energy and Climate*, http：//www. state. gov/e/oes/climate/mem/index. htm.

U. S. Department of State, *Memorandum of Understanding to Enhance Cooperation on Climate Change, Energy and the Environment*, July 28, 2009, http：//www. state. gov/r/pa/prs/ps/2009/july/126592. htm.

U. S. Department of State, *Secretary Clinton Supports Expansion of U. S. - China EcoPartnerships Program*, May 3, 2012, http：//www. state. gov/r/pa/prs/ps/2012/05/189253. htm.

U. S. Department of State, *The U. S. - China EcoPartnerships Program*, July 10, 2014, http：//www. state. gov/r/pa/prs/ps/2014/07/229012. htm.

U. S. Department of State, *U. S. - China Strategic and Economic Dialogue 2010 Outcomes of the Strategic Track*, May 25, 2010, http：//www. state. gov/r/pa/prs/ps/2010/05/142180. htm.

U. S. Department of State, *U. S. - China Strategic and Economic Dialogue 2011 Outcomes of the Strategic Track*, May 10, 2011, http：//www. state. gov/r/pa/prs/ps/2011/05/162967. htm.

U. S. Department of the Treasury - Office of Public Affairs, *Joint U. S. - China Fact Sheet：U. S. - China Ten Year Energy and Environment Cooperation Framework*, June 18, 2008, http：//www. treasury. gov/initiatives/Pages/2008 - jun. aspx.

U. S. Department of the Treasury, *The Third U. S. - China Strategic Economic Dialogue December 12 - 13, 2007, Beijing Joint Fact Sheet*, December 13, 2007, http：//www. treasury. gov/press - center/press - releases/pages/hp732. aspx.

U. S. Department of the Treasury, *U. S. - China Joint Fact Sheet：Ten Year Energy and Environment Cooperation*, December 4, 2008, http：//www. treasury. gov/press - center/press - releases/pages/hp1311. aspx.

U. S. Department of State, *The U. S. - China EcoPartnerships Program*, July 10, 2013, http：//www. state. gov/r/pa/prs/ps/2013/07/211792. htm.

U. S. Department of State, *The U. S. - China EcoPartnerships Program*, July 10, 2014, http：//www. state. gov/r/pa/prs/ps/2014/07/229012. htm.

U. S. Energy Information Administration, *Annual Energy Outlook 2015 with projections to 2040*, April 2015, http：//www. eia. gov/forecasts/aeo/pdf/0383 （2015）. pdf.

U. S. Energy Information Administration, *Annual Energy Review 2011*, September 2012, http：//www. eia. gov/totalenergy/data/annual/pdf/aer. pdf.

U. S. Energy Information Administration, *Energy Sources Have Changed Through the History of the United States*, July 2013, http：//www. eia. gov/todayinenergy/detail. cfm？ id = 11951.

U. S. Energy Information Administration, *International Energy Statistics – Coal Reserves*, http：//www. eia. gov/cfapps/ipdbproject/IEDIndex3. cfm？ tid = 1&pid = 7&aid = 6.

U. S. Energy Information Administration, *Primary Energy Consumption by Source*, http：//www. eia. gov/beta/MER/？ tbl = T01. 03#/？ f = A.

U. S. Energy Information Administration, *Primary Energy Overview*, http：//www. eia. gov/beta/MER/？ tbl = T01. 01#/？ f = A.

U. S. Environmental Protection Agency, *Clean Power Plan Final Rule*, October 23, 2015, https：//www. gpo. gov/fdsys/pkg/FR – 2015 – 10 – 23/pdf/2015 – 22842. pdf.

U. S. Environmental Protection Agency, *Regulations & Standards：Light – Duty*, https：//www3. epa. gov/otaq/climate/regs – light – duty. htm#new1.

U. S. Environmental Protection Agency, *Renewable Fuels：Regulations & Standards*, http：//www. epa. gov/otaq/fuels/renewablefuels/regulations. htm.

U. S. Executive Office of the President, *The President's Climate Action Plan*, June 2013, https：//www. whitehouse. gov/sites/default/files/image/president27 sclimateactionplan. pdf.

U. S. Export – Import Bank, *Key Industries – Renewable Energy*, http：//www. exim. gov/learning – resources/key – industries.

U. S. Export – Import Bank, *Environmental Export Financing：Good News for U. S. Exporters*, http：//www. exim. gov/about/special – initiatives/environment.

U. S. Geothermal Resources Council, *Geothermal：the Clean & Green Energy Choice for the World*, 1998.

U. S. International Trade Commission, *Crystalline Silicon Photovoltaic Cells and Modules from China – AMENDED ADMINISTRATIVE PROTECTIVE*

ORDER SERVICE LIST, March 13, 2013, https：//www. usitc. gov/ secretary/fed_ reg_ notices/service_ lists/documents/701 – ta – 481 pof. pdf.

U. S. International Trade Commission, *Crystalline Silicon Photovoltaic Products from China and Taiwan Calcium Hypochlorite from China and Taiwan – AMENDED PUBLIC SERVICE LIST*, November 24, 2014, https：//www. usitc. gov/ secretary/fed_ reg_ notices/service_ lists/documents//701 – ta – 511 f2. pdf.

U. S. International Trade Commission, *Utility Scale Wind Towers from China and Vietnam – AMENDED ADMINISTRATIVE PROTECTIVE ORDER SERVICE LIST*, October 26, 2012, https：//www. usitc. gov/secretary/fed_ reg_ notices/service_ lists/documents/701 – ta – 486f. pdf.

U. S. National Climate Assessment, *Full Report*, http：//nca2014. globalchange. gov/report.

U. S. National Highway Traffic Satety Administration, *Phase 1 of Fuel Efficiency and GHG Emission Program for Medium – and Heavy – Duty Trucks, MYs 2014 – 2018*, http：//www. nhtsa. gov/staticfiles/rulemaking/pdf/cafe/2011 – 20740. pdf.

U. S. National Highway Traffic Satety Administration, *Proposed Phase 2 of Fuel Efficiency and GHG Emission Standards for Medium and Heavy Duty Vehicles, MY2018 – 2027*, http：//www. nhtsa. gov/fuel – economy.

U. S. National Renewable Energy Laboratory, *Technology Cooperation Agreement Pilot Project：A Collaborative Model for Clean Energy Technology Transfer*, 1999.

U. S. National Renewable Energy Laboratory, *U. S. – China Renewable Energy Partnership Program Partners*, http：//www. nrel. gov/international/uscrep_ partners. html.

U. S. National Renewable Energy Laboratory, *U. S. – China Renewable Energy Partnership Program Partnership Projects*, http：//www. nrel. gov/international/ uscrep_ projects. html.

U. S. NOAA, *Contiguous U. S. , Average Temperature, January – December*, http：//www. ncdc. noaa. gov/cag/time – series/us/110/0/tavg/ytd/12/1895 – 2016? trend = true&trend _ base = 10&firsttrendyear = 1895&lasttrendyear = 2016&filter = true&filterType = binomial.

U. S. NOAA, *Contiguous U. S. , PDSI, January – December*, http：// www. ncdc. noaa. gov/cag/time – series/us/110/0/pdsi/ytd/12/1895 – 2016? trend = true&trend_ base = 10&firsttrendyear = 1895&lasttrendyear = 2016&filter = true&filterType = binomial.

U. S. NOAA, *Northern Rockies and Plains, Average Temperature, January – December*, http：//www. ncdc. noaa. gov/cag/time – series/us/105/0/tavg/ytd/ 12/1895 – 2016? trend = true&trend_ base = 10&firsttrendyear = 1895&last trendyear = 2016&filter = true&filterType = binomial.

U. S. NOAA, *U. S. Climate Extremes Index（CEI）：Regional Overview*, http：//www. ncdc. noaa. gov/extremes/cei/regional_ overview.

U. S. NOAA/ESRL, *Trends in Atmospheric Carbon Dioxide*, http：// www. esrl. noaa. gov/gmd/ccgg/trends/#mlo_ full.

U. S. NOAA/ESRL, *Trends in Atmospheric Carbon Dioxide – Mauna Loa, Hawaii – Data – Mauna Loa CO_2 Annual Mean Data*, ftp：//aftp. cmdl. noaa. gov/products/trends/co2/co2_ annmean_ mlo. txt.

U. S. NOAA/ESRL, *Trends in Atmospheric Carbon Dioxide – Mauna Loa, Hawaii – Data – Mauna Loa CO_2 Annual Mean Growth Rates*, ftp：//aftp. cmdl. noaa. gov/products/trends/co2/co2_ gr_ mlo. txt.

U. S. Office of Coal Research, *Clean Energy From Coal Technology* （Washington：U. S. Govt. Print. Office, 1973）.

U. S. Senate Committee on Energy & Natural Resources, *The Clean Energy Standard Act of 2012*, http：//www. energy. senate. gov/public/index. cfm/ files/serve? File_ id = fc9b3145 – c145 – 4c29 – b0c7 – 36068482b127.

U. S. Trade and Development Agency, *Region – East Asia – China*, https：//www. ustda. gov/program/regions/east – asia.

Vaughan, D. G. , J. C. Comiso, I. Allison, J. Carrasco, G. Kaser, R. Kwok, P. Mote, T. Murray, F. Paul, J. Ren, E. Rignot, O. Solomina, K. Steffen and T. Zhang, "2013：Observations：Cryosphere," *in Climate Change 2013：The Physical Science Basis. Contribution of Working Group I to the Fifth Assessment Report of the Intergovernmental Panel on Climate Change* [Stocker, T. F. , D. Qin, G. – K. Plattner, M. Tignor, S. K. Allen, J. Boschung, A. Nauels, Y. Xia, V. Bex andP. M. Midgley（eds. ）]. Cambridge University Press,

Cambridge, United Kingdom and New York, NY, USA.

Victor D. G. , D. Zhou, E. H. M. Ahmed, P. K. Dadhich, J. G. J. Olivier, H – H. Rogner, K. Sheikho, and M. Yamaguchi, "2014: Introductory Chapter," in *Climate Change 2014: Mitigation of Climate Change. Contribution of Working Group Ⅲ to the Fifth Assessment Report of the Intergovernmental Panel on Climate Change* [Edenhofer, O. , R. Pichs – Madruga, Y. Sokona, E. Farahani, S. Kadner, K. Seyboth, A. Adler, I. Baum, S. Brunner, P. Eickemeier, B. Kriemann, J. Savolainen, S. Schlomer, C. von Stechow, T. Zwickel and J. C. Minx (eds.)] . Cambridge University Press, Cambridge, United Kingdom and New York, NY, USA.

Western Climate Initiative, *Milestones: 2007*, 2008, http://www.westerncli mateinitiative. org/milestones.

Western Climate Initiative, *Milestones: 2015 – 2017: Second Compliance Period*, http://www.westernclimateinitiative. org/milestones.

Western Climate Initiative, *Program Design*, http://www. wci – inc. org/program – design. php.

Western Climate Initiative, *Western Regional Climate Action Initiative*, February 26, 2007, http://www. westernclimateinitiative. org/component/remository/general/WCI – Governors – Agreement/.

World Bank, *Thailand Clean Energy for Green Low – Carbon Growth* (Bangkok, Thailand: World Bank: NESDB, 2011).

World Trade Organization, *CHINA – MEASURES CONCERNING WIND POWER EQUIPMENT Request for Consultations by the United States*, January 6, 2011, https://docs. wto. org/dol2fe/Pages/FE_ Search/DDFDocuments/101977/Q/G/SCM/D86 – 1. pdf.

World Trade Organization, *Dispute Settlement: China*, https://www. wto. org/english/tratop_ e/dispu_ e/dispu_ maps_ e. htm? country_ selected = CHN&sense = e.

World Trade Organization, *UNITED STATES – COUNTERVAILING DUTY MEASURES ON CERTAIN PRODUCTS FROM CHINA – Request for Consultations by China*, May 30, 2012, https://docs. wto. org/dol2fe/Pages/FE_ Search/FE_ S_ S006. aspx? Query = (@ Symbol = % 20wt/ds437/ *)

&Language = ENGLISH&Context = FomerScriptedSearch&languageUIChanged = true#.

World Trade Organization, *UNITED STATES – COUNTERVAILING AND ANTI – DUMPING DUTY MEASURES ON CERTAIN PRODUCTS FROM CHINA – Request for Consultations by China*, September 20, 2012, https：//docs. wto. org/dol2fe/Pages/FE_ Search/FE_ S_ S006. aspx? Query = (@ Symbol = % 20wt/ds449/ *) &Language = ENGLISH&Context = FomerScriptedSearch&languageUIChanged = true#.

WWF & Roland Berger Strategy Consultants, *Clean Economy*, *Living Planet*：*Building Strong Clean Energy Technology Industries*, November 2009, http：// www. rolandberger. com/media/pdf/Roland_ Berger_ Clean_ Economy_ 20100120. pdf.

WWF & Roland Berger Strategy Consultants, *Clean Economy*, *Living Planet*：*The Race to the Top of Global Clean Energy Technology Manufacturing 2012*, June 6, 2012, http：//www. rolandberger. com/media/pdf/Roland_ Berger_ WWF_ Clean_ Economy_ 20120606. pdf.

Yu. N. Rudenko ed. , *Choice and Implementation of Environmentally Clean Energy Technologies*：*Papers of the Seventh Soviet – Japan Energy Symposium* (Irkutsk：USSR Academy of Sciences, Siberian Branch, Siberian Energy Institute, 1987）.

北京环境交易所:《关于我们 – 大事记 – 2009》, http：//www. cbeex. com. cn/article/gywm/dsj/zoog/。

北京市碳排放权电子交易平台：《北京碳市场成交额突破 2 亿元》, 2015 年 6 月 8 日, http：//www. bjets. com. cn/article/xxzx/rddt/201506/ 20150600000609. shtml。

《到 2020 年中国单位国内生产总值二氧化碳排放比 2005 年下降 40% ~ 45%》, 新华网, 2009 年 11 月 26 日, http：//news. xinhuanet. com/ politics/2009 – 11/26/content_ 12544442. htm。

《第三届中美先进生物燃料论坛》, 先进生物质能源网, http：// www. ebiomass. cn/meeting/forum2013/index. html。

《第五届中美能效论坛：双方签署四项合作》, 载《资源节约与环保》, 2014 年 6 月。

杜祥琬编《中国可再生能源发展战略研究丛书》，中国电力出版社，2008。

樊纲主编《走向低碳发展——中国与世界：中国经济学家的建议》，中国经济出版社，2010。

胡鞍钢、管清友：《中国应对全球气候变化》，清华大学出版社，2009。

胡锦涛：《携手应对气候变化挑战——在联合国气候变化峰会开幕式上的讲话》，2009 年 9 月 22 日，http：//news. xinhuanet. com/world/2009 - 09/23/content_ 12098887. htm。

〔法〕克提塔热福：《绿色能源革命：硅谷调查记》，中国环境科学出版社，2010。

美国贸易发展署：《中国项目介绍》，美国贸易发展署东亚地区项目协调万小磊提供。

美国驻北京大使馆：《美国国际发展署》，http：//chinese. usembassy - china. org. cn/usaid. html。

潘家华：《持续发展途径的经济学分析》，北京，社会科学文献出版社，2007。

潘家华、庄贵阳、陈迎春：《减缓气候变化的经济分析》，气象出版社，2003。

《强化应对气候变化行动——中国国家自主贡献》，中国中央政府门户网站，2015 年 6 月 30 日，http：//www. gov. cn/xinwen/2015 - 06/30/content_ 2887330. htm。

《"十二五"国家战略性新兴产业发展规划》，中国中央政府门户网站，2012 年 7 月，http：//www. gov. cn/zwgk/2012 - 07/20/content_ 2187770. htm。

《"十二五"节能减排综合性工作方案》，中国中央政府门户网站，2011 年 9 月 7 日，http：//www. gov. cn/zwgk/2011 - 09/07/content_ 1941731. htm。

《首届先进生物燃料论坛在京召开 取得 5 项重要成果》，中国中央政府门户网站，2010 年 6 月 16 日，http：//www. gov. cn/gzdt/2010 - 06/16/content_ 1628515. htm。

腾飞：《巴黎谈判中方代表亲述大国博弈内幕》，国际能源网，2015 年

12 月 19 日，http：//www. in - en. com/article/html/energy - 2242656. chtml。

〔美〕魏文忆等主编《中美绿色能源合作：2008 美中绿色能源论坛论文精选》，清华大学出版社，2009。

习近平：《携手构建合作共赢、公平合理的气候变化治理机制——在气候变化巴黎大会开幕式上的讲话》，2015 年 11 月 30 日，http：// news. xinhuanet. com/world/2015 - 12/01/c_ 1117309642. htm。

杨洁勉主编《世界气候外交和中国的应对》，时事出版社，2009。

中国财政部：《风力发电设备产业化专项资金管理暂行办法》，2008 年 8 月 11 日，http：//www. mof. gov. cn/zhengwuxinxi/zhengcefabu/2008zcfb/ 200808/t20080822_ 66469. htm。

中国工业和信息化部：《节能与新能源汽车产业发展规划（2012 ~ 2020 年）》，2012 年 7 月。

中国国家电网能源研究院、英大传媒投资集团：《2014 中国电力行业与碳交易研究》，2014 年 12 月 19 日。

中国国家发展和改革委员会：《国家发展改革委关于完善陆上风电光伏发电上网标杆电价政策的通知》，2015 年 12 月 24 日，http：// www. sdpc. gov. cn/gzdt/201512/t20151224_ 768582. html。

中国国家发展和改革委员会：《国家应对气候变化规划（2014 ~ 2020 年）》，2014 年 9 月，http：//www. sdpc. gov. cn/zcfb/zcfbtz/201411/ W020141104584717807138. pdf。

中国国家发展和改革委员会编《国际可再生能源现状与展望》，中国环境科学出版社，2007。

中国国家发展和改革委员会：《核电中长期发展规划（2005 ~ 2020 年）》，2007 年 10 月。

中国国家发展和改革委员会：《落实巴厘路线图——中国政府关于哥本哈根气候变化会议的立场》，2009 年 5 月 20 日，http：//www. sdpc. gov. cn/zcfb/zcfbqt/200905/t20090521_ 280387. html。

中国国家发展和改革委员会：《全国光伏发电上网标杆电价表》，http：//www. sdpc. gov. cn/gzdt/201512/W020151224503873128822. pdf。

中国国家发展和改革委员会：《全国陆上风力发电上网标杆电价表》，http：//www. sdpc. gov. cn/gzdt/201512/W020151224503873121373. pdf。

中国国家发展和改革委员会：《中国气候变化第二次国家信息通报》，2013 年 2 月，http：//qhs. ndrc. gov. cn/zcfg/201404/W02014041531 6896599816. pdf。

中国国家发展和改革委员会：《中国应对气候变化的政策与行动 2015 年度报告》，2015 年 11 月，http：//www. china. com. cn/zhibo/zhuanti/ch - xinwen/2015 - 11/19/content_ 37106833. htm。

中国国家发展和改革委员会编《中国应对气候变化国家方案》，2007 年 6 月，http：//www. ccchina. gov. cn/WebSite/CCChina/UpFile/File189. pdf。

中国国家发展和改革委员会：《中美能源与环境十年合作框架》，2012 年 6 月 27 日，http：//tyf. ndrc. gov. cn/NewsInfo. aspx？NId = 661。

中国国家发展和改革委员会：《中美气候变化工作组提交第六轮中美战略与经济对话的报告》，2014 年 7 月 9 日，http：//qhs. ndrc. gov. cn/gzdt/201407/W02014070970 9338381140. pdf。

中国国家发展和改革委员会：《中美气候领导宣言》，2015 年 9 月 15 ~ 16 日，http：//www. sdpc. gov. cn/gzdt/201509/W020150922344556917878. pdf。

中国国家发展和改革委员会：《清洁、高效和有保障的电力生产和传输工作动态》，http：//tyf. ndrc. gov. cn/Article_ List1. aspx？columnID = 131；《清洁的水工作动态》，http：//tyf. ndrc. gov. cn/Article_ List1. aspx？columnID = 132；《清洁的大气工作动态》，http：//tyf. ndrc. gov. cn/Article_ List1. aspx？columnID = 133；《清洁和高效的交通工作动态》，http：//tyf. ndrc. gov. cn/Article_ List1. aspx？columnID = 134；《森林和湿地生态系统保护工作动态》，http：//tyf. ndrc. gov. cn/Article_ List1. aspx？columnID = 135；《能效工作动态》，http：//tyf. ndrc. gov. cn/Article_ List1. aspx？columnID = 136。

中国国家节能中心：《第四届中美能效论坛签署三项能效合作协议》，2013 年 10 月 8 日，http：//www. chinanecc. cn/website/News！view. shtml？id = 136956。

中国国家节能中心：《第五届中美能效论坛在北京成功举办》，2014 年 6 月 12 日，http：//www. chinanecc. cn/website/News！view. shtml？id = 146239。

中国国家可再生能源中心：《中美可再生能源合作机制和进展》，2012年5月11日，http：//www. cnrec. info/qy/zmhz/js/。

中国国家能源局：《节能减排"十二五"规划》，2012年8月，http：//www. nea. gov. cn/2012 - 08/22/c_ 131800277。

中国国家能源局：《可再生能源发展"十二五"规划》，2012年8月。

中国国家能源局：《能源发展"十二五"规划》，2013年1月，http：//www. nea. gov. cn/2013 - 01/28/c_ 132132808. htm。

中国国家能源局：《生物质能发展"十二五"规划》，2012年7月，http：//zfxxgk. nea. gov. cn/auto87/201212/P020121228541608251081. doc。

中国国家能源局：《水电发展"十二五"规划》，2012年11月。

中国国家能源局：《太阳能发电发展"十二五"规划》，2012年9月。

中国国家统计局：《中国统计年鉴2015》，http：//www. stats. gov. cn/tjsj/ndsj/2015/indexch. htm。

中国国家统计局统计司编《中国能源统计年鉴2014》，中国统计出版社，2015。

中国国务院新闻办公室：《中国的能源政策（2012）白皮书》，2012年10月，http：//www. gov. cn/jrzg/2012 - 10/24/content_ 2250377. htm。

中国环境保护部：《核安全与放射性污染防治"十二五"规划及2020年远景目标》，2012年10月，http：//haq. mep. gov. cn/gzdt/201210/W020121016305772730116. pdf。

中国气象局气候变化中心：《中国温室气体公报》，2015年11月，http：//zwgk. cma. gov. cn/upfile/2016/1/19//20160119112104354. pdf。

中国气象局：《中国气候公报（2015年）》，2016年1月，http：//zwgk. cma. gov. cn/upfile/2016/1/19//20160119025225599. pdf。

中国清洁发展机制基金：《国家收入收取政策》，http：//www. cdmfund. org/about_ us. aspx？ m = 20120903131147793085。

中国清洁发展机制基金：《解码碳交易试点：7试点省市累计成交额近13亿》，http：//www. cdmfund. org/Source _ down. aspx？ m = 20130521171400200951&n = 20150414092735620175。

中国清洁发展机制基金：《基金概况》，http：//www. cdmfund. org/about_ us. aspx？ m = 20121126141927200900。

中国清洁发展机制基金：《有偿使用项目减排温室气体情况》，http：//

www. cdmfund. org/about_ us. aspx？ m =20120903152246340156。

中国清洁发展机制基金：《中国清洁发展机制基金管理办法》，2010 年
9 月 14 日。

中国清洁发展机制网 CDM 项目数据库系统：《批准项目数按减排类型
分布图表》，2015 年 5 月，http：//cdm. ccchina. gov. cn/NewItemTable7.
aspx。

中国清洁发展机制网 CDM 项目数据库系统：《批准项目估计年减排量
按减排类型分布图表》，2015 年 5 月，http：//cdm. ccchina. gov. cn/
NewItemTable8. aspx。

中国商务部公平贸易局：《美国对华清洁能源 301 调查情况》，2011 年
5 月 5 日，http：//gpj. mofcom. gov. cn/article/cx/cu/201105/20110507544365.
shtml。

中国商务部：《中国与美国 TDA 合作背景简介》，2002 年 8 月 22 日，
http：//mds. mofcom. gov. cn/aarticle/Nocategory/200208/
20020800038106. html 。

中国商务部：《中华人民共和国政府（通过对外贸易经济合作部）与美
利坚合众国政府（通过美国贸易发展署）框架工作协议》，2001 年 7 月 31
日，http：//mds. mofcom. gov. cn/aarticle/Nocategory/200208/20020800038111.
html。

周大地、姜克隽主编《减缓气候变化：IPCC 第三次评估报告的主要
结论和中国的对策》，气象出版社，2004。

张利军：《中美关于应对气候变化的协调与合作》，世界知识出版社，
2008。

《中华人民共和国国民经济和社会发展第十二个五年规划纲要》，中国
中央政府门户网站，2011 年 3 月，http：//www. gov. cn/2011lh/content_
1825838. htm。

《中华人民共和国国民经济和社会发展第十三个五年规划纲要》，新华
社，2016 年 3 月 17 日，http：//news. xinhuanet. com/politics/2016lh/
2016 -03/17/c_ 1118366322. htm。

中美能源和环境十年合作框架：《绿色合作伙伴计划》，http：//
tyf. ndrc. gov. cn/NewsInfo. aspx？ NId =172。

中美能源和环境十年合作框架：《中国华电集团公司与美国未来能源

控股公司（清洁能源发电）》，http：//tyf. ndrc. gov. cn/NewsInfo. aspx? NId = 545。

中美能源合作项目：《创始成员公司》，http：//www. uschinaecp. org/workinggroups。

中美能源合作项目：《成果》，http：//www. uschinaecp. org/Outcomes/CleanCoal. aspx。

《中美气候变化联合声明》，新华网，2014 年 11 月 12 日，http：//news. xinhuanet. com/energy/2014 – 11/13/c_ 127204771. htm。

《中美元首气候变化联合声明》，新华网，2015 年 9 月 25 日，http：//news. xinhuanet. com/world/2015 – 09/26/c_ 1116685873. htm。

《中美元首气候变化联合声明》，新华网，2016 年 3 月 31 日，http：//news. xinhuanet. com/world/2016 – 04/01/c_ 128854045. htm。

后　记

　　本研究选题最初源于 2010 年。2009 年下半年，我获得福特基金会国际学者资助，并于 2010 年赴哈佛大学肯尼迪政府学院"艾什民主治理与创新中心"（Ash Center），作为 Rajawali 学者进行了为期一年的访问学者研究。

　　我之前的研究领域主要集中在欧亚地区的传统化石能源合作，研究对象主要是石油、天然气等化石能源，研究区域聚焦在富含化石能源的欧亚大陆。而 2010 年在美国访学期间的所见所闻，促使我决定将自身的研究领域予以拓展：自传统化石能源拓展到清洁能源、自欧亚大陆延伸至全球能源发展。

　　初到波士顿，我发现无论在哈佛大学、还是在麻省理工学院，在各种类型的研讨会上，清洁能源均是热门主题，无论美国官员、学者，还是企业界人士均对清洁能源对未来世界能源格局和世界经济格局的影响表现出热切兴趣。当时刚刚就任一年的美国总统奥巴马甚至非常前瞻地高调提出，"掌握清洁可再生能源的国家将领导 21 世纪"。这与当时中国国内对清洁能源的有限关注形成了鲜明对比。在接下来的时间里，我参加了哈佛大学和麻省理工学院有关清洁能源发展的几乎所有研讨会，由此逐渐了解了清洁能源发展的前沿状况，并越来越强烈意识到，清洁能源发展未来的巨大商机和对世界能源格局的深远影响：将清洁能源发展说成一次新的产业革命并不为过，清洁能源取代传统的化石能源是世界经济发展的一个必然趋势，而这一转变过程必然会引起全球利益的重新洗牌和重新分配，随着利益蛋糕的重组和变动，必然会给 21 世纪的世界经济格局和世界政治格局带来具有质变性质的重大影响和深刻变革。

　　除了通过研讨会从宏观理论层面了解清洁能源的前沿发展外，我还重点选取了当时美国几家有代表性的清洁企业、尤其是清洁能源技术先进企业进行了实地调研和考察，通过这些考察，我切身感受到了清洁能源发展蕴藏的巨大商机，也对当时美国一些清洁能源企业在这一领域的前瞻研发和强大的创新能力感到震撼。一年访学结束后，我已经积累了关于清洁能源发展的大量资料和实地考察笔记。

2011 年初回国后，我立即选定了中美清洁能源合作这一研究主题。之所以选择中国和美国两个国家进行研究，是因为当时美国是全球清洁能源技术研发、清洁能源产业投资，以及清洁能源产品贸易大国，而中国则是美国当时最大的清洁能源目标市场之一。我当时隐约感觉，中美两国未来将成为世界清洁能源发展的领头羊，研究世界清洁能源发展必须首先从中美两国入手。之后几年清洁能源发展的实际情况也的确如此，如今中美两国已经成为全球最大的清洁能源研发投资国、最大的清洁能源产业投资国，以及最大的清洁能源贸易国家。

得益于 2010 年一年访学期间的理论积累和实地考察，2011 年年中到年底，我就这个选题顺利申请到了中国国家社会科学基金资助，并申请到了人社部 2011 年给予中国社会科学院"留学人员科技择优资助"唯一一个重点项目。在接下来的三年时间内，我开始着手具体的研究撰写工作，初稿于 2015 年基本完成，并于 2016 年上半年提交了终稿。

本研究课题的最终顺利完成，得益于各方支持。

首先最需要感谢的是福特基金会。在 2010 年前后中国国内研究资金相对有限的情况下，福特基金会持续数年出资为中国青年研究人员提供美国访学的机会。福特基金会的资助使我不用为生活琐事分心，得以将全部精力投入到工作中。真正了解一个国家必须深入这个国家和社会的各个领域和各个阶层，正是福特基金会的充裕资金使我得以"走街串巷"，切身感受美国历史、深入了解美国国情和社会、充分理解美国民众的关切和创新动力，这对于从事能源地缘研究的我大有裨益。

其次要感谢哈佛大学"艾什民主治理与创新中心"主任安东尼·塞奇（Anthony Saich），塞奇教授早在 20 世纪 70 年代即曾在中国学习，之后几十年一直从事中美交流工作，是位地道的中国通，正是在塞奇教授的远见和领导下，"艾什民主治理与创新中心"发展起数个中美学者和官员交流项目，而 Rajawali 学者项目即是其中之一。此外要感谢 Rajawali 学者项目的直接负责人杰坎·布鲁斯（Jackan Bruce），布鲁斯早年毕业于著名的西点军校，在他身上，我们那一年的 Rajawali 学者均切身感受到了军人工作的高效严谨以及基督教信仰者的真诚和关怀。

在波士顿一年访学期间，我通过各种机会结识了一些从事能源工作的朋友，回国后我们一直保持联系，并逐渐形成了能源讨论的小圈子。本书写作过程中，这些朋友直接或间接提供了有力支持：例如，我曾与法国ENGIE集团中国区首席战略官刘恒伟先生进行数次细节讨论并得到了建设性建议；中央财经大学绿色金融国际研究院王遥院长的《碳金融》一书启发了我的一些研究思路；绿色金融国际研究院主办的数次清洁能源相关研讨会使我获得了有用信息；此外，在书稿的最后修改阶段，台北大学施懿宸教授详细提供了有关应用博弈理论分析的非常具体的建议和方案。

本研究最初申请中国国家社会科学基金时，我尚在清华大学进行博士后研究，该课题一定程度上是博士后研究工作的延续。清华大学当代国际关系研究院阎学通院长作为博士后主管领导提供了诸多支持。纽约哥伦比亚大学中国项目联席主任（现职）孙哲教授作为我的博士后合作导师，为本课题的研究提供了诸多具体专业的建议和极大的工作便利。

博士后工作结束，该课题自清华大学转回中国社会科学院，所在单位领导给予了充分支持。此外，科研处冯育民处长提供了切实的建议和具体的支持。当课题完稿申请出版资助时，董文柱所长助理提供了非常及时的帮助，使本书得以尽早出版。当课题研究需要额外支持时，战略室薛福岐主任给予了力所能及的支持。课题结项评审期间，单位人事处康静、中国社科院科研局汤井东博士和国家社科规划办成果处张锋提供了及时帮助。在此特向他（她）们表示衷心感谢！

此外，还要感谢社会科学文献出版社当代世界分社祝得彬社长、刘学谦博士，他们为本书的出版付出了大量细致、辛苦的努力。

该课题研究得到了中国国家社科基金、人社部"中国留学人员科技择优资助"、中国社会科学院创新工程学术出版资助项目的资金支持，是中财绿色金融文库系列。在此向相关项目工作人员表示衷心感谢！随着经济的快速发展和国力增强，国家近些年给予研究工作的支持力度不断加大，希望自己的课题研究能够切实回馈国家经济发展。

最后，要特别感谢家人，正是在家人的无条件支持下，本书才得以顺利完成。

该课题研究在一定程度上是我个人研究生涯的一个转折点，除了传统化石能源，在未来的研究工作中，包括美国在内的全球清洁能源合作也将成为我的重要研究领域之一。与数年前相比，中国的清洁能源已经实现了突飞猛进的发展，中国清洁能源企业高度的市场敏锐度、快速的行动力，以及对先进技术的跨代超越和强大的自主研发能力，已经使中国成了全球最大的清洁能源技术研发、产业投资和产品贸易国之一。作为专业学者，除了宏观和中观层面的研究外，需要更进一步深入到微观企业层面，使理论研究能有效转化为具体的生产力，为中国的清洁能源产业和清洁能源企业发展提供有力的研究支撑。

　　"扎耶德未来能源奖"终身成就奖获得者李俊峰先生，哈佛大学肯尼迪政府学院"艾什民主治理与创新中心"主任安东尼·塞奇（Anthong Saich）教授，中国人民银行研究局首席经济学家、中国金融学会绿色金融专业委员会马骏先生，亚洲开发银行能源技术总顾问翟永平先生，民生证券副总裁、民生证券研究院管清友院长，亚洲能源合作论坛秘书长石泽先生从各自工作角度对本书进行了专业点评，特别致谢！在未来的研究和实践工作中将不负厚望，继续前行。

徐洪峰

2017 年 3 月 16 日

图书在版编目（CIP）数据

中美布局：应对全球气候变化背景下的清洁能源合作 / 徐洪峰著. -- 北京：社会科学文献出版社，2017.4

ISBN 978 - 7 - 5097 - 9761 - 7

Ⅰ.①中⋯ Ⅱ.①徐⋯ Ⅲ.①无污染能源 - 能源发展 - 研究 - 中国 ②无污染能源 - 能源发展 - 研究 - 美国 Ⅳ.①F426.2 ②F471.262

中国版本图书馆 CIP 数据核字（2016）第 228464 号

中美布局：应对全球气候变化背景下的清洁能源合作

著　　者 / 徐洪峰

出 版 人 / 谢寿光
项目统筹 / 祝得彬
责任编辑 / 刘　娟　刘学谦

出　　版 / 社会科学文献出版社·当代世界出版分社（010）59367004
　　　　　　地址：北京市北三环中路甲 29 号院华龙大厦　邮编：100029
　　　　　　网址：www.ssap.com.cn
发　　行 / 市场营销中心（010）59367081　59367018
印　　装 / 三河市尚艺印装有限公司

规　　格 / 开　本：787mm × 1092mm　1/16
　　　　　　印　张：17　字　数：281 千字
版　　次 / 2017 年 4 月第 1 版　2017 年 4 月第 1 次印刷
书　　号 / ISBN 978 - 7 - 5097 - 9761 - 7
定　　价 / 78.00 元

本书如有印装质量问题，请与读者服务中心（010 - 59367028）联系